CHUANXING ZAI HANZIZHONG

穿行在汉字中

黄荣华 著

序

经过近60年坚忍不拔的努力，复旦大学附属中学已经初步发展成为一所特色鲜明、国际闻名的示范性品牌高中。很多国内外著名学校的师生、校长来复旦附中交流访问，在听课、座谈、参观之后，都提出希望能得到一套复旦附中的校本教材，以深入研究"复旦附中现象"。确实，通过教材，可以了解我们的办学思想、课程设置以及教学的设计、结构、内容与要求等等。在2005年，我们曾经出过一套六本"校本课程选辑"，受欢迎的程度还是比较乐观的。在此基础上，我们计划在2008—2009年里再出一批。其目的主要有三：一、编写的过程就是笔者学习思考的过程，可以提炼教师的专业水平和研究教学的能力，把他们个体手中的备课笔记整合成教研组集体的"讲义"（学校不可能出版"教材"），同时可以解决上课时多媒体技术使用日益频繁给学生记笔记带来不便等新问题，更方便他们自主学习（如预习和复习等）；二、在提倡对通用教材二次开发的今天，各学校自编的校本教材五花八门、千姿百态，为便于同兄弟学校交流、分享教改成果，我们也应该出版一些基本成型的"讲义"；三、我们认为，这也是在记录我校教育发展的历程，透过这些书面的资料，促使我们自身理性地观察和对待学校近年的教育教学改革，积极推动高中素质教育的振兴，帮助我们不断迈向卓越。

已经或将陆续出版的这套《复旦大学附属中学"大视野"教育书系》，

其宗旨在于“凸显教育眼光的开阔和深远，体现通识教育的理念”，也是对复旦附中教师长年教育教学实践智慧的总结，是真正意义上的“校本”。尤其是展现了复旦附中师生的教与学水平和教育方式方法，可以说，呈现给大家的是一份真切的“实惠”。但对某些学校而言未必适用，仅供参考之用。另外，限于编辑时间和各自的理解能力，我们展现给大家的只是部分思考心得，更多的切入点有待我们进一步挖掘，这是我们的愿望及努力方向。书中的疏漏之处，还望读者指正！

谢应平

2008 年 7 月 22 日

再版前言

《穿行在汉字中》从 1997 年开始写作，2004 年完成初稿，2008 年定稿，作为《复旦大学附属中学"大视野"教育书系》之一种，由复旦大学出版社出版，前后十余年；至此次修订再版，整 20 年。

我在问自己，有再版的必要吗？一个中学语文老师，十几年前的一点有关汉字阅读的积累和课堂教学的积累，还有必要让别人"阅读"吗？

虽然近年来时有一些语文教师寻找这本书而不得，还有老师告诉我在网上买到了复印本，我还是怀疑其再版的意义。

但经历了 2017 年春节期间全民古诗文热之后，我改变了上面的看法。

因为在这次全民古诗文热之中，我确实看到了全民古诗文的缺失：不只是量上的缺失，更是认知上的缺失。所以，我在接受各级媒体采访时，都反复强调这种缺失。就我个人而言，由全民对古诗文认知的缺失，更看到了全民对"汉字文化"和"中华古代文明"认知的缺失。而这种缺失的形成，与近代以来所形成的"反传统的传统"——以为中华文化传统是现代化的主要障碍，现代化即西化，必须以彻底摧毁中华文化传统为前提——关联极其紧密。所以，作为语文教师，在一些特定的场合，我多次表达要掀开蒙在教师和学生心灵上的这种"反传统的传统"的遮蔽。而就我个人的教育实际看，这些年所从事的教学与书写，许多时间和精力也都放在这个点上。《穿行在汉字中》实际上其着力点也在此。

《穿行在汉字中》主要是从我们民族美意识的发生、发展与传承的角度，选取100个我认为最能体现民族美意识的汉字做一些梳理，一般都是从字形入手，寻绎字形所指及其与民族美意识的内在关联。用一句话概括，就是“期待发现我们美在哪里”。我很清楚，《穿行在汉字中》在追问“我们美在哪里”时，只是根据自己所能掌握的一些材料，做了一些粗浅的解释，没有深邃的见解，更没有形成真正的体系。但这样也有一个好处，就是对在这方面缺少认知甚至没有认知的读者来说，可以当作一个浅易的文化读本。因此，从某个角度看，它可以弥补图书市场因学者、专家们遗忘或不屑于做的某种缺憾。

正是有了这样的理由，便有了再版《穿行在汉字中》的念头。上海教育出版社何勇、李光卫两位老师在审读了书稿之后，也以为有再版的意义。于是就有了现在这本《穿行在汉字中》。

此次再版，100篇文章都保持了原版模样，只纠正了已发现的错误；改动较大的是文章的组合，将原版的十一组变为现在的十组，由原版的《中国“人”》开篇变为现在的《悠悠苍“天”》开篇。现在全书的结构模样，就可大致理解为：在天地之间，在日月之下，在四季之中，行走着几千年生生不息的中国人，他们修仁德之美，彰歌舞之美，享吉福之美，抒玄妙之美，绘雅韵之美，铸就着一个从远古走进现代，从现代走向未来的长长的中国梦。

本书引用资料较多，顾翊、兰蕊两位老师花费了大量工夫查证，在此特别感谢！

这里还要说明的是，《穿行在汉字中》是复旦大学附属中学2013年上海市级教学成果特等奖、2014年国家级教学成果一等奖的组成部分。该成果奖中的《中国人》即由《穿行在汉字中》的一篇《中国“人”》扩展而来。

上述的啰唆，其核心可用四字总结：敝帚自珍。敬请读者批评。

黄荣华

2017年2月26日

目录

一 "天""地"之间

二 "日""月"之间

九 “雅”“韵”之间

十 “美”“梦”之间

一

『天』『地』之间

天地与我并生
万物与我为一
仁者乐山
智者乐水
任风起云涌
鱼戏莲叶间

1. 悠悠苍“天”

第一次对“天”字的最深刻的感受，是在小时候看别人吵架时听到的骂声中。听到骂人者咬牙切齿地从嘴里挤出“天诛地灭”“天打雷轰”的咒语时，幼小的心就瑟瑟地发起抖来，仿佛自己就要被天诛地灭似的。自此以后，总觉得天是可怕的，它有着令人畏惧的无穷威力。即使是已近“知天命”之年的今天，也依然感到天道汤汤、人道渺渺。有时不禁要问，“天”到底是什么？

《说文》：“天，颠也。至高无上，从一大。”段玉裁注：“颠者，人之顶也。”“至高无上，是其大无有二也，故从一大。”由此可以明白两点：其一，从结构看，“天”字从一从大，属会意字，字形即为头部特大的正面人的形象，甲骨文写作“[illegible]”，其最初所指是人的头顶。这从今天我们称人和某些动物头顶部分为“天灵盖”、称一种治疗头疼的中药为“正天丸”等还能得到印证。其二，天为大，天之大无有可比者，所以就“至高无上”。问题是，指“人之顶”的“天”如何成了“其大无有二”的“天”？人们一般都认为这是词义的自然引申，“人之顶”称为天，顶之上自然更可称为天了。这种解释未必不可，但总感到不是那么圆满。

“天”字在西周以前仅用以指人的头部，西周时才开始指人们想象中主宰宇宙的“帝”，到西周末年“天”“帝”开始混用。考察“天”字意义的变化轨迹，我们或许就可以更好地回答上文提出的问题。古人把人的四肢和头并称五体，而五体中头最宝贵，它不仅指挥四肢，而且不可须臾离开身体。人失去四肢还可以活着，失去了头就全完了。头，成了人的“至高无上”的当然主宰。

但随着对世界认识的加深,人们又发现“人之顶”之上的冥冥之中好像还有一种更强大的力量——“帝”在主宰着人。于是,用以指称“人之顶”的天便很顺当地被用来指称“人之顶”之上的“帝”了。又因为“帝”看不到摸不着,而好像又无处不在、无时不在,所以人力所不能及的一切又都被称之为“天”了。于是,天崇拜就产生了:天对人类有生杀予夺之威,人类便信天、畏天、敬天、拜天。

崇拜的产生以审美为前提。考察“天”字所指及其在古人心中的地位变化,我们也可明白古人对“天”字的审美感受。以“大”为美是古人审美的一个基本特征,有时“大”还被认为具有比美更高的价值:“充实之谓美,充实而有光辉之谓大。”(《孟子·尽心下》)所以,“至高无上”“其大无有二”的“天”,理所当然就成了古人心中的极致美了。如庄子所说:“夫天地者,古之所大也,而黄帝尧舜之所共美也。”(《庄子·天道》)今天很多人依然以天然为至美,当是这一审美观的延续?

考察“天”字的意义变化和其所指在古人心中的地位变化,更让我们联想到中国传统美学(哲学)中的一个重要命题——天人合一。

在儒家的心目中,天是独立于人之外的存在,天人和平共处就是天人合一。今天我们讲的与自然和谐共处即与此相类。

在道家心目中,天是没有人的痕迹,即天然,人回归到天然的状态叫天人合一。这似乎是一条永远走不到家的回家之路,所以道家有着永恒的乡愁。

或许,从字义本身的发展解释,“天”字由指“人之顶”到指“帝”,正好诠释了“天人合一”?人即是天,天即是人。

但总的说,我还是最喜欢庄子的那句话:“天地与我并生,万物与我为一。”当然,这种天人合一的境界只有像庄子说的少数“至人”才能进入,常人无法达到。因此,庸常如我辈,就只能感到天道汤汤、人道渺渺了。因此，“悠悠苍天，此何人哉”（《诗经 · 王风 · 黍离》）式的探求，自古及今从未间断过，将来也永远不会间断。这或许正是天之美的根本所在。

原文

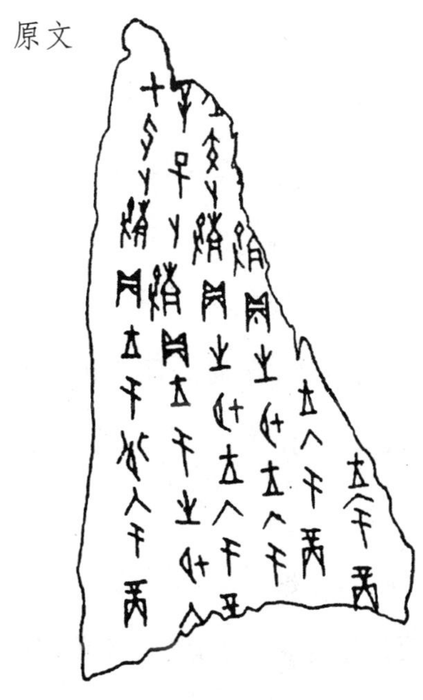

破译

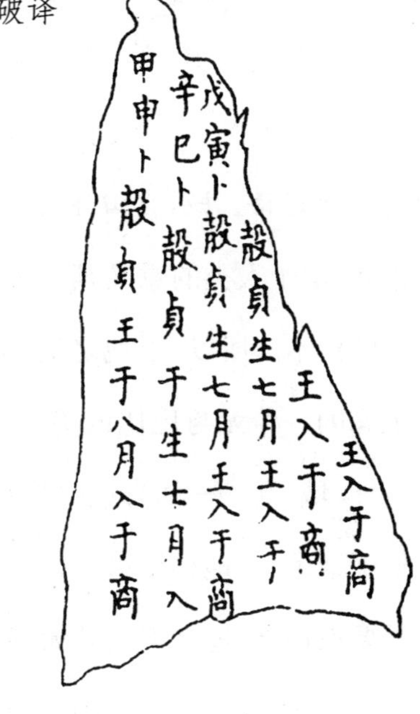

2. 土“地”有灵

天与地相对。古人崇拜天，同样崇拜地，所以说皇天后土。崇拜天是因为天能主宰人，崇拜地是因为什么呢？

《释名·释地》：“地，底也。其体在底下，载万物也。”《礼记·中庸》：“今夫地，一撮土之多，及其广厚，载华岳而不重，振河海而不泄，万物载焉。”地负载万物，不仅负载人，还负载人赖以生存的一切，所以古人崇拜地。

《说文》：“地，从土，也声。”“土，地之吐生万物者也。”因地负载万物全由土“吐生”，所以古人崇拜地实质上主要是崇拜土。所以，土地可以并称，如说“土地爷”等；土常可指称地，如说“国土”等。

崇拜的产生以美（善）为前提，而“在一切人类所以为美的东西，就在于他有用——于为了生存而和自然以及别的社会人生的斗争有着意义的东西”。（鲁迅语，转引自田连波主编《美学原理新编》）土地赋予人类所需要的东西，给予人类的意义其大无比。它不仅是一般的“有用”，而且是人类生存的根本。所以，土地之美不是一般意义上的美，它是能让人无限崇拜与依恋的一种无与伦比的美。汉字中许多以土为偏旁的字——圣、坛、至、坚、坤、城、堂——都有这一美的特质，也从一个侧面说明了这一点。今天我们把地球、大地比作母亲，正是这种美感的延续与升华。

择要而述之，地之美在其大、肥、灵。

以大为美是古人审美的一个基本特征。“羊大”为“美”，“一大”为

"天",天为至美(参见《悠悠苍"天"》)。地在天之下,其大仅次于天,所以庄子说:"夫天地者,古之所大也,而黄帝尧舜之所共美也。"(《庄子·天道》)这是从真的角度说。从善的角度说,地大就物博。《诗经·大田》:"大田多稼。"物博财多,物阜民丰,是人类自古及今的一种美好企盼。

以肥为美也是古人审美的一个特征。《释诂》:"肥,盛也。"肥沃的土地具有充盈、旺盛的生命力,所以古人说:"田肥美,民殷富。"(《战国策·秦一》)

俗有咒语:叫天天不应,叫地地不灵。这从反面说明人们期待地灵。确实,土地有灵的观念早在原始人的心中就已产生,后来不断发展、变化,形成了内涵丰富的土地崇拜文化。古代帝王设地坛祭祀地母应看作是这种文化最集中的体现。表现在审美感受上,最鲜明的就是人们用"钟灵毓秀""人杰地灵"等词语来赞美大地。

3. “山”高

山是一种高度。人们登上山时也就登上了高度,也就发现、发掘了山蕴藏的美,也就发现、发掘了人自身蕴藏的美。

一

先民们创造“山”字,肯定是在一番无比激动——被大山起伏的峰峦、雄伟的气势所震撼而手舞足蹈——之后,不然“山”字的甲骨文——“ ”——怎会像群峰起舞?

群峰起舞,山便有了灵性;群峰起舞,山便有了气势;群峰起舞,山便有了百态千姿、万种风情。

最先感动人们的当是山的灵性。

《抱朴子·登涉》:“山无大小,皆有神灵,山大则神大,山小则神小也。”

《尚书大传·略说》:山“出风云以通乎天地之间,阴阳和合,雨露之泽,万物以成,百姓以飨”。

《楚辞·高唐赋》:巫山神女“旦为朝云,暮为行雨”。

《墉城集仙录·云华夫人》:巫山神女瑶姬“或倏然飞腾,散为轻云,油然而止,聚为夕雨”。人们以为山之神灵能兴云播雨,便崇拜山、祭祀山。

《尚书·舜典》记载,舜曾巡祭过泰山、霍山(天柱山)、华山、恒山。进入封建时代,帝王祭山、到泰山封禅,更成了代代不息的“美事”。今天,我们虽然不再相信山有神灵,但我们依然向往“旦为朝云,暮为行雨”的巫山神女，依然向往灵气飞动、风情万种的山岳，因为我们热爱山之美。

山美美在风光旖旎，风姿百态。

看徐霞客笔下，天台“一碧如黛”，雁荡“流霞映彩”，白岳“冰花玉树，迷漫一色”，黄山“四山雾合”，武夷“青紫万状”，庐山“层烟叠翠，澄映四外”（均见《徐霞客游记》）……

看李白笔下，“天姥连天向天横，势拔五岳掩赤城。天台四万八千丈，对此欲倒东南倾”（《梦游天姥吟留别》）；“问余何意栖碧山，笑而不答心自闲。桃花流水窅然去，别有天地非人间”（《山中问答》）；“山明月露白，夜静松风歇。仙人游碧峰，处处笙歌发。寂静娱清辉，玉真连翠微”（《游泰山·其六》）；“庐山东南五老峰，青天削出金芙蓉”（《登庐山五老峰》）……

山美美在气势，美在气度。

泰山崔巍，“阴阳割昏晓”（杜甫《望岳》）；黄山奇绝，“峭壑阴森，枫松相间，五色纷披，灿若图绣”（《徐霞客游记》）；华山险峻，“路俱峭削”；雁荡“峰峦累累”，诸峰如“芙蓉插天”（《徐霞客游记》）……

山美美在山重水复，山高水长，山明水秀，山鸣谷应，山雨欲来风满楼……

“山重水复疑无路，柳暗花明又一村”（陆游《游山西村》），是一种永远的诱惑；“云山苍苍，江水泱泱，先生之风，山高水长”（范仲淹《严先生祠堂记》），是一种永远的歌唱；“眉黛敛秋波，尽湖南、山明水秀”（黄庭坚《蓦山溪·赠衡阳妓陈湘》），是一种永远的期待；“划然长啸，草木震动，山鸣谷应，风起水涌”（苏轼《后赤壁赋》），是一种永远的回应；“溪云初起日沉阁，山雨欲来风满楼”（许浑《咸阳城东楼》），是一种永远的激情……

李白《庐山谣寄卢侍御虚舟》诗有句：“五岳寻仙不辞远，一生好入名山游。"这其实不仅仅是李白的心愿，应该说是所有人的心愿。因为山是人类最美的去处之一，山以它永久的魅力永远诱惑着人类，诱惑人类去寻找、去征服。

"登山则情满于山"，是对登山者心情最恰当的揭示。或满怀喜悦，观山则悦目赏怀，"流连信宿，不觉忘返"（郦道元《水经注》），即所谓"仁者乐山"；或满怀失意，寻幽赏胜则"往往苦中强乐，乐焉而非全心一意者"（《钱钟书论学文选》第三卷），即所谓"醉翁之意不在酒，在乎山水之间也"（欧阳修《醉翁亭记》）；或满怀探求，"穿幽透深……拾其胜会，向人铺说"（叶适《水心集》），即古人徐霞客、今人余纯顺之谓。

二

或许，山是一种高度。人们登上山时也就登上了高度，也就发现、发掘了山蕴藏的美，也就发现、发掘了人自身蕴藏的美。关于这一点，我想，李白的诗作最有说服力了。

中国文人中，对山的热爱恐怕没有谁能超过李白了——

"五岳寻仙不辞远，一生好入名山游。"（《庐山谣寄卢侍御虚舟》）

"心爱名山游，身随名山远。"（《金陵江上遇蓬池隐者》）

"名山发佳兴，清赏亦何穷。"（《下寻阳城泛彭蠡，寄黄判官》）

"此行不为鲈鱼鲙，自爱名山入剡中。"（《秋下荆门》）

李白以他一生的游历证实了自己的心愿。李白的证实对自身或许真的只是一种心愿的满足，但对中国山水、对中国诗歌、对中国文化，却是一种绝对高度的提升。中国山水，因李白的游历而有了诗魂；中国诗歌，因李白的山水诗而完成了一座绵延千古山系的构建；中国文化，因李白的山水诗学品格而获得了一种人与自然高度融合的诗性精神史的品格。

敬亭山——物我合二为一的谐和。(《独坐敬亭山》)

蜀山——神话、隐喻、预言三位一体的以真入幻,显示天与人对峙。(《蜀道难》)

天姥山——由人及天、由天及人的以幻化真,显示天与人的融合。(《梦游天姥吟留别》)

华山——山川争雄,仙语相对,是李白式的想象与精神探寻,凸显中华大地的刚强意志与渴求知遇的强烈进取。(《西岳云台歌送丹丘子》)

庐山——瞬间诗思与永恒意象,昭示诗魂文心。(《望庐山瀑布》二首)

天门山——举重若轻地探取宇宙消息,显示精神时空的雄奇与淡远。(《望天门山》)

三

当然,李白对山之美的发掘,自有其文化大背景。事实上,中国文化中,人与自然关系的一大体现,就是人与山关系的体现。

山脉通常是人类居住环境中最恒定、最醒目的存在之一。因此,青山意象也就成了中国古代诗歌中的一个重大意象。它实际上构筑起了人们借以栖息身心的家园。特别是故乡山脉的轮廓,早已是游子心中最清晰的印痕。

"不对芳春酒,还望青山郭。"(谢朓《游东田》)

"无穷芳草色,何处故山青。"(齐己《送休师归长沙宁觐》)

"世乱同南去,时清独北还。他乡生白发,旧国见青山。晓月过残垒,繁星宿故关。寒禽与衰草,处处伴愁颜。"(司空曙《贼平后送人北归》)

白发青山,是重回故乡的想象,想象中的喜悦以及对岁月流逝的无限感慨。

“英雄一去豪华尽，惟有青山似洛中。”（许浑《金陵怀古》）

“……青山依旧在，几度夕阳红……古今多少事，都付笑谈中。”（《三国演义》篇首“千古第一调”杨慎《临江仙》）

短暂的生命与万古不废的青山相比，确实是太短太短了。无论多么放达的人，都少不了一丝苍凉，即便是“笑谈中”，也掩不住那种无可奈何。

“采菊东篱下，悠然见南山。”（陶渊明《饮酒》）

“问余何意栖碧山，笑而不答心自闲。”（李白《山中问答》）

“相看两不厌，只有敬亭山。”（李白《独坐敬亭山》）

“青山雅淡如故人，何可经时不相见。”（查慎行《入兖州望徂徕山》）

“青山欲共高人语，联翩万马来无数。烟雨却低回，望来终不来。”（辛弃疾《菩萨蛮·金陵赏心亭为叶丞相赋》）

“青山招不来，偃蹇谁怜汝？岁晚太寒生，唤我溪边住。”（辛弃疾《生查子·独游西岩》）

“甚矣吾衰矣。怅平生、交游零落，只今余几！白发空垂三千丈，一笑人间万事。问何物、能令公喜？我见青山多妩媚，料青山、见我应如是。情与貌，略相似。”（辛弃疾《贺新郎》）

“远送从此别，青山空复情。几时杯重把，昨夜月同行。”（杜甫《奉济驿重送严公四韵》）

“猿啼客散暮江头，人自伤心水自流。同作逐臣君更远，青山万里一孤舟。”（刘长卿《重送裴郎中贬吉州》）

“吴山青，越山青。两岸青山相送迎，谁知离别情？”（林逋《长相思》）

“望君烟水阔，挥手泪沾巾。飞鸟没何处，青山空向人。”（刘长卿《饯别王十一南游》）

"流水传潇浦,悲风过洞庭。曲终人不见,江上数峰青。"(钱起《省试湘灵鼓瑟》)

皈依青山——山性深稳旷达,山色亘古不变,"青"与"山"的结合,将中国人心中的"山"提升到了一个恒定艺术的境界:人与山的相融相生。

原文

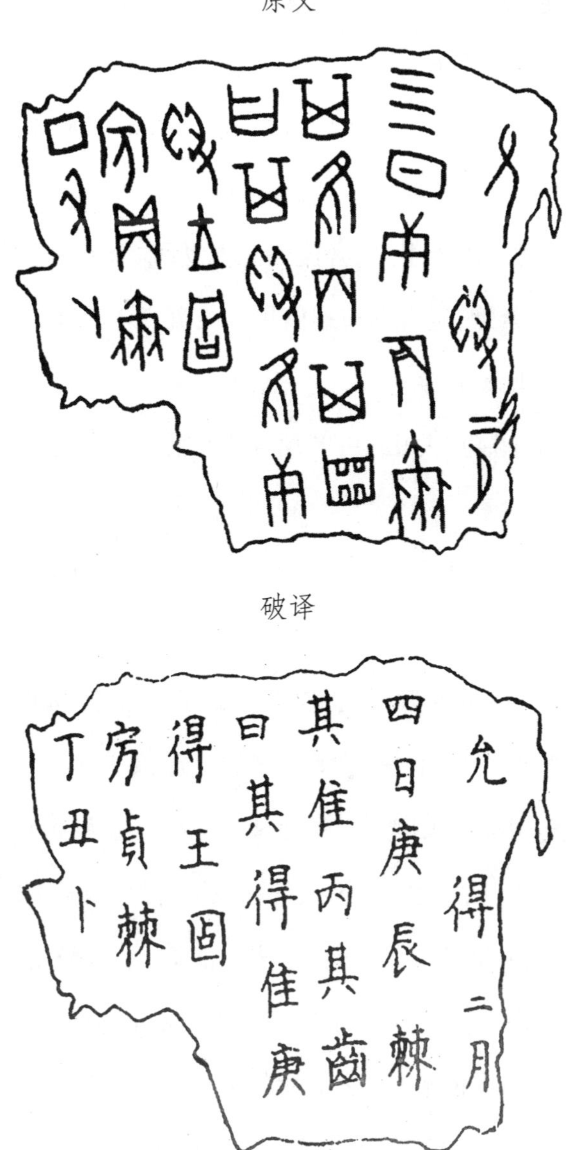

破译

4. “水”长

“春江潮水连海平，海上明月共潮生。滟滟随波千万里，何处春江无月明。”（张若虚《春江花月夜》）

“江南好，风景旧曾谙。日出江花红胜火，春来江水绿如蓝。”（白居易《忆江南》）

“君不见，黄河之水天上来，奔流到海不复回。”（李白《将进酒》）

“日照香炉生紫烟，遥看瀑布挂前川。飞流直下三千尺，疑是银河落九天。”（李白《望庐山瀑布》）

“流呵/奔呵/闯呵/大山/一劈两半/平原/一分两片”（沙白《大江东去》）

看到“水”字，总让人想起古今诗人的这些与水有关的名句。水在诗人的笔下多姿多彩，气象万千。

而在先民手中，气象万千的水却化成了一个特殊的象形符号——“[illegible]”，即甲骨文“水”字。甲骨文“水”字的字形该是汉字最生动的字形之一，“象众水并流，中有微阳之气”（《说文》），整个给人一种激流滚滚、生生不息的动感。这样，水之美就在这飞动的象形符号中得到了生动的表现。

确实，水美美在动态。细流涓涓、清泉汩汩、水波涟涟、湖光滟滟是优美，潮涨潮落、惊涛拍岸、激流汹涌、波涛澎湃、云水怒吼是壮美。优美之水是美女的柔情，是明月的旋律，是清荷的舞姿，是初恋的歌唱；壮美之水是百万雄兵厮杀，是万钧雷霆突响，是磅礴的交响乐。水，以其独特的魅力吸引着古今之人。

孔夫子说:"智者乐水。"(《论语·雍也》)事实上,"乐水"之人远不只是"智者",只不过"智者"善于在"乐"中引发出自己独特的美学思想而已。作为"智者",孔子曾凝视着滚滚而去的水流,发出了深沉的慨叹——"逝者如斯夫,不舍昼夜。"(《论语·子罕》)孔子的慨叹揭示了时间无限、人生有限的哲理,启发人们积极进取,把有限的生命投入到无限的时空中,使其留下永恒的绝响。荀子曾充满睿智地说:"水则载舟,水则覆舟。"(《荀子·王制》)荀子的比喻成了历代统治者的座右铭。班固说:"泰山之霤(滴下的水)穿石,单极之绠断干。水非石之钻,索非木之锯,渐靡使之然也。"(《汉书·枚乘传》)班固历二十余年写成《汉书》,正是"水滴穿石"精神的写照。这一精神一直鼓励着人们持之以恒地去实现自己的既定目标。曹雪芹借贾宝玉之口说:"女儿是水做的骨肉,男子是泥做的骨肉,我见了女儿便清爽,见了男子便觉浊臭逼人。"(《红楼梦》)这里的"女儿是水做的骨肉"在当时是石破天惊之论,今天虽已不觉新鲜,但在揭示女性阴柔美方面依然是卓绝千古的高论。

伟人毛泽东有诗句:"自信人生二百年,会当水击三千里。"诗很美。美在哪里?美在气势。气势来自哪里?来自"水击三千里"。再联想到他的"到中流击水,浪遏飞舟","万里长江横渡","不管风吹浪打,胜似闲庭信步"等诗句,我们就会慨叹,古今"乐水"的智者,毛泽东当属第一人!

今天都说"水是生命之源"。古人更把水看作"万物之本原",即一切皆本于水。《管子·水地》:"水者,何也?万物之本原也。"

水,养育了世界。而因地域不同,傍水而居的人类又形成了不同的民族,不同的"水文化"。汉字文化中,"水文化"有着突出的特征。

众妙之门

“玄之又玄，众妙之门。”（《老子·第一章》）

“玄牝之门，是谓天地根。”（《老子·第六章》）

对这两句的理解，人们多是比较笼统。尤其是对其中的“玄”字，多解释为“玄妙深远”。但庞朴先生对此有着独特的见解。他以为“玄”的本义即漩涡，甲骨文作“玄”。“漩涡深窈，故有幽远之义；无光而色暗，故有赤黑义。这两个基本含义是感性的。由此生发开去，微妙、奥妙，天也、道也，精神性的宇宙本体之类，在人类的某个思维阶段，自会应运而生。至如加目旁而眩晕、依火旁而有炫耀，也都是顺理成章的事。”（《说“玄”》）

为什么“漩涡”生发开去就是“众妙之门”，是母性之门，是“天地根”？有一个重要原因是楚人尚水。水的漩涡特别是大水的漩涡，常能吞没一切。尚水的楚人便将其想象成万物出入之门。楚人老子不仅一再盛赞水德，说“上善若水”，说“天下莫柔弱于水，而攻坚强者莫之能胜，以其无以易之”，更把“玄”作为一个重要的概念反复申述，如说“生之，畜之，生而弗有也，长而弗宰也。是胃玄德”，是说如水一样的高尚品德就是生长万物，养育万物，产生万物而不占有，滋养万物而不主宰。这都与尚水有关。

由尚水，到尚“玄”（漩涡），到尚“玄德”，“玄”便获得了广泛的文化意义。所以古人称水神为“玄冥”，称属水的北方为“玄天”，称幽深的泉水为“玄泉”“玄川”，称祭祀用水为“玄水”，称衍生万物的本源为“玄牝”，称远古为“玄古”，称人体的元气为“玄精”，称幽深微妙为“玄妙”，称深奥玄妙的义理为“玄机”，称入道之门为“玄关”……

所以说，“玄之又玄，众妙之门”。从水出发，我们就找到了探寻中国古代文化的一条血脉了。

时间之歌

前文已述,从孔子到毛泽东,古今都有哲人面对水生发出独特的思索。但在这些思索中,我们更看重孔子的"逝者如斯"四个字。

或许,我们可以追溯到《诗经》的"昔我往矣,杨柳依依。今我来思,雨雪霏霏。行道迟迟,载渴载饥。我心伤悲,莫知我哀!"(《小雅·采薇》)"我""哀"者为何?当然有很多内容,但时光的流逝,也是"我"所"哀"之一。

而把水的流逝与时光的流逝天衣无缝地结合在一起的,却是孔子了。

人在生命中,生命在时间中。时间感,是人类生命感的强烈显现,也是哲学思索的一个重要视点。人无法抵达时间的心脏,人永远只能处在时间的边缘地带。当人正在思索着时间的时候,时间却与之擦肩而过。人生的有限性,就这样令哲人怅惘不已。于是,水的流逝就以它有形的状态唤取了哲人的哲思,将水的流逝之声想象成一首时间之歌。

对于"发愤忘食,乐以忘忧,不知老之将至"的孔子来说,如水一样流逝的时间之歌,就是一首生命的挽歌。

对于"未知生,焉知死"的孔子来说,如水一样流逝的时间之歌,就是一首生命不息、奋斗不止的生命悲歌。

对于为实现理想,历尽艰辛之后仍不改其初衷,"知其不可为而为之"的孔子来说,如水一样流逝的时间之歌,就是一首生命的哀歌。

正是有了这样深广幽远的感受,孔子才发出了"逝者如斯"这样深沉深情的慨叹。也正因为此,孔子的这一声慨叹几千年间一直回响在流逝的水中,回响在流逝的时间中,回响在人们的生命中。

于是,我们终于明白了,甲骨文的"昔"字写作"[illegible]",它有一个重要意义,那就是:像水一样流逝的日子!

风情之态(象)

汉民族确是一个特别崇尚水的民族,否则怎会将万种风情都付与东逝之水?

《诗经》的开篇就是"关关雎鸠,在河之洲"。一直以为,这一句绝不是一首诗的简单起兴,它实际上是中国文学总的起兴。中国文学就从这水边诞生。"在河之洲"的"关关雎鸠"隐含的男女之恋、男女之爱,后来的历代文学都在"水边"有着精彩的演绎——

先秦时代的经典——"所谓伊人,在水一方。"(《诗经·秦风·蒹葭》)

秦汉时代的经典——"盈盈一水间,脉脉不得语。"(《古诗十九首·迢迢牵牛星》)

魏晋时代的经典——"凌波微步,罗袜生尘……华容婀娜,令我忘餐。"(《洛神赋》)

南北朝时代的经典——"低头弄莲子,莲子清如水。"(《西洲曲》)

隋唐时代的经典——"蜀江水碧蜀山青,圣主朝朝暮暮情。"(《长恨歌》)

宋元时代的经典——"今宵酒醒何处?杨柳岸,晓风残月。"(《雨霖铃·寒蝉凄切》)

明清时代的经典——"女儿是水做的骨肉。"(《红楼梦》)

水中风情,又岂止男女之情?

"船容与而不进兮,淹回水而疑滞",这是屈子一步三回头的伤感与无奈。

"风萧萧兮易水寒,壮士一去兮不复还",这是燕赵之士的慷慨悲歌。

"黄河之水天上来,奔流到海不复回","黄河落天走东海,万里写入胸怀间",这是盛唐的魄力与气象。

"无边落木萧萧下,不尽长江滚滚来",这也是盛唐气象,只是让人感觉到了那么一点点伤感,因为大唐帝国此时已由鼎盛转衰了。

"问君能有几多愁,恰似一江春水向东流",这是亡国之君的彻骨之痛。

"大江东去,浪淘尽,千古风流人物",这是东坡式的豪放,豁达之中伴随执著。

"桃花潭水深千尺,不及汪伦送我情",这是李白式的夸张,真情呈现于极度的朴素中。

人生有多少风情,水就有多少风情。人生风情尽在水中,水中风情尽显人生。为何会是这样?只因水啊,养我育我,长我畜我,"生而弗有也,长而弗宰也"!

民族与生命之史

中国为什么叫"九州"?《说文解字》:"水中可居曰州。周绕其旁,从重川。昔尧遭洪水,民居水中高土,或曰九州。"

中华"九州"之说,即隐含着中华民族与水之史传关系。大禹治水之说,即昭示着中华民族的生命与水搏斗的历史。

请让我们一起走进李白的《公无渡河》,让我们从中认识水与中华民族及民族生命的史传关系。

黄河西来决昆仑,咆哮万里触龙门。

波滔天，尧咨嗟。

大禹理百川，儿啼不窥家。

杀湍堙洪水，九州始蚕麻。

其害乃去，茫然风沙。

被发之叟狂而痴，清晨临流欲奚为。

旁人不惜妻止之，公无渡河苦渡之。

虎可搏，河难凭，公果溺死流海湄。

有长鲸白齿若雪山，公乎公乎挂罥于其间，

箜篌所悲竟不还。

披发老叟与黄河之关系，实乃中华民族与水之关系。披发老叟的故事与黄河生命的融合，其实就是中华民族与水的融合。披发老叟悲壮之死，其实即是中华民族悲壮的生命史。李白诗作的高妙，是他将一个个体死亡的悲哀传说，融入与民族息息相关的奔突的黄河之中，使个体生命折射出一种民族生命的史诗意义。

5. 原上“草”

“离离原上草，一岁一枯荣。野火烧不尽，春风吹又生。”（白居易《赋得古原草送别》）草的顽强生命力得到了诗人的礼赞，诗人也由此获得了乐观进取的动力，感受到了永不屈服的精神。

“葛之覃兮，施于中谷，维叶萋萋。黄鸟于飞……”（《诗经·周南·葛覃》）茂盛的葛草爬满山谷，漂亮的黄鸟上下飞鸣，葛草与黄鸟一动一静，构成了一幅既恬静又活泼的春光明媚的图画，传达出了诗人观赏春天的美好心境。

“余既滋兰之九畹兮，又树蕙之百亩。畦留夷与揭车兮，杂杜衡与芳芷。冀枝叶之峻茂兮，愿俟时乎吾将刈。”（屈原《离骚》）屈原以香草——兰、蕙、留夷、揭车、杜衡、芷等来写自己的高洁，使香草成了一种象征，象征着诗人高尚的品格和光辉峻洁的人格。这种以香草喻美德的写法，后代诗人多有借鉴和发展。汉代《古诗十九首·涉江采芙蓉》有“涉江采芙蓉，兰泽多芳草。采之欲遗谁，所思在远道”之句；唐代张九龄《感遇（其一）》有“兰叶春葳蕤，桂华秋皎洁。欣欣此生意，自尔为佳节”之句；宋代黄庭坚《水调歌头·游览》有“瑶草一何碧，春入武陵溪……我为灵芝仙草，不为朱唇丹脸，长啸亦何为”之句。

“朱雀桥边野草花，乌衣巷口夕阳斜。旧时王谢堂前燕，飞入寻常百姓家。”（刘禹锡《乌衣巷》）“淮左名都，竹西佳处，解鞍少驻初程。过春风十里，尽荠麦青青……渐黄昏，清角吹寒，都在空城。”（姜夔《扬州慢》）刘诗以“野草花”衬“乌衣巷”的荒凉，姜词以“尽荠麦青青”点衬“淮左名都”的萧条，二者虽终极目的不一（前者暗喻炙手可热的当权者也会有衰败沦亡之时，后者抒写“黍离之悲”），但异曲同工，“草”成了展示凄美的道具。

“草”，或让人感受到不屈的进取精神，或传达出人们观赏春天的美好心境，或象征一种光辉峻洁的人格，或展示冷寂沉郁的凄美……“草”，为何具有如此功能？

今天的“草”字在古文字中是指栎树的果实，而古文字表示今天“草”字意义的字形是“艸”，像两株初生的草，《说文》释为“百草”，即以两株初生的草指称百草。初生之草鲜活可爱，“草”字蕴含的人们的第一感受当是百草欣欣向荣之态。文化史研究表明，原始人类的一种基本思维方式是主客体不分，即人与万物没有本质的区别，所以以我之情感、我之生命去感知万物，“以我观物，故物皆着我之色彩”（王国维《人间词话·有我之境与无我之境》）。因此，“草”字最初形态应该是先民们对生命形态感受的生动呈现。后代诗人虽然明白“草木有生而无知”（《荀子·王制》），但他们依然愿意以我之心境写草之情态，以无情无知之草来展示我对世事人生的生命感知，则应该看作是人化自然——“草”——的美对他们的感召。

6. "木"可通天

木不仅有乔木、灌木之别，而且即使是乔木，也有松柏之异、桃李之分。至于古人今人对"木"字感受的差异，则更是鲜明了然。

《说文》："木，冒也，冒地而生，东方之行。""冒地而生"可理解为木是从地下生长出来的。"东方之行"是古人的五行观念——东方属木，南方属火，西方属金，北方属水，中央属土——的反映。许慎对"木"字的解释比较典型地反映了古人对"木"字的感受——"冒地而生"的木是宇宙的本源之一，它与金、水、火、土一起构成了这个世界。因此，木之美在古人看来当是一种"天道"之美。正如《管子》所说："东方曰星，其时曰春。其气曰风。风生木与骨……""人与天调，然后天地之美生。"（见《管子》中的《四时》《五行》）

《说文》与《管子》关于"木"字的说法很明显是受了五行观念的影响。其实，在五行说诞生之前，先民们对"木"字的感受还要丰富得多。在远古时代，树木繁茂之处即是人们聚居之地，浓密的树荫下是人们躲避酷日暴晒以及风雨侵袭的好地方，因此先民们便对树木产生崇敬之情，进而产生了种种崇拜树木的神话与传说。

《山海经·海内经》："南海之外，黑水、青水之间……有木，青叶紫茎，玄华黄实，名曰建木。百仞无枝，（上）有九欘，下有九枸，其实如麻，其叶如芒，大皞爰过，黄帝所为。"《淮南子·坠形训》："建木在都广，众帝所自上下，日中无景，呼而无响，盖天地之中也。"由此可以看出，上古之民以"建木”为众神上下天庭的通天树。古代传说中的通天树还有桃都，这在《玄中记》等书中都有记述。《玄中记》说：“东南有桃都山，上有大树，名曰桃都，枝相去三千里。上有一天鸡，日初出，光照此木，天鸡则鸣，群鸡皆随之鸣。”

《山海经 · 大荒南经》：“大荒之中有不姜之山……有不死之国，阿姓，甘木是食。”郭璞注：“甘木即不死树，食之不老。”可见，甘木是古代神话中的生命树。古人有的还把生命树称为寿木。高诱注《吕氏春秋 · 孝行览》“菜之美者，昆仑之苹，寿木之华”句说：“寿木，昆仑山上木也；华，实也；食其实者不死，故曰寿木。”

此外，古代传说中还有一种摇钱树。这种树结金钱，摇落后再生。四川出土的汉墓明器中有摇钱树图饰。

在先民们心中，木或可凭之通天，或可食之不死，或可摇钱，木之美自不待言了。今天，有关木的种种神话早已打破，人们对“木”字的美感更多的恐怕是来自木的实用价值和自然意义了。

7. "竹"如人笑

汉字楷化后，象形字一般都很难看出所象之形了，当然也有例外，如"竹"字。遥想先民们造"竹"字，肯定是在被竹子那翠绿的叶儿所感动之后的。先民们凝望竹子时，正是太阳刚刚升起的时候。一阵清风吹过，竹子微微摆动，带着露珠闪闪发亮的绿叶沙沙作响。先民们一阵惊喜，脑子里便有了"竹"字的形状。你看，"竹"字多像两支带叶子的竹枝！假如上述遥想成立，那么先民们对"竹"字产生的第一美感当是竹子及叶儿在晨风的吹拂下展示的青翠与生动。

古人造字取象时，"近取诸身，远取诸物"。但无论"近取"，还是"远取"，一般都比较注重于其对人的功用。按理说，竹的功用很广（如苏轼所言："食者竹笋，庇者竹瓦，载者竹筏，爨者竹薪，衣者竹皮，书者竹纸，履者竹鞋。"），"竹"字的取象也该在对人的功用方面有所体现，而为何没有呢？从甲骨文中很少有以"竹字头"作意符的字来看，大概在造"竹"字时，先民们还没有充分认识到竹的使用价值。不过先民们没有把竹归入木本或草本这一点，也足以让我们惊讶了。三千多年前，我们的祖先就能这样科学地区分木、草、竹，确实让我们感到骄傲与自豪。

面对"竹"字，还有让我们怦然心动的，就是那早已深入我们内心深处的对竹的爱。我们爱竹，不仅因为竹青翠、生动，更因为竹有着种种令人景仰的品格。

凌霜傲雪，经冬不凋，这是竹最令人称颂的地方，也是竹长久地叫人折服的地方。因此，人们视竹为松、梅之友，并称三者为“岁寒三友”。

虚心、直节，是竹的高贵处，正是“未曾出土便有节，纵使凌云仍虚心”。（《三希堂画室·竹谱序》）

脱俗、高洁，是竹的又一高尚之品。因此人们称竹为君，因此人们喜欢以竹为伍、以竹为伴，因此魏晋间有“竹林七贤”，东晋有“何可一日无此君”的名士王徽之，宋代有“可使食无肉，不可居无竹”的东坡居士，《红楼梦》中的大观园有“凤尾森森，龙吟细细”的潇湘馆……

人们爱竹，自然也就颂竹。自屈原之后，咏竹诗文代代不息。清代的郑板桥不仅以诗文颂竹，而且以画笔写竹，并成为一代大师。

“竹得风，其体夭屈，如人之笑。”（《说文》）这是李阳冰对“笑”的解说；“从竹从大，大戴其竹君子，乐然笑也。”（《慧琳音义》）这是慧琳对“笑”的解说；“竹为乐器，君子乐而后笑。”（《字林》）这是吕忱对“笑”的解说……从竹的“笑”字虽各家解释不一，但从竹带给人们无限的快乐引发了人们诸多审美感受这一角度看，慧琳的解说似乎更加合理。若允许如此推论，则可以说，是“竹”带给了我们“笑”。竹，何其美哉！

8. “风”迹

宋玉《风赋》开篇写道:“楚襄王游于兰台之宫……有风飒然而至,王乃披襟而当之,曰:‘快哉此风!’”楚襄王为何发出“快哉此风”的赞叹?因为“此风”给了他一种“飒然”的美好感受。“飒”,《说文》注为“翔风”,后来学者一般解释为“风声”,无论指前者还是指后者,都跟风有关。那么,风是什么?回答这个问题对今人来说确实不难,而对古人来说却并不简单。

在甲骨文中,风与凤同形,都属于形似凤鸟的象形文字,并且“绝大部分都借用为风字”(《甲骨文简明词典》)。这表明古人认为风的产生与凤鸟有关。大概在古人造字时,风神观念即已产生。由于古人认为主宰风的风神为一种大鸟,认为大鸟从空中飞过即能引来大风,所以以一种大鸟的形象来象征风神,这种鸟后来被称为凤鸟。而凤鸟作为瑞鸟,又与麟、龟、龙并称为“四灵”,与龙并称为“二祥”。由此可见,风凤同形体现了先民们有关“风”的第一感受是——善风。《尔雅・释天》:“南风谓之凯风,东风谓之谷风,北风谓之凉风,西风谓之泰风。”《礼记・月令》:孟春之月“东风解冻”。《孔子家语・辨乐》:“昔者舜弹五弦之琴,造南风之诗,其诗曰:‘南风之熏兮,可以解吾民之愠兮;南风之时兮,可以阜民之财兮。’”《风俗通义・祀典》:风神“鼓之以雷霆,润之以风雨,养成万物,有功于人,王者祀以报功也”。这些说法都证明了这一点。诸如“春风”“惠风”“清风”“和风”“长风”“金风”“雄风”等,更是对善风的具体解释。

《说文》:“风,八风也。东方曰明庶风,东南曰清明风,南方曰景风,西南曰凉风，西方曰阊阖风，西北曰不周风，北方曰广莫风，东北曰融风。”古人又认为八风与八音相对：明庶风为管，清明风为祝，景风为弦，凉风为埙，阊阖风为钟，不周风为磬，广莫风为鼓，条风为笙。（《淮南子·天文训》高诱注）古人确认的这种对应关系可能受八卦思想的影响，但它从一个角度让我们明白了“风”字的另一层重要意义——“‘风谣’之‘风’，其反映各地方区域特色的民间乐器的通名，由此节歌调乐，便形成了各具地方特色的乐曲音调。由此可以看出一个地区的民情风貌”，所谓“土地风俗也”。（臧克和《说文解字的文化说解》）因乐器、乐曲总是伴随着人们特定的审美心理的需要而产生的，所以它表现出来的风土人情自然也就体现了不同区域人们的审美情趣：齐气缓舒，吴调和柔，燕乐刚健……《诗经》十五国风各具地域特色。

由具体而抽象，“风”字包含的意义日益丰富多彩：风范，风操，风度，风骨，风华，风流，风雅，风韵，风姿，两袖清风，满面春风，时代新风……从不同的角度揭示了人们行为举止所显现的“风”之迹。

9. "云"想衣裳

"云想衣裳花想容","云"字总是给人无限的遐想。先且不说它包含的内容,单从形式上看,在中国书法作品中,"云"字的变化多端就让人感叹:不仅真草隶篆各有典范,且历代书法大家多有神笔。宗炳在《山水画序》中说:"云林森渺,圣贤映于绝代,万趣融其神思。"这句话虽是说山水画,但借用来形容书法家笔下的"云"字也很恰当。

书法家笔下的"云"字各具美态,体现了不同书家的不同审美情趣,但毕竟那多是从字的形式——笔画、结构、章法、韵律等方面,表现出来的美,属于书法美的范畴。而要真正了解"云"字所蕴含的美意识,还得从它所蕴含的内容入手。

甲骨卜辞中,"云"字上有云层、下有云气缭绕的形状("[illegible]"),属象形字。大概造字者观象于天时,感受到了云气缭绕的样子很美,便把它勾画出来,以指代云这一事物。又因为云多姿多彩、飘浮不定、变幻莫测,人们在感受到它的美时,还觉得它很神秘,于是就崇拜它,把它奉为神明。从一些典籍看,云神观念在黄帝时代即已产生。"昔者黄帝氏以云纪,故为云师而云名。"(《左传·昭公十七年》)"黄帝受命,有云瑞,故以云纪事也。春官为青云,夏官为缙云,秋官为白云,冬官为黑云,中官为黄云。"(《史记·五帝本纪》"集解")后来云神观念逐步深入人心,"云"字所蕴含的美意识就更加丰富起来,"瑞云""祥云""紫云""青云""五彩云"等词语也应运而生。至屈原,云神形象——云中君,更成了一位顾盼有神、熠熠闪光的美女子:“灵连蜷兮既留,烂昭昭兮未央。蹇将憺兮寿宫,与日月兮齐光。龙驾兮帝服,聊翱游兮周章……览冀州兮有余,横四海兮焉穷。”(《楚辞·九歌·云中君》)

随着人类认识世界的加深,人们对云的认识也有了变化,这明显地体现在“云”字的字形变化上。可能是人们认为云的出现与下雨有很密切的关系,所以小篆“云”字在甲骨文“云”字上加了雨字头。《说文》:“云,从雨、云,象云回转形。”古人对云的认识虽不可能非常科学,但它从某种意义上体现了古人对客观事物孜孜不倦的探求精神。

今天,人们对云已不再感到神秘,对“云”字的感受也有种种不同,而一般来说,“云”字大都能触发人们内心最美的经验是无疑的。现代很多作家都将这种经验行诸笔端,给读者展示了瑰丽多姿的云之美。孙荪的《云赋》从形状、色彩、姿态、神情等诸多方面描绘夏云,淋漓尽致地抒写了自己对夏云的赞美。白桦则饱含情思地抒写了“云南的云”——

你透明/因为你太纯净/离灰尘很远/离太阳很近//你快乐/因为你淡泊无争/既不积累实利/又不收集虚名//你自由/因为你太轻盈/刚刚还在山头徘徊/转瞬之间又飘然远行//你幸福/因为你勇于牺牲/为了花常开,叶常青/你洒尽了化为泪雨的生命……

10. 十月纳“禾”谷

今天的人们特别是城里的人们，一般对“禾”字不会有什么特别的感受了，而在先民们心中，“禾”字却有着很重的分量。“禾”字的甲骨文写作“[illegible]”，金文写作“[illegible]”，都是上部像禾吐穗，下部像禾秆长在土中，上下部结合像禾有穗，泛指谷类。所以，很多指称与谷类有关的字都从禾，如稻、稷、黍、稼、穑、种、秋、稔、香等等。这些字中，有粮食作物的指称——稻、黍、稷；有种植和收割庄稼的指称——种、稼、穑；有庄稼成熟的指称——秋、稔；有吃粮食后味觉、嗅觉的指称——香。“禾”字不仅本义是粮食的通称，而且由它作意符的字描述了人类生存的第一需要——食——的全过程。可见，“像禾有穗”的“禾”字在先民们的心中确实有着崇高的地位。这也难怪，在以农业生产为主要生产方式，且生产技术不高、生产水平低下的时代，还有多少比“禾有穗”更叫人欣喜的事呢？“禾”字蕴含的第一美感经验当是“禾有穗”带来的激动与喜悦。

在人们普遍相信万物有灵的时代，带给人们激动和喜悦的禾，自然也被认为有灵了。《礼记·祭法》：“是故，厉山氏之有天下也，其子曰农，能殖百谷；夏之衰也，周弃继之，故祀以为稷。”稷，从禾，畟声，五谷之神，与土神并称“社稷”，是古代帝王与诸侯必祭的神灵之一。《白虎通义·社稷》：“故封土立社，示有土尊；稷，五谷之长，故封稷而祭之也。”后来人们又以社稷代称国家，可见土神与谷神在人们心目中的地位了。现在民间还保留着祭祀谷神的习俗，如江南的一些农村，每年栽禾时节都要杀猪祭神，以求五谷丰登。

人们企盼禾谷丰收，更礼赞禾谷丰收。《诗经》中曾多次写到禾。《豳风·七月》："九月筑场圃，十月纳禾稼。黍稷重穋，禾麻菽麦。"意思是说：九月筑好晒谷场，十月把粮食晒干收进仓。早熟晚熟都收进，禾麻豆麦都收齐。《大雅·生民》："荏菽旆旆，禾役穟穟。麻麦幪幪，瓜瓞唪唪。"意思是说：大豆豆荚长又长，禾苗美好列成行。麻麦长得极茂密，累累瓜果嫩又黄。《魏风·伐檀》这样质问那些不劳而获的奴隶主贵族："不稼不穑，胡取禾三百廛兮"，"胡取禾三百亿兮"，"胡取禾三百囷兮"？意思是说：你们不耕种又不收获，为什么取走三百捆禾？这些诗最早传达了诗人们对"禾"的美感。此后，几乎历代都有诗人对"禾"进行吟咏，而以唐代李绅的《悯农（其二）》和北宋孔平仲的《禾熟》最为有名。前者是有口皆会吟的四句："锄禾日当午，汗滴禾下土。谁知盘中餐，粒粒皆辛苦。"李绅面对农人劳作的辛苦发出慨叹，告诫人们珍惜粮食。后者虽没有前者著名，但也是颇耐人寻味的四句："百里西风禾黍香，鸣泉落窦谷登场。老牛粗了耕耘债，啮草坡头卧夕阳。"诗人以"禾熟"之景写"禾熟"之美，以此缓解胸中的尘世之累，抒写胸中的郁闷之情，给人以启发，耐人咀嚼。

11. “马”背上的幸福

“男人的幸福在马背上”,这是曾令许多男人无比激动的名言。跃马横刀,驰骋疆场,是一种怎样的气概！这是一种动人心魂的壮美！不过,这种美对马的倚重是显而易见的。没有马,就产生不了这种美。如《说文》所言:“马,怒也,武也。”

与许慎的理解相同,很多人对“马”字也多是从战争的角度来理解的。而事实上,马最初并非用于征战,而是用于生产,比如耕地、拉运东西,并且其作用并不像后来那样列于六畜之首。据统计,“马”字在甲骨文中出现的次数远少于“羊”“豕”“犬”,只是到了春秋战国时期才取得了六畜之首的地位。(臧克和《说文解字的文化说解》)也就是说,在六畜中,人们最初最看重羊,其次是豕、犬,再次才是马。这从以上几个字的字形也可看出:虽然它们都是象形字,但“羊”字像羊头,突出了羊的头部;“豕”字像侧面猪形,突出了猪的腹部;“犬”字像尾巴上翘的侧面狗形,突出了狗的尾巴。而像侧面马形的“马”字却比较平淡,没有特别突出马的某一部位。随着社会的发展,马的其他作用也逐渐被人们发现。于是,马除用于生产外,还慢慢被用于交通、战争。又由于在交通、战争中有着其他牲畜不可替代的作用,马便成了人们心目中最重要的牲畜了。于是,马的畜养得到了更多的重视,马的品种被不断优化,“千里马”成了人们渴求的“宝”。于是,人们给马取了许多好听的名字:骊、骠、骓、骆、骄、驹、骏、骥……于是,一批名马永垂青史,如周穆王的“八骏”、关云长的“赤兔”、刘备的“的卢”、唐太宗的

“六骏”等。

由于上述原因，与马有关的词语就特别多：战马、跃马、戎马、烈马、千军万马、厉兵秣马、招兵买马、万马奔腾、马到成功、老马识途……不胜枚举；咏马的诗文也不少，仅我国第一部诗歌总集《诗经》就有几十篇写到马，并产生了不少名句——“之子于归，言秣其马”“之子于归，言秣其驹”（《周南·汉广》），“载驰载驱，归唁卫侯。驱马悠悠，言至于漕”（《鄘风·载驰》），“萧萧马鸣，悠悠旆旌”（《小雅·车攻》），“我觏之子，乘其四骆；乘其四骆，六辔沃若”（《小雅·裳裳者华》）。历代画马者不绝，近人徐悲鸿笔下的“奔马”更成为极品。

从语汇到诗文再到绘画，马都得到了人们的褒扬，可见其对人们美意识影响的深远。人们或以马起兴，如《诗经》中的《载驰》《驷驖》《白驹》；或以马托志，如曹植的《白马篇》、李贺的《马诗》、杜甫的《瘦马行》、臧克家的《老马》；或对马投以崇敬、爱恋的目光，发出啧啧赞叹——骏马，千里马，识途老马，轻裘肥马，高头大马，马鸣萧萧，马蹄嗒嗒，马鬣飘飘，等等。

但时代发展到今天，马的作用已很小了，耕种、交通、战争似乎不再有马的用武之地了，好像只有在赛马场才能见到马的风采了。但愿马给予人们的美感不会因马的作用变小而减退，而是长留心间。

12. “鸟”中神影

现代人对“鸟”字的感受更多是出于对鸟的渴望了,因为鸟已离人们越来越远了,住在城里的人已很难见到他们心爱的鸟了。酷爱鸟的孩子们也只能从鸟笼中或电视里观赏鸟了,他们作文中的“鸟语花香”“百鸟啁啾”“莺歌燕舞”等词语表达的也只是他们对鸟的美好渴求,并非真实的景象。现代人渴求鸟的原因几句话是讲不清的,但有一点却可以肯定:鸟很美,美在哪里?是鸟的自由飞翔,是鸟的美妙歌声,还是鸟的翩翩舞姿?当然都是,但恐怕又不止这些。

古人对“鸟”字的感受更多的是出于对鸟的崇拜。《诗经·商颂·玄鸟》:“天命玄鸟,降而生商。”《史记·殷本纪》:“殷契,母曰简狄,有娀氏之女,为帝喾次妃。三人行浴,见玄鸟堕其卵,简狄取吞之,因孕生契。”玄鸟下凡产卵,成为商代的先祖,商人岂不崇拜?《庄子·逍遥游》:“北冥有鱼,其名为鲲。鲲之大,不知其几千里也。化而为鸟,其名为鹏。鹏之背,不知其几千里也;怒而飞,其翼若垂天之云……鹏之徙于南冥也,水击三千里,抟扶摇而上者九万里。”鹏鸟形大无比,力大无比,岂不令人敬畏?《墨子·明鬼下》:“昔者郑穆公,尝昼日中处乎庙。有神入门而左,鸟身,素服三绝,面状正方。郑穆公见之,乃恐惧奔。神曰:‘无惧!帝享女明德,使予锡女寿十年有九,使若国家蕃昌,子孙茂,毋失郑。’穆公再拜稽首曰:‘敢问神名?’曰:‘予为句芒。’”鸟身、方面的句芒可赐人间君王福寿,怎不让人崇敬?令古人崇拜的鸟还有许多,如七夕夜渡牛郎织女的乌鹊,为西王母传递信息的青鸟，鸟王兼日神的少皞，象征太阳的朱雀，鸡头、蛇颈、燕颔、龟背、鱼尾、五彩色的鸟王——凤凰，等等。

古人崇拜鸟，是因为在古人心中鸟是神圣、吉祥、光明、正义等的象征。鸟为何具有如此象征意义？是鸟类能够飞离地面的神奇能力，使人产生了神秘感，人便赋予鸟以神性？是鸟类最早将人们的视线从其狭窄的周围地区引向辽阔、高远的天空，使人的眼前豁然开朗，人便视鸟为光明的化身？是鸟类永不疲倦地用歌声伴随着人们日出而作、日入而息，使人获得了心灵的抚慰，人便以鸟为正义的朋友？

“鸟”字的甲骨文写作“”，像长尾鸟的形状。先民们用长尾鸟来泛指鸟类，是否有什么深意？在古人心中，仙鹤是长寿之神，喜鹊是正义、吉祥之神，凤凰是吉祥的化身，朱雀是光明的象征，这些现实中或传说中的鸟都有一个特征——长尾。由此是否可以推断，“鸟”字传达出的人们关于鸟的第一感受是对长尾鸟的敬意？

据康殷分析，古文字“鸟”字与“隹”字相比，比较强调、刻画鸟的头部，大概是因为鸟能鸣，所以凡能鸣的飞禽都从鸟，如鸡、鹅、鸾、鹂、鸳……由此，我们也可以说，先民们对“鸟”字的一个重要感受是鸟的歌声带给他们的心灵愉悦。

“昔人已乘黄鹤去，此地空余黄鹤楼。黄鹤一去不复返，白云千载空悠悠。”（《黄鹤楼》）一千多年前的崔颢虽然到处可闻悦耳的鸟鸣，可睹悦目的鸟影，但当他面对传说中的黄鹤飞天处——黄鹤楼时，依然发出了“白云千载空悠悠”的深沉感慨。今天，身居闹市的人们已是难闻鸟声、难见鸟影了，又该发出怎样的慨叹？

13. "鱼"戏莲叶间

鱼,在一般情况下人们总把它同美联系起来。因此,人们看到"鱼"字,就常常会产生关于鱼的美感来。

《诗经·小雅》中的《鱼丽》第一节是:"鱼丽于罶,鲿鲨。君子有酒,旨且多。"大意是说黄鲿、小鲨落入捕鱼的竹篓,主人再备上好酒,就是一桌鲜美丰盛的筵宴。很显然,在这里,诗人笔下的鱼美就在于鱼的鲜美的口味。对鱼味美的称颂,后代诗人还有不少名句:"江上往来人,但爱鲈鱼美。"(范仲淹《江上渔者》)"西塞山前白鹭飞,桃花流水鳜鱼肥。"(张志和《渔歌子》)"此行不为鲈鱼鲙,自爱名山入剡中。"(李白《秋下荆门》)"携来虽远鬣尚动,烹不待熟指先染。坐客相看为解颜,香粳饱送如填堑。"(苏轼《渼陂鱼》)对鱼味美的形容,汉语中有一个独特的字——鲜。"鲜"字从鱼,本义是表示活鱼,后由活鱼的色泽新鲜引申为活鱼的味道鲜美,再由活鱼的味道鲜美引申为新宰杀的禽兽肉和其他各类食物的味道鲜美。这样,"鲜"字就可训为善、训为好了,也就可训为美了。而由上可看出,"鲜"美的初始是指鱼的味美。所以也可以说,味鲜美是"鱼"字给一般人的第一感受。

《庄子·秋水》有言:"庄子与惠子游于濠梁之上。庄子曰:'鲦鱼出游从容,是鱼之乐也。'"《汉乐府·江南》有句:"江南可采莲,莲叶何田田!鱼戏莲叶间。鱼戏莲叶东,鱼戏莲叶西,鱼戏莲叶南,鱼戏莲叶北。"毛泽东《沁园春·长沙》有句:"鹰击长空,鱼翔浅底,万类霜天竞自由。"庄子以从容写鱼,乐府以逍遥写鱼,毛泽东以自由写鱼,三者合而为一,是"鱼"字给人的又一重美感。由此,又使人想起“鱼”字的初文(图画文)——“𩵋”,非常真切地描画出了游鱼的自得之态。或许,先民们对“鱼”字的第一感受就是羡慕鱼的怡然自得?是的,不要说刀耕火种时代的先民们了,就是处在计算机时代的人们,谁又能如鱼得水般逍遥自在?或许在今天,人们对“鱼戏莲叶间”的向往远甚于古人了,因为处在现代社会的人们自由越来越小了。

鱼味鲜美令人垂涎,鱼游逍遥让人生羡,于是人们盼望日日有鱼,月月有鱼,年年有鱼,那样就可既饱口福,又悦心情;而在“以食为天”、填饱肚子重于一切的年代,鱼(余)粮又成了人们的第一心愿,于是“年年有鱼(余粮)”便更多地体现着人们在物质意义上对“鱼”的美感。时至今日,“年年有鱼(余)”依然是人们的一种美好企盼和祝福。

“鱼”,对我们的美意识的影响可谓深矣。

『日』『月』之间

商汤王浴器上铸有九字：『苟日新，日日新，又日新。』这是自省，这是自信，这是自为。

张若虚《春江花月夜》有诗句：『江畔何人初见月？江月何年初照人？人生代代无穷已，江月年年只相似。不知江月待何人，但见长江送流水。』这是诘问，这是探寻，这是求索。

我们穿行在『日』『月』之间，在自省中自为，在自信中探寻，在诘问中求索。

14. 又"日"新

看到"日"字，会想起《山海经》，想起《山海经》中有关日的瑰丽神话——

"汤谷上有扶木，一日主至，一日方出，皆载于乌。"(《大荒东经》)

"东海之外，甘水之间，有羲和之国。有女子名曰羲和，方浴日于甘渊。羲和者，帝俊之妻，生十日。"(《大荒南经》)

"汤谷上有扶桑，十日所浴，在黑齿北。居水中，有大木，九日居下枝，一日居上枝。"(《海外东经》)

羲和生十个太阳，每天一个爬上扶桑树，其余九个睡在下面的枝条上，这是一种怎样的想象！"日"，首先带给人的是一种璀璨的神话美。

古人造字"近取诸身，远取诸物"，"远取诸物"时"仰则观象于天，俯则观法于地"。(《说文解字叙》)"观象于天"，首先引起先民们注意的当然是太阳了。先民们不晓太阳为何物，在他们看来，太阳具有使万物复苏、生长的超自然力量，是五谷丰产的主要赐予者。于是，人们对太阳顶礼膜拜。人们崇拜太阳，最初是面向天空中的太阳叩头、跪拜。因此，人们用太阳的形状"⊖"来表示太阳的意义就很自然了。这里值得注意的是，"日"字里面的"一"。"一"在这里表示什么呢？它不是今天通常所见的数字"一"。《说文》："日，从口一。""一，惟初太始。道立于一，造分天地，化成万物。"《老子》第四十二章："道生一，一生二，二生三，三生万物。"这里的"一"是指"造分天地，化成万物"的"道"。也就是说，"日"字从"一"，即表示太阳具有“造分天地,化成万物”的力量。由此,“日”之美也就产生了。

日神美——由于日的力量难以理解,先民们便赋予了日以神性和神职,创造了大量关于日的神话。日最初被人们视为五谷之神,后来又被视为保护之神和光明正大、明察秋毫之神。这些都给了人们无限的精神滋养。如先民们在各种器具上画上或刻上太阳纹,以求吉祥、幸福;如代代不息的各种朝日、祭日活动,寄托了人们对日的敬畏、崇敬、冀求等多种情感。后羿射日的神话则更鼓舞了人们的生存意志,鼓舞着人们一代代披荆斩棘,奋力向前。

日象美——“县象著明莫大乎日月。”(《易经·系辞》)太阳一出照四方。汉字中大量以“日”字作偏旁的字,都表示与太阳有关的事物,其中表示光明、温暖等意义的字词最能体现人们对光明、温暖的向往与赞美之情,如“曙光在前”“朝阳四射”“艳阳高照”“春光明媚”“晴空万里”等。在以“日”字为偏旁的字中,“是”最值一提。《说文》:“是,直也。从日正。”段玉裁:“以日为正则曰是。从日、正,会意。天下之物莫正于日也。”“是”,可以说是日象美的最高体现。

阳刚美——鲁迅说:“曙日出海,瑶草作华,若非白痴,莫不领会感动。”(《拟播布美术意见书》)“日”作为自然美的范畴,它给人展示的是刚健、豪放、雄浑、粗犷、磅礴的崇高美。这在中外许多作家的笔下都有过动人心魄的描绘。兹举一例:

哔剥燃烧的西部太阳
汩汩流淌的西部太阳
伐古歌谣为薪的西部太阳
用黄土捏就用血汗揉就用黄河水塑就的西部太阳

古朴浑穆，铸进五千年古铜的光芒

（章德益《西部太阳》第一节）

人们就在这样的“日”之美中由光明走向黑夜，在黑夜中期盼光明。商汤王的浴器上铸有九字：“苟日新，日日新，又日新。”正是这种对光明的期盼，期盼每一天都能获得新生。

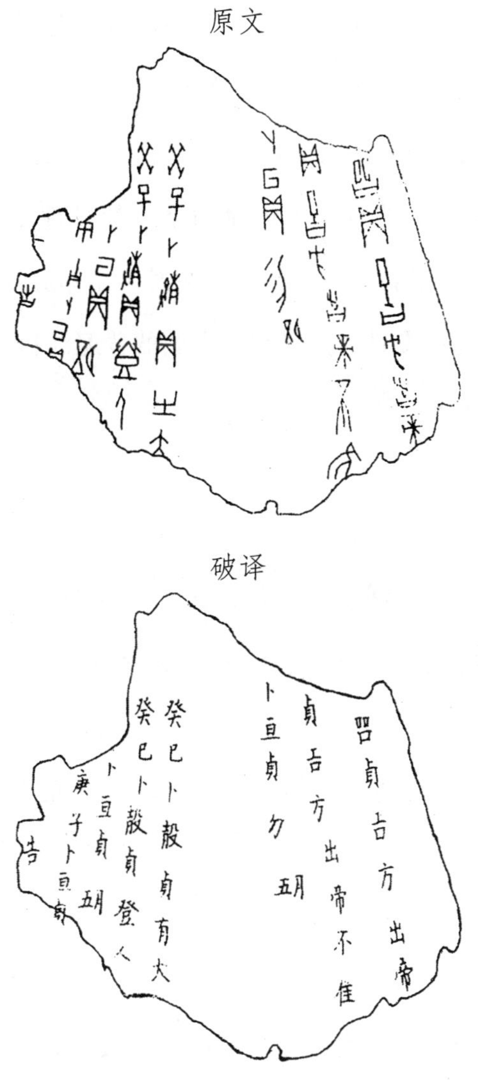

原文

破译

15. 人"月"相得

日月相随,日月相对,日月为明。而汉字中"月"字给人的美感却有甚于"日"字:月神的故事远比日神的故事深入人心且优美动人。举头望明月,有几人不晓嫦娥奔月?可关于日神的故事即使是后羿射日也并非家喻户晓。日有时受人诅咒,被称为毒日、酷日;月却永远得人喜爱,哪怕是"残月""冷月",也给人一种爱怜,给人一种凄美。特别是自《诗经·陈风·月出》之后,诗人们的笔下便有了永远流泻不尽的月神之光,"月"字就在一代代诗人的笔下日益丰满,日益美丽,不断发出熠熠光彩。相比之下,日虽也有诗人吟诵,却远不像月那样受到诗人们的普遍注目与青睐。

月,美在哪里?

月出皎兮,佼人僚兮。舒窈纠兮,劳心悄兮。
月出皓兮,佼人懰兮。舒忧受兮,劳心慅兮。
月出照兮,佼人燎兮。舒夭绍兮,劳心惨兮。

将《诗经》中的这首《月出》翻译一下,或许我们的答案就有了——

月儿出来明亮亮,美人长得多漂亮。缓缓步月真窈窕,想她使得我心伤。

月出皎洁照城郊,美人月下多俊俏。缓步走来姿态美,想她使得我心焦。

月儿出来照四方，美人月下是素装。缓缓行来仪容好，想她想得我断肠。

月的如梦如幻与美人的绰约柔婉互为映衬，互为诠释。月诠释了美人之柔婉，美人诠释了月之梦幻。

许慎说：“月，大阴之精，象形。”许慎的解释道出了月美的真谛：象形之月美在“太阴之精”，即阴柔的极致。因此在诗中，月亮与美人相得益彰，美人因月更绰约，月亮因美人而成精魂。因此，咏月作品从谢庄的《月赋》到张若虚的《春江花月夜》，从李商隐的《霜月》到贾平凹的《月迹》，都闪耀着和谐婉约的美学光辉。至贾平凹，月更成了一位“在水一方”的美女。他在《月迹》中描绘了一幅风姿绰约的寻月图后写道：“月亮里，地该是银铺的，墙该是玉砌的：那么个好地方，配住的一定是十分漂亮的女子。”

玉盘、玉轮、清辉等常被用来指称月，月的高洁溢于言表。“小时不识月，呼作白玉盘”（李白《古朗月行》）、“无心万事禅，一月千江水”（黄庭坚《五祖演禅师真赞》）、“惠风吹尽六条尘，清净水中初见月”（施肩吾《听南僧说偈词》）、“滟滟随波千万里，何处春江无月明”（张若虚《春江花月夜》）……人们赞美高洁之月，正是对高洁的渴求与向往，也就是对高洁之美的追求与憧憬。

屈原《天问》有“夜光何德，死则又育”之问，意即谓月亮为何得以死而复生？月有阴晴圆缺——月初到月中，月由月牙逐渐变为满月；月中到月尾，满月又逐渐亏缺、消失，如此周而复始，循环无穷。屈原的“月问”恰好展示了高洁之月的这种不死的生命底蕴。寻着屈原的追问，张若虚赋予了月一种天人合一、神性与人性二位一体的品格——“江畔何人初见月？江月何年初照人？人生代代无穷已，江月年年只相似。不知江月待何人，但见长江送流水。”面对年年“只相似”的月，贾平凹涌动着生命的冲动与感悟，从短促人生的深沉思索中悟出了朗朗明月的永恒美，也悟出了人生的永恒美——“你夜夜出来，夜夜却不尽相同：过几天圆了，过几天亏了；圆得那么丰满，亏得又如此缺陷！我明白了，月，大千世界，有了得意，有了悲哀，你就会全然照了出来的。你照出来了，悲哀的盼着你丰满，双眼欲穿；你丰满了，却使得意的大为遗憾，因为你立即又缺陷去了。你就是如此千年万年陪伴了多少人呵，不管是帝王，不管是布衣，还是学士……而你却依然如此，得到了永恒！”

或许，我们无论怎样诠释“月”字，都走不出李白心中的“月”字了。全唐诗5万多首，“月”出现11 055次；李白诗1 166首，“月”出现523次。这组数字很明白地告诉人们，李白与“月”字是一种怎样的关系了——月亮诗魂，是李白诗仙的最佳诠释。李白因“月”而成仙，“月”因李白而有魂。传说李白最终醉酒捞月，沉溺江月而亡，这是真正读懂了李白，或者说是用李白诠释了“月”字。

玉阶生白露，夜久侵罗袜。
却下水晶帘，玲珑望秋月。

李白心中的“月”总是由许多美丽的意象交织而成。这首《玉阶怨》中至少有秋月、闺月、乡月这三重意义。秋月之玲珑，闺月之伤感，乡月之愁思,三者合而为一,用一个"望"字统摄,揭示出人类一种共通的普遍经验——希冀。当我们随着那女子一同"望秋月"时,我们似乎也在遥望心中美丽的希冀。

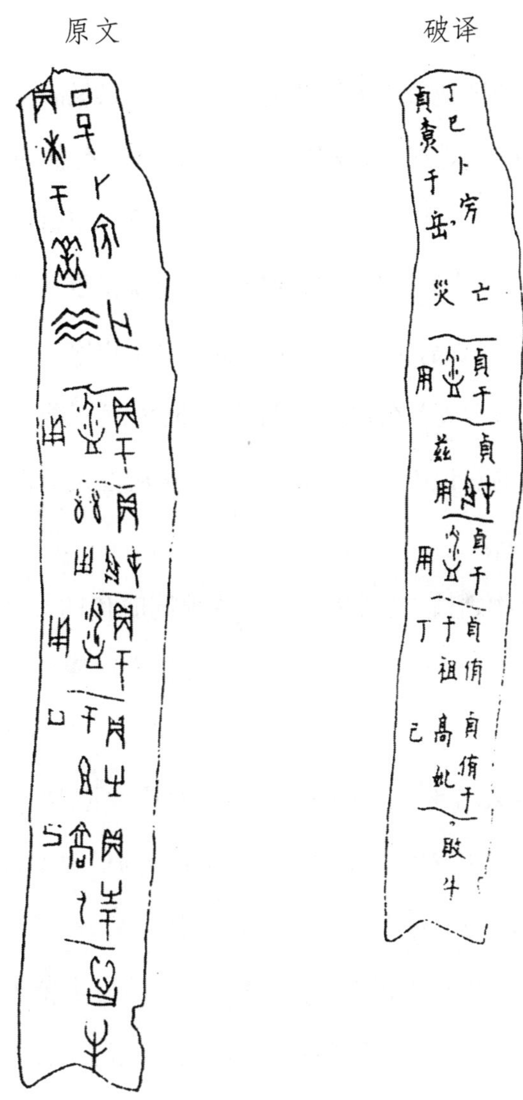

16. 明“星”

古人造字,“仰则观象于天”,夜晚遥望晴空,只见满天发亮的天体或大或小,或远或近,或灿烂夺目,或隐约难辨,或运行不息,或静止不动,森罗万象,变幻莫测,但古人抓住这种天体最显著、最直观的特征——发亮,为其取名为“星”。“星”字甲骨文写作“[illegible]”,指众星罗列发出亮光,属会意字;后演化为“[illegible]”,从晶,生声,“[illegible]”即“晶”,属形声字。

各种资料显示,“星”在古人心目中的地位远不像日月那样崇高,但“星”之美在人们的意识中却可与日月匹敌,这从古人把日月星统称为辰这一点上即可见一斑。

《说文》:“万物之精,上列为星。”与许慎同时代的天文学家张衡也说:“众星列布,体生于地,精成于天,列居错峙,各有所属。”并认为金、木、水、火、土五星为“五行之精”。(《史记·天官书》“正义”)阴阳五行是中华文化的大框架,它涵天盖地。而“日”与“月”对应为阳与阴,“星”对应为五行。但“日”“月”为象形字,“星”由会意字演变为形声字,这就体现了称为辰的“星”与称为辰的“日”“月”所不同的独特意义——“星”的命名与所指更多地体现了先民探求宇宙奥秘、追求真与善的可贵精神。因此可以说,“星”字给我们展示了人类初始期对美的追求。事实上,人类发展到今天,不是一直在孜孜不倦地探求“星”的奥秘吗?

古人在对“星”的探索中,发现了某些星与气象、人事等存在着必然或偶然的关系,但又不明了它们这种关系产生的原因,便产生了“星”崇拜。

天上的星有大有小，有的发亮闪烁，有的色彩黯淡；天下的人也一样，有上下大小之别，有贫富贵贱之分。于是，古人把两者联系起来。西汉政论家桓宽在《盐铁论·论灾》中说得简洁明白：“星列于天，而人象其行。常星犹公卿也，众星犹万民也。”东汉哲学家王充则更提出了较系统的星命说。直至今天，星崇拜的影响依然还很深远。比如崇拜“明星”，就是现代人的一种较为普遍的心理。这一心理折射的就是人们对“星”的认同，对“星”的向往与渴求。试想，有谁不愿自己灿烂起来，不愿自己发出熠熠闪耀的光华？

人们崇拜星、向往星，于是情不自禁地赞美星。中外作家中，吟咏星的为数不少。而在众多歌咏星的作品中，冰心的《繁星》最为独特。它给读者带来了一种永恒的理想美：在浩瀚的静寂中，纷繁的星缄默不语，只在相互的生命里陶醉、辉耀，享受着与天性谐和的自由。冰心这种期望天下人像“繁星”一样，永远享受“与天性谐和的自由”的美丽理想，何时可得而实现？

17. “火”光冲天

“火”字,让人想起中国最早的人形化的火神——燧人氏。《韩非子·五蠹》:“上古之世……民食果蓏蚌蛤,腥臊恶臭而伤害腹胃,民多疾病。有圣人作,钻燧取火以化腥臊,而民说之,使王天下,号之曰燧人氏。”

“火”字,让人想起《山海经·海外南经》中所描写的“兽身人面,乘两龙”的火神——祝融。《国语·郑语》:“夫黎为高辛氏火正,以淳燿敦大,天明地德,光照四海,故命之曰‘祝融’,其功大矣。”

“火”字,让人想起阴阳五行,想起五行中的火行。

“火”字,让人想起希腊神话中的英雄——普罗米修斯。他从天庭盗取火种传到人间,使人类有了光明。

……

“火”字,甲骨文作“🜂”,像燃烧着的火苗,本义是表示燃烧的火。燃烧的火不仅可烧水做饭、照明取暖,还可用于生产、军事等。正如《抱朴子·逸民》所说:“天下……不可以一旦无火。”正如《初学记》所说:火“博赡群生,资育万类……功用关乎古今,勋绩著于百姓”。因为火于人类的生活如此密切,人们便崇拜火,造字时就以燃烧的火为象。所以可以说,“火”字蕴含了人类对火的种种功用的感激,并由此而产生对火的崇拜。

人们崇拜火,而又不晓火的产生原因,于是就有了种种关于火的传说。发明人工取火之前,原始人有的认为火来自天上,是由雷神之妻带来的;有的认为火来自太阳,因为太阳与火有着许多共同之处;有的认为火来自石,因为石可摩擦取火。发明人工取火后，人们又创造了多种火神。燧人氏之前有以火焰为火神者，有以灶火为火神者。燧人氏是传说中最早钻木取火的人，也是中国古代最早人形化的火神。王子年《拾遗记》载：“燧明国有火树，名燧，屈盘万顷。后世有圣人游日月之下，至于其国，息此树下。有鸟啄树，粲然火出。圣人感焉，因以小枝钻火。号燧人氏。”燧人氏之后，又有炎帝、祝融等被尊为火神。《吕氏春秋·孟夏纪》：“其帝炎帝，其神祝融。”这些火神中，又有男有女。祝融就被视为“火奶奶”。可以说，火崇拜、火神的传说及火神种种，使得与火有关的文化现象显得丰富多彩、五光十色，给予了后人无限的精神滋养。

今天，人们虽然不像先民那样相信火神了，但火在人们心中依然有着崇高的地位，有着美好的形象。“火花”“火箭”“火炬”“火树银花”“火眼金睛”，“圣火”“烈火”“烽火”“篝火”“热火”“淬火”，“星星之火”“燎原之火”“万家灯火”“生命之火”“赴汤蹈火”……这些词语多方面地展现了人们对火的美好感受，并隐喻了“火”在人们心中的种种深意。

火！哦，如果是火！
你投掷在黑夜！
你燃烧在黑夜！
……
黑夜吞没着它，
黑夜燃烧着它！

这是诗人冯雪峰《火》中的诗句。是的，火，黑夜里的火，黑夜里熊熊燃烧的火，黑夜里燃烧的冲天的熊熊火光，是壮观的人间之景！

18. “光”华灿烂

埃默森在《自然论》中说:“光线是第一画家。无论怎样丑陋的物象,若接受强烈的光线,没有不美的……光线所特有的一种无限性,使一切物象华美,连死骸都存在着独特的美。”光线所以能“使一切物象华美”,是因为光本身被意识为美。

甲骨文“光”字写作“[illegible]”,上半是火,下半是人,像火在跪着的人头上,表示光明的意思。甲骨文“光”的字形不仅使我们感受到了先民们对光的无限崇拜,也使我们感受到了光于人类的无与伦比的意义。火可以产生光,但仅有火还不是光,只有当火与人类结合时才有了光的意义。光的意义在于它永远引领着人类战胜黑暗,没有光,人类就只能在黑暗中摸索。从“光”字的取象看,先民们对此的认识是相当深刻的。火在人上,表明光对人类的重要意义;火在跪着的人的头上,表明人类对光的崇敬和礼赞。正因为光的意义无与伦比,光理所当然地就被意识为美了,只是这时人们心中的光之美基本上是物质功利意义上的。随着人类社会的进步,人们对光之美的认识也慢慢地由物质意义引向了精神殿堂。从下面一组例句中,我们或许可以感受到这些。

《国语·周语中》:“故能光有天下。”韦昭注:“光,广也。”

《管子·匡君中匡》:“光名满天下。”光名即美名。

《韩非子·解老》:“所谓光者,官爵尊贵,衣裘壮丽也。”

《文选·乐府长歌行》:“阳春布德泽,万物生光辉。”

……

精神殿堂里的光之美,给人以充实、兴盛之感,给人一种生命的共感。它象征着生命的丰富与充盈,体现着生命的健壮与浪漫,恰似闪烁耀目的强烈而饱满的光辉。所以,从光明、光辉这一本义出发,人们又创造了其他许多关于光的词语:光彩、光荣、光明磊落、光明正大、光临、光顾、光宗耀祖……感受到了这些后,我们再把那些将物质之光与精神之光结合得天衣无缝的光之美梳理一下,将更会有一种无以言说的光的美感在心中流动。少女那生气勃勃、澄明闪亮的眼睛里的粼粼波光,哲人那深邃幽远、洞照一切的锐利目光,夜空那闪闪烁烁、引人无限遐思的灿烂的星光,如水如玉、皎洁无瑕、极尽阴柔之美的银色的月光,朗照万物、极尽阳刚之美的日光……哪一样不让人心动?

让人心动的还有那一组可与光互训的字:“明”“显”“照”“章”(彰)“皎”“奂”“亮”……屈原《九歌·云中君》中有“灵皇皇兮既降”句,王逸注:“云神来下,其貌皇皇而美,有光明也。”“显”比“明”更进了一层,“照”由“光”而来,“章”(彰)由“明”而来,“皎”由“章”(彰)而来,“奂”由“皎”而来,“亮”由“奂”而来。从这一组汉字中,我们更清楚地看到了,那些比其他事物更光彩夺目的事物总是被意识为更美的,何况光本身呢?这样,我们就不难理解,为什么古今会有那么多的人歌颂光明、赞美光明了。如艾青《光的赞歌》所言——

世界要是没有光
也就没有扬花飞絮的春天
也就没有百花争艳的夏天

也就没有金果满园的秋天

也就没有大雪纷飞的冬天

世界要是没有光

看不见奔腾不息的江河

看不见连绵千里的森林

看不见容易激动的大海

看不见像老人似的雪山

要是我们什么也看不见

我们对世界还有什么留恋

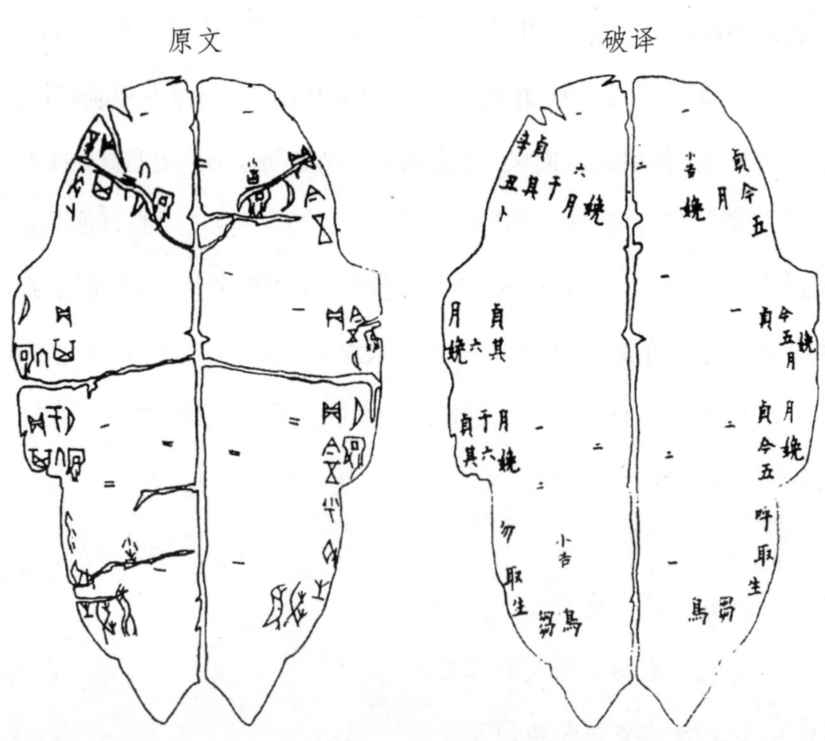

19. "阳"刚

"其得于阳与刚之美者,则其文如霆,如电,如长风之出谷,如崇山峻崖,如决大川,如奔骐骥;其光也,如杲日,如火,如金镠铁;其于人也,如冯高视远,如君而朝万众,如鼓万勇士而战之。其得于阴与柔之美者,则其文如升初日,如清风,如云,如霞,如烟,如幽林曲涧,如沦,如漾,如珠玉之辉,如鸿鹄之鸣而入廖廓;其于人也,漻乎其如叹,邈乎其如有思,暖乎其如喜,愀乎其如悲。"(《复鲁絜非书》)这是清人姚鼐对阳刚之美与阴柔之美的形象描绘。尽管姚鼐同时对阳刚之美与阴柔之美做了精彩的描述,但此前中国人的主导思想却是尊阳卑阴,所以多数情况下人们青睐的是"阳"字,这只要看看带"阴"字的地名很少而带"阳"字的地名甚多即可明白。

这也难怪,"阴"字的本义是阴云密布,而"阳"字的本义是阳光普照。想想阳光,阳光普照赐给人类的光明与幸福,想想失去阳光的宇宙的黑暗,人们有什么理由不热爱指代阳光普照的"阳"字呢?在人们的热爱簇拥下,从自然到社会到超自然,"阳"字的含义不断丰富,其蕴含的美意识也越来越丰富。

首先当然是自然之"阳"。《诗经·小雅·湛露》:"湛湛露斯,匪阳不晞。"太阳晒干露水,这是"阳"最原始也是最自然的功用之一。普照大地的阳光给了人类无限的功用,人类自当爱之美之。这应该是"阳"字传达的人类对"阳"的最初的感受。但阳光的与众不同不仅在它有无限的功用,还在它形象上叫人无法把握,即可感而不可触,于是一些探索者又把"阳"看成是天地之气。《左传·昭公元年》:“天有六气……曰阴、阳、风、雨、晦、明也。”《庄子·则阳》:“阴阳者,气之大者也。”阴阳作为天地之大气,充满了天地间。于是一些探索者又把阴阳之气看成是万物形成的本原。《庄子·田子方》:“至阴肃肃,至阳赫赫……两者交通成和而物生焉。”至此,“阳”字在人们心中就已不单单是自然之“阳”了,而具有了非常复杂的含义,且笼罩上了一层神秘的色彩。

其次是社会之“阳”。自然界由阴阳二气“交通”而成,人们为适应自然,就与之对应地把社会也一分而为阴阳。《春秋繁露·阳尊阴卑》:“恶之属尽为阴,善之属尽为阳。”《马王堆帛书·称》:“大国阳,小国阴;重国阳,轻国阴;有事阳而无事阴;伸者阳而屈者阴;主阳臣阴;上阳下阴;男阳女阴;父阳子阴;兄阳弟阴;长阳少阴;贵阳贱阴;达阳穷阴;娶妇生子阳,有丧阴;制人者阳,制与人者阴……”这样,“阳”字就有了封建伦理道德意义了,且代表善的一面。于是,它带给人的感受就总与封建的伦理美联系在一起了。

再就是艺术之“阳”。中国诗教虽自孔子始建立起了温柔敦厚的传统,但历代作家对阳刚之美的青睐也是事实。从建安风骨到盛唐气象再到豪放词派,阳刚之美得到了充分的表现。

20. “阴”柔

一般说来,“阴”字不带给人们美感,相反常带给人不愉悦的感觉,如“阴暗”“阴毒”“阴魂”“阴冷”“阴霾”“阴谋”“阴险”等。先民们造字时大概也感到了阴的“丑”,所以初文“阴”字写作“侌”,像阴云密布的样子。不过此时的“阴”字肯定没有更多的社会义理,大概仅表示一种阴云密布的天文现象而已。后来人们给初文“阴”字加上“阜”旁,“阴”字遂有了地理意义,即《说文》所说的“水之南,山之北”。再后来,人们慢慢地把天文、地理意义综合起来,赋予“阴”字更广阔的超自然的意义,“阴”不仅与“阳”一起成了世界形成的本原,如《庄子·田子方》所言“至阴肃肃,至阳赫赫……两者交通成和而物生焉”,而且与“阳”一起成了中国文化的重要一极。这时的“阴”字就具有了深广的哲学意义。中国古代许多文献如《易》《国语》《左传》《庄子》《素问》《孙子》《周礼》《管子》《淮南子》《抱朴子》《春秋繁露》等,对“阴”字都有精辟的论述。不过,这些著作中,大多都有一条重要的原则——阳尊阴卑。董仲舒的《春秋繁露》还对阴阳作了这样的界定:“丈夫虽贱皆为阳,妇人虽贵皆为阴;阴之中亦相为阴,阳之中亦相为阳,诸在上者皆为其下阳,诸在下者皆为其上阴。”“是故推天地之精,运阴阳之类,以别顺逆之理,安所加以不在?在上下,在大小,在强弱,在贤不肖,在善恶。恶之属尽为阴,善之属尽为阳。”

当然,任何原则都有例外,何况“阳尊阴卑”仅是儒家的义理。庄子就对阴阳一视同仁:如上所引“至阴肃肃,至阳赫赫……”,再如《庄子·则阳》:“天地者,形之大者也;阴阳者,气之大者也。”只可惜,受主导思想的影响,人们难以顺着庄子对“阴”字的理解走下去。稍感庆幸的是,至魏晋,刘勰终于把从阴阳脱胎而来的刚柔引入到了审美领域。不过刘勰尽管说“情理设位,文采行乎其中。刚柔以立本,变通以趋时”(《文心雕龙·熔裁》),将刚柔对举,但他还是褒阳贬阴的:“壮丽者(即阳刚),高论宏裁,卓烁异采者也……轻靡者(即阴柔),浮文弱植,缥缈附俗者也。”(《文心雕龙·体性》)此后,人们对“阴”(柔)的感受见仁见智,历经唐宋元,“阴”(柔)之美终于在清人姚鼐的笔下生动起来了:“其得于阴与柔之美者,则其文如升初日,如清风,如云,如霞,如烟,如幽林曲涧,如沦,如漾,如珠玉之辉,如鸿鹄之鸣而入廖廓;其于人也,漻乎其如叹,邈乎其如有思,暖乎其如喜,愀乎其如悲。”(《复鲁絜非书》)西学东渐后,西方美学渐渐引入中华,“阴”字的内涵进一步扩大,举凡一切优美的都可归入“阴”(柔)美的行列,诸如清新、秀丽、精致、轻盈、娇小、柔和、淡雅、流利、飘逸、光滑、圆润、微妙等等。

“阴”字的本义是阴云密布。顺着这一意义,人们慢慢又赋予“阴”字社会意义、超自然意义,并慢慢发现了它的美,又慢慢丰富了它的美。人们对阴柔之美的认识过程,正反映了人类审美心理的发展过程。

了解了这些之后,我们再回过头来看一下简化“阴”字——山坳升起一弯新月,真是美极了。

21. “荣”誉

“荣”字带给人们的感受总是美的，不过对“荣”字的理解与感受其侧重点却因人而异。一心向上爬的人，肯定以“荣升”的“荣”为最美；特别注重声名的人，肯定以“荣誉”的“荣”为最美；以家国之事为重的人，肯定以“繁荣”的“荣”为最美；酷爱草木的人，肯定以草木“荣华”的“荣”为最美……

“荣”字的美来自何处？《尔雅·释草》：“木谓之华，草谓之荣。”“荣”字最初所指的是草木的花。这从“荣”字的金文“”中能清楚地看到——草木相互交错的枝条上开出点点小花。可以想见先民们在造“荣”字时，对草木开花一定是特别兴奋的。不是吗？草木能开放花朵，其自身一定充满着生命力，一定有向外喷发的生命力。那种将生命光辉有力地向周围放射，将生命有力地向四周扩张的事物，其充盈的精神与旺盛的姿态总能带给人一种活泼泼的生命美感。这种活泼泼的生命美在植物中还有比草木开花展示得更充分的吗？显然是没有了。所以，“荣”字蕴含的美感首先应当是草木开花展示给人们的旺盛的生命感。

由表达人们对草木开花展示的旺盛生命力的感受，扩展到表达人们对其他一切能展示旺盛生命力的事物的感受，“荣”字便有了非常宽泛的意义，其蕴含的美感经验也就非常之多了。这在下面一组含有“荣”字的句子中可以非常清楚地看到——

“草木荣华，鸟兽卵胎。”（《淮南子·原道》）——指草木的花。

“当夏三月，天地气壮，大暑至，万物荣华。”(《管子·度地》)——指万物兴旺茂盛。

“道隐于小成，言隐于荣华。”(《庄子·齐物论》)——指华美的辞藻。

“丈夫当时富贵，百恶灭除，光耀荣华。”(《史记·外戚世家》)——指富贵荣耀。

“荣华颓落，发颇斑白。”(《灵枢经·天年》)——指旺盛的血气。

像“生不得其美，死不得其荣”(《列女传·贤明传》)，“其为人荣于色而美于行”(《列女传·贞顺传》)这样的话，则将“美”“荣”对举，显然已经把“荣”完全等同于“美”了。

以上更多的是古人对“荣”字的理解与感受。今天，我们在感受“荣”字蕴含的美意识时，又有什么新的内容呢？今天的人是不是对荣誉之美、荣耀之美更感兴趣？是不是有越来越多的人已把荣誉之美、荣耀之美看得高于一切了？是不是有越来越多的人已不顾一切地追求荣誉之美、荣耀之美了？还有多少人知道“荣”字的本义？物极必反。所以以“荣”字为基本语素便产生了“虚荣”一词。应该说，虚荣是对荣誉之美、荣耀之美的反动。自从有了“虚荣”一词，“荣”字所蕴含的美意识也就黯然失色了。这使人想起那些以假乱真的塑料花。

22. "华"美

"华"字的本义与"荣"字同,都是指草木开出的花。"桃之夭夭,灼灼其华"(《诗经·周南·桃夭》)中的"华"字就是使用的本义,指桃花。后来出现了"花"字,"华"字所指就慢慢转移到其他方面了。因此,"华"字所蕴含的美意识有两大系列,一是与"荣"字相同的一列,一是与"荣"字有别的一列。前者可参见上文《"荣"誉》,这里仅就后者谈一些感受。

大概是草木开出的花给人一种光华灿烂之感,人们赋予了"华"字光彩、光辉的意义,这样"华"字就有了"光"字的一部分含义,如说光华、月华等,并且因为"华"从植物的花而来,其光就更有了不同于一般光的意义,更有了比一般的光更美的意象美。所以,很多地方只能使用"华"字而不能使用"光"字。如李白《峨眉山月歌送蜀僧晏入中京》中的两句:"黄鹤楼前月华白,此中忽见峨眉客。"其中的"月华"是不可换成"月光"的。再如人们常说的"华灯初上"中的"华"字,也是不可用"光"字替换的。

段玉裁在《说文解字注》中注"葩"字:"草木花最丽,故凡物盛丽皆曰华。"段说不虚。"华"字所以有华美、美丽的意思,应是从草木的花给人以美感这一角度而来。这也是"华"之美的一个重要的方面,古人的许多文辞都展示了这一重美——

"华容婀娜,令我忘餐。"(曹植《洛神赋》)"华容"即美丽的容貌。

"一字之褒,宠逾华衮之赠;片言之贬,辱过市朝之挞。"(范宁《春秋谷梁传序》)"华衮粲烂,非只色之功;嵩岱之峻,非一篑之积。"(《抱朴子·博喻》)“华衮”即美丽多彩的上公之服。

“车舆服章,皆从质朴,禁除末俗华丽之事。”(《三国志·夏侯玄传》)“京城华丽所,璀璨多异人。”(陆机《为周夫人赠车骑诗》)“华丽”即美而多彩的意思。

今天人们感受到的“华”字的美也多是这一重意义。风华、繁华、豪华、才华、华贵……都传达出了“华”字蕴含的这种美。

物华天宝、含英咀华的“华”字传达的又是一重美——精华。这大概是从华美引申而来。华美有可能只是外在的,而精华则绝对是内外统一的。所以,人们在说精华时,“华”字所蕴含的美是高于上述一切的。但还有比精华的“华”所传达的美更美的,那就是华夏之“华”。孔颖达《春秋左传正义》:“中国有礼仪之大,故称夏;有服章之美,谓之华。华、夏一也。”孔颖达的说法不错,但不全面。应该说,“华夏”之“华”包含了上述“华”字的全部意义、全部华之美——荣华之美,光华之美,华丽之美,精华之美。汉民族自称华夏,其实就是对自我的肯定,对自我的赞美,对自我的欣赏。这是一个伟大民族所必须具备的,是一个伟大民族所以伟大的重要原因。今天,我们无不以自己是华夏儿女而骄傲,无不以自己是华夏子孙而自豪。其终极原因是什么?是美,是华夏美。

『春』『冬』之间

感知季节就是感知生命的律动。

古人对季节的感知要比今人丰富、生动、深刻。农历二十四个节气的更替，是古人应和季节的生动表情。依节气而动，与自然和谐相处，不违生命的节律，显示了古人感知季节的高超艺术。

所以可以说，走过四季，穿行在『春』『冬』之间，是中国人一种特殊的生命形态。

23. "春"望

春,春风,春风面;春,春月,春月柳;春,春色,春色满园关不住;春,春江,春江花月夜,春来江水绿如蓝;春,春意,春意盎然……"春"字总是带给人们许多美好的憧憬,给人一种生机勃勃的感受。为什么?

"春"字的甲骨文写作"[illegible]",小篆写作"[illegible]"。两相比较,小篆字形只是趋向匀整,而意符和声符都没有变化。《说文》:"春,推也。从草从日,屯声。"由上可知,构成"春"字的符号单元有三个:"草""日""屯"。先说"草""日"。这里的"草""日"是生命力的象征。"草,春时生也。"(《说文》)"野火烧不尽,春风吹又生。"(白居易《赋得古原草送别》)"暮春三月,江南草长,杂花生树,群莺乱飞。"(丘迟《与陈伯之书》)"春风又绿江南岸。"(王安石《泊船瓜州》)这些文句都展示了草的旺盛的生命力。日,是万物生长的原动力,它"造分天地,化成万物",是世间最强大的生命力。再说"屯"。它尽管在这里只是"春"字的声符,实际上也可看作"春"字的意符。段玉裁注:"屯像草木之初生。""屯"在甲骨文中即指刚刚破土而出的幼芽。又因为破土而出必先聚集力量,所以"屯"又有聚集义,如说"屯居""屯兵""屯耕"等。草木之芽破土前先在地下聚集生命力,故"屯"又有生机义。结合"草""日""屯"三个元素考察可知,"春"字属会意兼形声字,许慎以"推"释"春"并不准确,把"春"的本义理解为"草木之芽聚集力量后在日光下破土而出"似乎更为确切。这种理解所体现的也正是人们对"春"字的第一感受——生机勃勃。

由物及人,从草木在地下聚集力量,到萌动、生长谓之春,联想到人由混沌不谙世事人性,到人性初开,春心萌动、勃发,人们便把人生的这一段美好时光称为青春。人生的青春期就如草木的破土期,跃动着绿色的生命,欣欣向荣,茁壮成长。

"春者何,岁之始也。"先民们为何把"春"当作一岁之首?"春"表示草木破土而出,而草木破土而出多在一岁之首,所以"春"字就很自然地成了一岁之首的代名词了。春天一到,万物复苏,一切都在萌动,都在跃跃向上,所以"春"字总给人许多企盼、许多向往。它永远带给人无限生机,给人一种活泼泼的生命感受。所以,春未到时人们"望春""盼春",春已到时人们"迎春""颂春",春到深处时人们"探春""游春",春要走时人们"送春""惜春"。

"沉舟侧畔千帆过,病树前头万木春。"刘禹锡诗句中的"春"字最充分地展示了"春"字蕴含的美的本质,最集中地体现了人们对"春"字的感受:心中充满希望,一切都充满希望。也如徐迟的诗所言:"雪飘着也是春天,叶飘着也是春天"。(《春天的村子》)

24.“夏”人

说到“夏”字，人们一般都会想起“佳木秀而繁阴”的夏天。其实，“夏”字的古文字形是一个手足俱全的正面人的形象，其本义即威武、活泼、四肢敏捷的完美的人。“夏”字的金文写作“[illegible]”，它所蕴含的第一美感当是对健全、完美之人的欣赏与赞美。《说文》:“夏，中国之人也。从夊，从页，从臼。臼，两手；夊，两足也。”

“夏”既是健全、完美之人的意思，那么自尊、自信的先民们便毫不客气地自称“夏”了，并在“夏”字前冠“华”字而称所居之地域为“华夏”，赋予其繁荣、完美、伟大之义。因此，“夏”字也就有了“大”之义。马叙伦甚至认为“夏”就是“大”的异体。(《说文解字六书疏证》)陕西、山西一带的人自古称“大”为“夏”，以“夏”为“大”。“自关而西，秦晋之间凡物之壮大者而爱伟之，谓之夏。”(《方言》卷一)《诗经·秦风·权舆》:“于我乎，夏屋渠渠，今也每食无余。”这里的“夏屋”指的就是大的食器。毛亨《毛诗故训传》:“夏，大也。”郑玄《毛诗传笺》:“屋，具也。”由“大”而借用于“大屋”“大殿”:“曾不知夏之为丘兮，孰两东门之可芜?”(屈原《九章·哀郢》)这里的“夏”即用于“厦”。《楚辞补注》:“夏，大殿也。”

大概是因为“夏”有“大”之义，所以那个曾活动于河南西部、山西南部的部落联盟便为自己取名为“夏”，到启建立“家天下”后便自称为“夏”。后来，一些封建割据者和农民起义领袖也喜欢以“夏”来称呼自己的政权，大概也是出于同一因由，都是一种自许。

那么,“夏”又如何变成了一年四季中第二季的指称呢?崔思《三礼义守》:“夏,大也。至此之时,物已长大,故以为名。”崔恩在这里所说的物当然是指与人相对的草木万物。先民们以草木破土而为春,及至草丰林长便称为夏。可见,草丰林长在先民们看来就是盛大了,就是美了。

确实,夏是盛大而美的。

夏雷炸响,地动山摇;夏雨骤然而至,戛然而止;夏风湿漉漉卷稻香扑鼻而来;夏云如山如塔,似虎似豹,全是浓墨重彩的大写意;夏绿更是浓重无可比拟——山峦佳木繁阴,田野苍翠欲滴。走进夏的深处,你随手掐一根茎枝,乳白的浆液就会迸溅而出。此时此刻,那浓浓的绿香就会使你心动神摇;此时此刻,你就会感受到,夏是一位健壮的母亲,正以她丰盈的乳汁哺育着大地,使大地上的一切不停地生长、生长,不断地走向繁荣昌盛……且不说那旱地水田拔节而响的庄稼了,单看那随地野生的乔木、灌木和小草,谁不在争着、抢着,以自己特有的姿态努力地占据着夏的每一寸空间?谁不在伸展和飞动,把自己独特的生命注入夏的每一瞬间?

夏,是包罗万象的大;夏,是涵天盖地的大;夏,是努力向上的大。

盛大的“夏”美在哪里?美在崇高——刚健,豪放,雄浑,粗犷,磅礴……真为先民们自许为“夏”感到快意!

25.“秋”色

汉语中,常以“秋”字指代一年或指代某一时期、时机(多为关键),如说“千秋业”“千秋万代”“一日不见,如隔三秋”,如说“多事之秋”“危急存亡之秋”。“秋”字的这一特殊作用是其他三个表季节的字——春、夏、冬——所不具备的。“秋”字为何这么特殊?

《说文》:“秋,禾谷熟也。”段玉裁注:“其时万物皆老,而莫贵于禾谷,故从禾。”“秋”字右边的那个“火”字又怎么理解呢?“禾谷熟”时,其物象物色灼灼若火,整个大地是一片盛大的喜庆丰收的场面,所以说禾谷灼灼若火便为“秋”。这样我们就不难理解“秋”字所展示的先民们的审美感受了:面对金灿灿、火红红、沉甸甸的成熟庄稼的喜悦,面对大地盛大的丰收景象的自豪。试想,在刀耕火种年代,还有比“禾谷熟”更让人欣喜若狂的事吗?

庄稼成熟为“秋”。在先民们的心中,庄稼成熟是这一时期最突出的时令特征,所以先民们便以“秋”字指称这一时期了,于是“秋”字便成了一年中继“春”“夏”之后的又一季节指称了。春种秋实,又因为“秋实”是人们耕种的最终愿望,秋季就理所当然地成了一年之中最重要的季节了。以最重要的部分代替整体、以一秋指代一年,也就顺理成章了。同样,因为秋季是四季中最重要的季节,人们便又给了它指称关键时期或时机的职能了。

如上所述,“秋”字在先民心中是一个崇高、圣洁的字眼,是一个充满诱惑、叫人激动的字眼;“秋”字,是先民们自春及夏而全力为之奋斗的字眼。

但不知何时，“秋”字却在文人笔下变成了与先民们的感受迥然不同的另一番景象了——

“悲哉秋之为气也！萧瑟兮草木摇落而变衰。”（宋玉《九辩》）

“秋风起兮白云飞，草木黄落兮雁南归。”（刘彻《秋风辞》）

“万里悲秋常作客，百年多病独登台。”（杜甫《登高》）

“盖夫秋之为状也：其色惨淡，烟霏云敛；其容清明，天高日晶；其气栗冽，砭人肌骨；其意萧条，山川寂寥。故其为声也，凄凄切切，呼号愤发。”（欧阳修《秋声赋》）

文人的创作赋予了“秋”字凄凉、颓败、衰落等种种令人伤感的韵味，展示了文人对“秋”字的独特感受：忧郁美，悲壮美，悲凉美。

由秋景之萧条联想到人事之凄婉，“秋”字更成了一些“秋士”——暮年不遇者的“陈年老酒”。他们以“百忧感其心，万事劳其形”的人生，把一个“秋”字演绎得“凄凄惨惨戚戚”，很让人为之掬一把同情泪。“生年不满百，常怀千岁忧。”不满百的人生，总有那么多忧心事，且多有不得意之时；在不得意之时，又恰逢秋木凋零，便生出生命凋零的无限感喟了。这或许就是多愁善感的文人留下众多惨淡凄美的悲秋之作的重要原因吧。

26. 过"冬"

小时候老师教识"冬"字时,先让我们闭上眼回想一下冬天下雪的情景,然后问:"'冬'字下面两点像什么?"我们大声回答:"雪花飘落。"后来虽然明白了,老师对"冬"字的理解是典型的望文生义,但关于"冬"字的最初的美感却永远留在了心间。再后来读了毛泽东《沁园春·雪》中的雄浑诗句:"北国风光,千里冰封,万里雪飘。望长城内外,惟余莽莽","山舞银蛇,原驰蜡象","须晴日,看红装素裹,分外妖娆",更惊叹诗人以如椽大笔描绘的壮伟、雄奇、阔大的冬雪之美。

确实,冬美美在冰和雪。古人造字时或许就感受到了这一点,所以篆体"冬"字写作"[illegible]",上部是甲骨文"终"字,下部是甲骨文"冰"字,上下部结合起来就可理解为千里冰封的冬季是一年的终结。大概人们造字"观法于地"时,发现了冰封大地是冬季的重要特征,便用它来指称整个冬季。问题是,冬季还有其他一些重要特征,如蔡邕所说:"冬,终也,万物于是终也。"(《月令章句》)如董仲舒所说:"冬,丧物之气也。"(《春秋繁露》)叶玉森认为,篆体"冬"字的上部"像枝垂叶落,或余一二败叶硕果之形,望而可知为冬象"。(《甲骨文字集释》)臧克和也认为人们最早是"从万物萧条的自然景象中获得'冬'的季节概念的"。(《说文解字的文化说解》)那么人们为何还要画蛇添足地在甲骨文"终"字的下部加一个"冰"字来造出另一个"冬"字呢?这里就有一个人们的好恶问题,美丑观问题。"野芳发而幽香"是春美,"佳木秀而繁阴"是夏美,"禾谷熟"灼灼若火是秋美。与此相呼应,古人显然不愿以“枝叶垂落”,“万物于是终”为冬之美。面对满世界的银白,他们找到了冬之美的最恰当的指称物象:冰。无边的冰雪埋葬掉陈腐的过去,飞舞的雪花迎来又一个新春,这就是冬之美。

但冬之美还美在冰雪之上。冰雪很美,傲立冰雪的松竹梅更美。于是有了“岁寒三友”之说,有了“岁寒,然后知松柏之后凋也”的名句。于是,人们感受到的冬之美已不仅仅是冬本身了。透过冬之冰雪,人们更赞美傲霜斗雪之人。

刘亮程在《寒风吹彻》中说:“落在一个人一生中的雪,我们不能全部看见。每个人都在自己的生命中孤独地过冬。”或许,刘亮程有点悲观,但他笔下的“冬”意正是对进入现代社会的古老的“冬”字意义的一种丰富。当人们认识到了每个人都必须孤独地承当“冬”的寒流后,或许会更自觉地去面对寒流,同时也会更自觉地向他人伸出自己温暖的双手。

27. 五谷一熟为一"年"

以前小孩子都喜欢过年,不仅因为过年能吃好的、穿新的,更因为能趁着节日的洋洋喜气尽情地玩上几天。对于孩子来说,能无拘无束、自由自在地玩耍恐怕就是最大的快乐了,所以过年就理所当然地成了他们的一件乐事了。

成人也喜欢过年。辛苦了一年,至此歇歇脚,杀鸡、宰羊、酿美酒,既是庆贺,也是休整。

过年,是一件人人皆喜的美事。那么"年"是指什么呢?

甲骨文"年"字写作"[illegible]",金文演变成"[illegible]",像人背柴火。《说文》:"年,谷熟也。从禾,千声。"《谷梁传》:"五谷皆熟为有年,五谷皆大熟为大有年。""年"——"有年"——"大有年",依次表示"五谷成熟"——"五谷丰收"——"五谷大丰收"的意思。确实,对于以农耕为主要生产方式的先民们来说,五谷成熟、丰收、大丰收就是农事中最大的事情。他们用"年"字来表示农事中最大的事,可见"年"字在他们心中有着非同寻常的意义。这实际上体现了先民们对五谷成熟、丰收的一种企盼与礼赞。这一意义在现代汉语中的"年成"一词中还隐约可见。

由于古代农业生产技术水平较低,农作物成熟的周期基本上是春夏秋冬一个周期。随着这个周期的反复出现,表示五谷成熟的"年"字便很自然地被人们用来指称五谷成熟的周期了,"年"也就有了"年岁"的意思。

如上所述,先民以五谷一熟为一年,且以"年"作为岁名,"年"在先民们心中有着无可替代的崇高地位。因此，每当辞旧迎新之际，先民们便要举行大祀（据陈梦家《殷墟卜辞综述》，商代人的祭祀活动有小、中、大之分，大祀周期约为 365 天）。祭祀是先民们的大事，大祀又是祭祀活动的重头戏。先民们在大祀时祭天、祭地、祭祖，咏文颂诗，载歌载舞。原始歌舞及诗文多数就是先民们在大祀时的作品，《诗经》中的《丰年》《良耜》等即是。这些作品比较集中地表现了先民们对“年”的理解，也从一个侧面体现了先民们对“年”的美感体验。从这一角度说，“年”也可以看作我们中华文化的一个源头。

时至今日，“年节”依然是中华民族传统节日中最重要的节日。在节日期间，人们互致问候与祝福——“年年有余”“年华似锦”“新年如意”……都表达了人们关于“年”的美好心愿。

四

『人』『文』之间

在天地之间
在日月之下
在四季之中
行人之义
彰文之美
我们生生不息
我们从远古走向未来

28. 中国"人"

"惟天地万物父母，惟人万物之灵。"

很多人都熟知莎士比亚的名言："人类是一件多么了不起的杰作！多么高贵的理性！多么伟大的力量！多么优美的仪表！多么文雅的举动！在行为上多么像一个天使！在智慧上多么像一个天神！宇宙的精华！万物的灵长！"(《哈姆雷特》)其实，比莎士比亚早2 000多年，周人就说过："惟天地万物父母，惟人万物之灵。"(《书经·周书·泰誓上》)

用什么样的符号来表示"万物之灵"呢？先民们创造了一个"人"字。《说文》："人，天地之性最贵者也，象臂胫之形。"许慎说"人"字"象臂胫之形"未必正确。事实上，从甲骨文到金文到篆文，"人"字都像一个站立着的侧面人形象：。这一形象最突出的是人的手。不知先民是否意识到了手对人类的重要意义，但从"人"字的构造看，先民显然是把手当作了人类的最重要的特征来表现的。将"人"字与"大"字相比，这一点就看得更加清楚了。"大"字取象于张开两手、两腿的正面人形象，它体现的是整体人的伟大。而"人"字则是以人的侧面形象来表现手、突出手。因此大概可以说，先民以侧面人形象造成"人"字，传达出的最初的关于人的美感就是对于手的崇尚与礼赞。

确实，手是值得礼赞的。有了手，才有了人类的一切。是人类勤劳的双手创造了这个世界，包括人自己。是手使人从猿变成了人，是手使人变得一天天美丽起来。人能成为“万物之灵”，很大程度上说实乃手的功劳。所以，对于“有七尺之骸，手足之异，戴发含齿，倚而趣”（《列子·黄帝》）的人来说，虽然身体的任何部位都很重要，但从异于禽兽的角度来说，手好像更为重要。

随着人类支配自然能力的增强，人们对人自身的认识也随之加深：除了手异于禽兽外，人类还有很多方面异于禽兽、优于禽兽；除了手具有重要意义外，人体的其他一切也不可缺少，也具有重要意义。于是，人们用“大”（张开双手、双腿的正面人形象）来表示人的整体的伟大，用“天”（头部特别大的正面人形象）来表示人的“至高无上”“至美”，用“元”（头部特别大的侧面人形象）来表示人的居天地间首要、首位、第一的意义，用“夫”（头上加簪束发的正面人形象）来表示男子汉大丈夫……

《礼记·礼运》：“人者，其天地之德，阴阳之交，鬼神之会，五行之秀气也。”这是古人对人的全面而高度概括的赞美。

我们今天看到这一个“人”字，会产生一种怎样的感觉呢？恐怕比古人要复杂得多。因为“人”字已走过了几千年，围绕它已经形成了一个厚厚的文化圈。

儒家的理想“人”

• 仁义心肠

子张问仁于孔子，孔子曰：“能行五者于天下，为仁矣。”“请问之。”曰：“恭，宽，信，敏，惠。恭则不侮，宽则得众，信则人任焉，敏则有功，惠则足以使人。”（《论语·阳货》）

子曰：“刚、毅、木、讷近仁。”（《论语·子路》）

子曰:"唯仁者能好人,能恶人。"(《论语·里仁》)

子曰:"志士仁人,无求生以害仁,有杀身以成仁。"(《论语·卫灵公》)

仁,人心也;义,人路也。舍其路而弗由,放其心而不知求,哀哉!(《孟子·告子上》)

仁,人之安宅也;义,人之正路也……旷安宅而弗居,舍正路而不由,哀哉!(《孟子·离娄上》)

为人臣者怀仁义以事其君,为人子者怀仁义以事其父,为人弟者怀仁义以事其兄。(《孟子·告子下》)

仁之实,事亲是也。义之实,从兄是也。智之实,知斯二者弗去是也。礼之实,节文(这里的"文"即礼乐制度)斯二者是也。乐之实,乐斯二者,乐则生矣。(《孟子·离娄上》)

最后一段需要做一些解释:所谓"仁"就是孝顺父母,所谓"义"就是敬爱兄长。所谓"智"就是不失却"仁"和"义",所谓"礼"就是守秩序、有仪表,所谓乐就是以"仁""义"二事为快乐,快乐就产生了。

"仁""义"是儒家倡导的理想"人"的核心思想,也是几千年间社会教育主流思想的核心。孔子所言之仁,孟子所言仁与义,是仁义的基本思想。后代对仁义多有发挥,但核心从来没变,那就是"仁者爱人"。

"仁"作为儒家理想"人"的最高境界,其具体表现就是以爱待人,即孟子所言之"义"。因为要真正达到这样的境界很难,"君子无终食之间违仁",所以孔子从不轻易以仁许人,就连他最欣赏的颜回也只说"回也,其心三月不违仁,其馀则日月至焉而已矣"。

也正因为其难以达到，所以，仁厚、仁爱就成了几千年间中国社会对“人”的一种很普遍的期待。“老吾老以及人之老，幼吾幼以及人之幼”，是社会的一种共同愿望，它事实上也是今天中国人所企求的。

- **角色意识**

孔子于乡党，恂恂如也，似不能言者。

其在宗庙、朝廷，便便言，唯谨尔。

朝，与下大夫言，侃侃如也；

与上大夫言，訚訚（yín）如也。（均见《论语·乡党》）

这几句的大意为：孔子在父兄宗长居住的地方，是诚实守信的样子，好像不善言辞，显得谦卑恭顺。他在宗庙、朝廷的时候，论事说理详明而周全，只是显得谨慎而不放纵自己。平常与下大夫说话则是滔滔不绝、无拘无束的样子，同上大夫说话则是和颜悦色、不与其争辩的样子。

孔子的这一形象，很像我们今天的礼仪模特，有很强的角色意识。他在不同的场合，都按照自己的角色对自己的举止做出相应的调整，表情、动作、姿势、语气等，细致入微。在儒家的心目中，人是社会的人，人是伦理的人。因此，每个人都有自己特定的角色，做自己角色所规定的事，并且做好自己角色所规定的事，除此以外，“非礼勿视，非礼勿听，非礼勿言，非礼勿动”。

由此也可知，角色意识其实就是“礼”的内化。从很大程度上说，也是“仁爱”之心的表现。这种角色意识，给后人的影响是双重的。一方面是遵守礼仪，循规蹈矩，符合社会的共同要求，成为完美的社会人。另一方面则可能导致人的自我的迷失：或是逢迎他人，择需而取，使人失爱心而趋利欲；或是依顺社会，与世迁徙，随世偃仰，完全失去个体的主动性。

仔细想一想，这种角色意识在我们每一个人的身上都有很深的痕迹，只是侧重点不同罢了。

•“四心”本性

人皆有不忍人之心者，今人乍见孺子将入于井，皆有怵惕恻隐之心，非所以内交于孺子之父母也，非所以要誉于乡党朋友也，非恶其声而然也。由是观之，无恻隐之心，非人也；无羞恶之心，非人也；无辞让之心，非人也；无是非之心，非人也。恻隐之心，仁之端也；羞恶之心，义之端也；辞让之心，礼之端也；是非之心，智之端也。人之有是四端也，犹其有四体也。（《孟子·公孙丑上》）

孟子与告子进行了一场关于人性的辩论。告子说：“食、色，性也。”孟子并未直接反驳，对告子这种“生之谓性”的说法，他这样反问：“然则犬之性犹牛之性，牛之性犹人之性欤？”也就是说，如果把与生俱来的食、色看作人的本性，那么人与犬、牛等所有的动物就没有本质的区别了。于是，孟子就提出了这样的“四心”——“恻隐之心”“羞恶之心”“辞让之心”“是非之心”，并由此而进，把“仁”“义”归结为“人”的本性。

这是儒家仁义思想向前发展的必然结果。提倡仁爱，就要找到仁爱之本源，孟子将其推及人的本性。因此，只要能保住这种本性，人就皆可成仁者。“非独贤者有是心也，人皆有之，贤者能勿丧耳。”（《孟子·告子上》）

孟子的说法自有他的道理，他也并未反对人的“食、色”，他只是强调这

“四心”也是人的本性。而后代的理学家完全否定了人的自然属性，就使人走上了过度压抑自然属性的改造之路，实际上也就丧失了人作为生命体发展的原动力。

• 大丈夫人格

居天下之广居，立天下之正位，行天下之大道；得志，与民由之；不得志，独行其道。富贵不能淫，贫贱不以移，威武不能屈，此之谓大丈夫。(《孟子·滕文公下》)

我善养吾浩然之气。……其为气也，至大至刚以直，养而无害，则塞于天地之间。其为气也，配义与道；无是，馁也。是集义所生者，非义袭而取之也。行有不慊(慊，qiè，满足)于心，则馁矣。(《孟子·公孙丑上》)

第二段话难懂一些，大意为：我很会养我的浩然正气。那种气啊，大到了极点，刚硬到了极点，只要顺着养它而不妨碍它，就能够充满天地之间。那种气啊，和义与道一起充满我的全身。没有这种气，我就会萎靡不振，甚至胆怯害怕。这种浩然正气，是长期坚持做符合义理的事而生成的，并非偶尔做事合乎义理而突然获取的。如果你的行为不能使你的内心得到满足，而使你有所悔恨，那么这种气也就不能充满了。

大丈夫人格是儒家理想“人”的重要精神支点。具有这种精神的人不仅可超越食色，而且超越生死，因此可以藐视世间一切的威权与困苦。只有具有了这种精神，才可能真正做到“无终食之间违仁，造次必于是，颠沛必于是”。

儒家讲仁爱,讲人性,讲最基本人性的实现;同时,儒家又大力倡导大丈夫人格。两者看似矛盾,实则是统一的。前者是对一般人而言,后者是对大丈夫而言;前者是底线,后者是高度。这种高度培育了中华民族刚毅、顽强的一面。这不仅表现在中华民族与苦难的不屈抗争,不仅表现在许多坚持正义者与邪恶的势不两立,不仅表现在许多民族英雄的以死报国,还表现于叛逆者的反传统(包括儒家传统)。中国古代的思想启蒙者、明代思想家李贽就誓言:"宁义而饿,不肯苟饱;宁屈而死,不肯幸生。"这显然是承儒家的"杀身成仁""舍生取义"而来。但李贽却是在反抗儒家传统中"宁屈而死,不肯幸生"。五四时期那一代反传统、反儒家最坚定者也是如此。

• 修齐治平

古之欲明明德于天下者,先治其国。欲治其国者,先齐其家。欲齐其家者,先修其身。欲修其身者,先正其心。欲正其心者,先诚其意。欲诚其意者,先致其知。致知在格物。(《大学之道》)

古之人,得志,泽加于民;不得志,修身见于世。穷则独善其身,达则兼善天下。(《孟子·尽心上》)

修身、齐家、治国、平天下,是儒家积极入世的体现,也是几千年间人们的主要生存理想。再往前走,就是"以天下为己任",就是"仁以为己任"。但当在现实中碰壁之后,儒家又讲"无道则隐",又讲"穷则独善其身"。这里值得注意的是,这种隐退与"杀身成仁""舍生取义"不很一致。它其实体现了儒家理想"人"的两个方面:对自身信仰的坚持和对现实社会的妥协。这种妥协,也就为人们的苟且偷生开了方便之门。这又反证了大丈夫人格的极其可贵。

仁者——大丈夫——独善其身者——苟且偷生者——随波逐流者——同流合污者，从这一条线索中，我们可以看到儒家理想观照下的种种人生。

道家的理想“人”

• 无为 · 无情 · 无我

无为名尸(尸：主，主持)，无为谋府(谋府：智囊)，无为事任，无为知主。体尽无穷，而游无朕(朕：迹)；尽其所受乎天，而无见得，亦虚而已。至人之用心若镜，不将(将：送)不迎，应而不藏，故能胜物而不伤。(《庄子 · 应帝王》)

这段话的大意为：不要追求名声，不要做出谋划策的智囊，不要承担什么责任，不要成为智慧的主宰。体悟尽天地万物，心游其间而了无踪迹；享受天所给的一切，而没有什么所得，也只不过是虚无罢了。至道之人，用心就像明镜，对一切不送不迎，全部反映出来而不加隐藏，所以能够超越万物而不被万物所伤害。

“无为”是道家修炼理想“人”的第一步。第二步就是“无情”：

有人之形，无人之情。有人之形，故群于人；无人之情，故是非不得于身。眇乎小哉，所以属于人也；謷乎大哉，独成其天。……吾所谓无情者，言人之不以好恶内伤其身，常因自然而不益生也。(《庄子 · 德充符》)

这段话大意为：有人的形体，没有人的性情。有人的形体，所以和社会上的人相处在一起；没有人的性情，所以不受人间是非荣辱的影响。渺小啊，因为作为人的同类；伟大啊，独能成为与天同体的人。……我所说的无情，是说人不因为自己的好恶而损伤了自己的天性，一切顺乎自然而不用人为地去补充营养。

人的一切实际上都是因为情欲的驱使，有了情欲也就有了作为。只有没了情欲，才能真正做到无为。那么如何才能“无情”呢？在庄子看来，就是要“无我”：

父母于子，东西南北，唯命之从。阴阳于人，不翅于父母，彼近吾死而我不听，我则悍矣，彼何罪焉？夫大块（大块：天地）载我以形，劳我以生，佚我以老，息我以死。故善吾生者，乃所以善吾死也。今大冶铸金，金踊跃曰：“我且必为镆铘！”大冶必以为不祥之金。今一犯人之形而曰：“人耳！人耳！”夫造化者必以为不祥之人。今一以天地为大炉，以造化为大冶，恶乎往而不可哉！（《庄子·大宗师》）

这段话的大意为：子女对于父母，无论是东西南北，都唯命是从。阴阳对于人，与父母无异，它要我死我不听从，我就大逆不道了，它有什么过错呢？天地给了我形体，用生使我劳苦，用老使我清逸，用死使我安息。所以把生看作美好的，也就把死看作美好的。现在有一个大铸铁师铸铁，铁突然跳起来说：“我将一定要铸成镆铘宝剑！”大铸铁师一定认为这是一块不祥的铁。现在一变为人的形状，就说：“我是人啊！我是人啊！”化生人的天地也一定会以为这是不吉祥的人。现在就把天地看作大熔炉，把化生人的天地看作大铸铁师,往哪里不行呢?

庄子这段话实际上提出了一个重要的命题——人作为天地万物中的一种,同万物是同等的;人没有资格以特殊种类自居,总是说:“我是人啊!我是人啊!”这就潜隐着一个很重要的问题:人究竟该不该有自我意识?

我们在开篇就提到:惟人万物之灵。我们都很清楚,人所以同其他物种有区别,很大一个因素就是人有自我意识。有我,自然就有情,自然就有为。庄子对这一点实际上已经看得非常清楚,所以他认为人有了自我意识,就成了天地自然的不祥之物,就成了天地自然的异己分子。所以,他一心向往无为、无情、无我,使人得归于自然,与天地万物重新合为一体,达到“天人合一”。

道家向往的这种无为、无情、无我的人,最后必然是安时处顺、听天由命。想一想,几千年间,中国有多少这样的人啊。一个人活着可能不会有庄子说得那么典型,把什么都丢弃,而与天地万物归于一体。但多少有那么一点这种意识的人,是何其多啊。其实,这种意识已进入了民族的血液之中。

• 吾丧我

孔子见老聃,老聃新沐,方将被发而干,慹然似非人。孔子便而待之,少焉见曰:“丘也眩与?其信然与?向者先生形体掘(掘,通‘崛’,直立的样子)若槁木,似遗物离人而立于独也。”老聃曰:“吾游于物之初。”(《庄子·田子方》)

南郭子綦(qí)隐机而坐,仰天而嘘,荅焉(荅焉,失神的样子)似丧其耦（耦，通“偶”，这里指相依照的参照物）。颜成子游（子游，子綦之弟，名偃）立侍乎前，曰：“何居（居，缘故）乎？形固可使如槁木，而心固可使如死灰乎？今之隐机者，非昔之隐机者也。”子綦曰：“偃，不亦善乎，而问之也！今者吾丧我，汝知之乎？汝闻人籁而未闻地籁，汝闻地籁而未闻天籁夫！”（《庄子·齐物论》）

两段大意为：孔子拜见老子，老子刚刚洗完头，正披着头发等待干，一动不动的好像不是人而是个木偶。孔子见状退到隐蔽处等待，过了一会儿走过去，说：“是我的眼睛花了，还是真的如此？刚才先生形体直立不动像枯槁的木头，好像超然一切进入了一个独立的境界。”老子说：“我的心正遨游在万物的源头。”

南郭子綦依靠几案坐着，仰头向天慢慢地吐气，神情仿佛进入了忘我的境界。颜成子游站立在他前面侍候，问：“为什么这样啊？形体固然可以像一根枯木，但心灵也能像一堆死灰吗？您今天靠几案而坐的神态不是往常神态啊？”子綦说：“偃，你问的这个问题不是很好吗？刚才我进入了忘我的境界，我丢失了我，你知道吗？你听过人籁而没有听过地籁，你听过地籁而没有听过天籁。”

“吾丧我”是庄子一句容易引人争论的话，对它的解释，历来争论不休。从道家对理想“人”的追求看，我们可理解为自我修炼的一种境界。当一个人入静之后，自己不再是现实中的自己，事物也不再是现实中的事物，人与物、物与物都改变了原有的相互对立、相互依存的关系，人与物、物与物都丧失了各自的特性，而化为一个无我无物、即物即我的超现实景象。上述老聃的“形体掘若槁木，似遗物离人而立于独”和子綦的“嗒焉似丧其耦”

就是进入这种“吾丧我”的境界。

道家倡导“吾丧我”，表明道家企图超越自我的大胆追求。这种追求的背后，实质是企图把我变为非我，把人变为非人，即把人作为人的特性全部抹杀掉。人的特性是什么？相对于物就是具有人的精神。现在道家要把人的特性抹杀，而使人与物同归，也就是人的精神自杀，是人的精神夭葬。在庄子看来，当人做到这一点后，就可达到“天地与我并生，而万物与我为一”的境界，进入真正的“天人合一”的境界。

- **人貌天虚**

子方曰：“其为人也真，人貌而天虚（天虚，自然的心性），缘而葆真，清而容物，物无道，正容以悟之，使人之意也消。无择（无择，田子方名）何足以称之。”（《庄子·田子方》）

仲尼闻之曰：“古之真人，知者不得说，美人不得滥，盗人不得劫，伏戏、黄帝不得友。死生亦大矣，而无变乎己，况爵禄乎！若然者，其神经乎大山而无介，入乎渊泉而不濡，处卑细而不惫，充满天地，既以与人，己愈有。”（《庄子·田子方》）

藐姑射（yè）之山，有神人居焉。肌肤若冰雪，淖约若处子，不食五谷，吸风饮露，乘云气，御飞龙，而游乎四海之外；其神凝，使物不疵疠（疵疠，灾害）而年谷熟。……之人也，之德也，将旁礴（旁礴，即磅礴，广大无边）万物以为一，世蕲（蕲，通“祈”，求）乎乱（乱，治），孰弊弊焉以天下为事！之人也，物莫之伤：大浸（大浸，大水）稽（稽，至）天而不溺，大旱金石流，土山焦而不热。是其尘垢秕糠将犹陶铸尧舜者也，孰肯以物为事？（《庄子·逍遥游》）

三段话的大意为：

田子方说："他为人真纯，普通人的容貌却是自然的心性，随顺于人却保持心性的真纯，心性清净，容纳万物。对无道的人，便正色使他醒悟，使他的邪念消除。我哪里够得上称赞他。"

孔子听到这样的事，说："古时候的真人，智者不能说服他，美人不能使他淫乱，强盗不能使他屈服，伏羲、黄帝不能使他亲近。生死也算大事了，对自己也毫无影响，何况爵禄！像这样的人，他的精神穿越大山却没有阻隔，潜入深渊却不会淹没，位处卑贱却不觉困顿。他的精神充塞天地，给予了别人，自己更加充足。"

遥远的姑射山上，居住着一位神人。他的肌肤像冰雪一样洁白，姿容绰约像处女一般美好，不食人间烟火，吸风饮露；乘着云气，驾驭飞龙，遨游在四海之外。他的神情专一，护佑万物不受灾害，使五谷丰登。……这种人，这种道德，将天地万物包容为一体，世人期望他来治理天下，他哪里肯辛辛苦苦来管理这种微不足道的事情呢！这个神人，万物不能伤害他，洪水漫天却不能淹着他，大旱使金石熔化、把土山烧焦，他却不觉得热。他的尘垢糟粕，就可以造就出尧舜来，他哪里肯管理世俗的事务呢！

这三段话有层次地展现了道家理想人格"人貌天虚"的特征：随顺于人、容纳万物→精神充塞天地→超越一切有限性。这第三个层次，实际上是道家理想"人"的最高典范，他完全摒弃了人间烟火，像天一样万能而永恒。

无为→无情→无我→丧我→人貌天虚→古之真人→姑射神人，道家就完成了人向天的回归。

人本是自天而来，现在因为人事扰扰，使人的天性丧失殆尽。道家以弃绝人事的态度，为人生开辟了一个新的境界。这种境界尽管很难抵达，也根本无法抵达，但它毕竟给了现实的人生一条退路。人都说，中国古代读书人的床头都有两部书：《论语》和《庄子》。当在现实中碰得头破血流时，就投到道家的怀抱，从道家那里获得一点心灵的慰藉。这其实就是说，汉字的“人”字中，具有两重大文化：儒家的理想“人”与道家的理想“人”。两者最初并不可合，但随着时间的推移，两种理想“人”不断融合，以至慢慢成为人的两面，积极入世时是儒家人，退避出世时是道家人。两重大文化合而为一自李白始，也以李白为最。龚自珍说：“庄屈实二，不可以并，并之以为心，自白始；儒仙侠实三，不可以合，合之以为气，又自白始。”

需要讨论的是，道家的理想“人”是不是就能摆脱人的苦难，真正达到如庄子所说的“至乐”境界呢？庄子看到了人世的苦难，认识到了人生的悲剧，他是从解救人于苦难的角度给人以一条新路的。可以说，他所做的就是对人的终极关怀。但从本质上说，他的终极关怀是无法真正让人脱离苦海的。因为有限的人是永远无法超越无限的世界的。既不能超越，又想超越；既不能自由，又要追求自由。明知不可为，却一定要去做。人就是这样永远在同一个他永远不能战胜的对手战斗着。这也就注定了人永远走不出注定的悲剧命运。从这一角度说，人即悲剧，悲剧即人。你已经做人了，你就当承担悲剧；你已经做人了，你就无法摆脱悲剧的命运。你要消灭自身的悲剧，就等于消灭你自身。因此可以说，自觉地承担悲剧，就是自觉地以人的方式生存。以人的方式生存，正是人的意义所在。庄子放弃承担，走向无我、丧我，终究是一种逃避，结果也就使人逃离了自己，也就逃离了人的意义。

魏晋时期的觉醒"人"

• 生命·才智·仪容

盖文章经国之大业,不朽之盛事(《左传》:"大上有立德,其次有立功,其次有立言,虽久不废,此之谓不朽。"文章属"立言"范围,可以说是不朽。曹丕在这里说不朽,还有更深层的意义,详见后面的解释)。年寿有时而尽,荣乐止乎其身。二者必至之常期,未若文章之无穷。是以古之作者,寄身于翰墨,见意于篇籍,不假良史之辞,不托飞驰之势(飞驰之势:指地位高的人,出门就是高车驷马,声势赫赫),而声名自传于后。……夫然,则古人贱尺璧(尺璧:直径一尺的大璧,指珍贵之物)而重寸阴,惧乎时之过已。而人多不强力,贫贱则慑于饥寒,富贵则流于逸乐,遂营目前之务,而遗千载之功。日月逝于上,体貌衰于下,忽然与万物迁化(迁化:指死去),斯志士之大痛也!(曹丕《典论·论文》)

这一段文字,比较典型地体现了魏晋时期的人开始对自我生命价值的追求。

以前的儒家注重人在社会中的角色,把人的价值同他的角色紧密相连。没有角色,就没有了人的价值。也就是说,人自身的生命价值是与他的社会角色连在一起的。孟子说:"君子有三乐","父母俱存,兄弟无故,一乐也;仰不愧于天,俯不怍于人,二乐也;得天下英才而教育之,三乐也"。这是一种人生价值观,但这"三乐"都是从社会角色的角度来说。假如不从儒家规定的社会角色(一个人在与父母、兄长、天、人、才的关系中应有的表现)来看,这"三乐"可能就没有什么价值了。

道家把人性从人中排除了，使人与天地并生，与万物齐一。人完全失去了自我，谈何自我生命的价值？

曹丕是魏文帝，有至尊的地位，有显赫的功业。按儒家的观点，他只要完成自己的角色使命，就活得非常有意义了，他的人生价值就很大了。但他对人生意义的思考却不是这样。他说"不假良史之辞，不托飞驰之势"，"寄身于翰墨，见意于篇籍"，"声名"就"自传于后"了。尺璧不足贵，寸阴却需重。"日月逝于上，体貌衰于下，忽然与万物迁化"，这是"志士之大痛"。他对生命的有限，表现出了一种前人从未有过的痛惜。因此，在曹丕看来，表现个人才情、寄寓一己精神的"文章"，是人们超越有限生命、实现自我生命价值的重要手段。

庾道季云："廉颇、蔺相如虽千载上使人，懔懔恒如有生气；曹蜍、李志虽见在，厌厌如九泉下人。人皆如此，便可结绳而治，但恐狐狸猯貉啖尽。"言人皆如曹、李质鲁淳悫（悫，què，诚实），则天下无奸民，可结绳致治。然才智无闻，功迹俱灭，身尽于狐狸，无擅世之名也。（《世说新语·品藻》）

没有才智，即使居高官、享厚禄，活着也如同死人；天下英才如廉颇、蔺相如，虽死犹生。正是人们注重个体生命的才智，那些无才之辈，即使出身贵族、出任高官如曹蜍、李志，也便遭到极大的蔑视。

潘岳妙有姿容，好神情。少时挟弹出洛阳道，妇人遇者，莫不连手共萦（萦，围住）之。左太冲绝丑，亦复效岳游遨，于是群妪齐共乱唾

之，委顿而返。（《世说新语·容止》）

嵇康身长七尺八寸，风姿特秀。见者叹曰："萧萧肃肃，爽朗清举。"或云："肃肃如松下风，高而徐引。"山公曰："嵇叔夜之为人也，岩岩若孤松之独立；其醉也，傀俄若玉山之将崩。"（同上）

先前只有女色之美被男人称道。此时，男子的美丑也已成为人所以为人的重要内容。

这样，生命、才智、仪容，都得到空前的重视，成了"人"的内容。以前的人，目光都是投向社会，投向自然。现在，人们把目光投向了自身。于是，人们一下子发现了自己。这是一个了不起的变化，它标志着人们开始对自我生命价值的追问。

• 个性追求——"宁作我"

王安丰妇，常卿安丰。安丰曰："妇人卿婿，于礼为不敬。后勿复尔。"妇曰："亲卿爱卿，是以卿卿；我不卿卿，谁当卿卿？"遂恒听之。（《世说新语·惑溺》）

大意为：王安丰的妻子经常称呼安丰为你。安丰说："妻子称呼丈夫为你，是不合礼节的，以后别再这样了。"他的妻子说："亲你爱你，所以称你为你。我不称呼你为你，还有谁能称呼你为你？"于是，王安丰以后就任凭她这样称呼自己了。

尽管相隔已是一千多年了，但读罢这段文字，那位我行我素的奇女子的言语犹在耳边，其音容神采宛在眼前。这位奇女子"奇"在哪里？一是以

“卿”(你)称丈夫,敢于突破夫妇有第之礼,用今天的话说就是敢于争取与男子平等的权利,这在那时(魏晋时期)是非常了不起的举动;二是一连以八个“卿”字回敬丈夫,既有强烈的自我意识,又全在情理之中,无丝毫痞气,无丝毫娇气,无丝毫怒气;三是将“卿”字两两重叠,使其产生多重变序效果,在令人瞠目中进入语言的高妙境地,最终获得语言的突破。这种突破正是言说者追求个性理念而喷发的生命激情。

> 王子猷居山阴,夜大雪,眠觉,开室命酌酒,四望皎然。因起彷徨,咏左思《招隐诗》,忽忆戴安道。时戴在剡,即便夜乘小舟就之。经宿方至,造门不前而返。人问其故,王曰:“吾本乘兴而行,兴尽而返,何必见戴?”(《世说新语·任诞》)

以世间常情看,王子猷的行为颇为怪诞,甚至是愚蠢的。他乘着突如其来的沸腾的感情,连夜乘船去访朋友,但经过一夜的航行,到了朋友的门口却“不前而返”。而在王子猷的心中,他乘兴而来,尽兴而返,何其惬意!这就是个性!

> 桓公少于殷侯齐名,常有竞心。桓问殷:“卿何如我?”殷云:“我与我周旋久,宁作我!”(《世说新语·品藻》)

“我与我周旋久,宁作我!”这是一声划时代的呼喊!此前,有谁“作”过“我”?人们都是把自己放入了规定的角色之中,而儒家规定的角色却没有“我”这一角色!或者如道家一样,“吾丧我”!人的“自我”价值遭到普遍的蔑视。现在,殷浩的大声呼喊,喊出了一个新的时代——无论“我”是高贵抑或卑贱,“我”都是一个具有独立意志、独立人格和尊严的生命个体!只可惜,殷浩的呼喊只在那个时代得到一些回应。此后的中国人,事实上又一如既往地过着没有自我的生活,直到现在。何其悲哉!

• 感怀生情

桓子野每闻清歌,辄唤:“奈何!”谢公闻之,曰:“子野可谓一往有深情。”(《世说新语·任诞》)

戴公见林法师墓,曰:“德音未远,而拱木已积。冀神理绵绵,不与气运俱尽耳!”(《世说新语·伤逝》)

桓公北征,经金城,见前为琅邪时种柳,皆已十围,慨然曰:“木犹如此,人何以堪!”攀枝执条,泫然流泪。(《世说新语·言语》)

籍邻家处子有才色,未嫁而卒。籍与无亲,生不相识,往哭,尽哀而去。(《世说新语·任诞》)

庾文康亡,何扬州临葬,云:“埋玉树著土中,使人情何能已已!”(《世说新语·伤逝》)

一首清歌感动得不能自已,一心向往而不能自制;过故人墓,生天地无穷、人生短暂的感慨;见往昔所植柳树,感人生易老,不禁“泫然流泪”;闻邻家女未嫁而亡,“尽哀而去”;目睹至友遗容,发出“情何能已已”的长长的感叹。感怀生情,一往情深,是此时人们生存的境界。这显然跳出了儒家的“克己”“反情”,更超越了道家的“无情”“绝情”,而是向着感性人生前进。

感性的人生,就是情感的人生。心灵敏感,情感丰富浓厚,眼中的一切都充满情味,人生便多姿多彩。“人”自然也就丰满起来了。确实,魏晋时期的人们的个性化生活是前所未有的,他们的种种率性故事有许多也是后人所不再发生的。魏晋人的觉醒,大大丰富了“人”的内蕴。

东坡精神

• 寻找精神家园

卜算子(苏轼)

缺月挂疏桐,漏断人初静。谁见幽人独往来,缥缈孤鸿影。

惊起却回头,有恨无人省。拣尽寒枝不肯栖,寂寞沙洲冷。

和子由渑池怀旧(苏轼)

人生到处知何似?应似飞鸿踏雪泥。

泥上偶然留指爪,鸿飞那复计东西?

老僧已死成新塔,坏壁无由见旧题。

往日崎岖还记否?路长人困蹇驴嘶。

人们习惯将苏轼解读成儒、道、释三家的融会贯通,以为苏轼能将儒、道、释三家参透,所以无论是顺境或逆境或无聊境,总能左右逢源,无所不适,都能营造豁达人生。确实,苏轼兼受三家影响,但苏轼并未被三家所蔽,而是走出了三家,走向了对人的精神家园的探寻。正是在这一意义上,苏轼的人生及所显示的精神,就大大丰富了“人”的内蕴。

上面所录的一词一诗,就是苏轼面对人生困惑最有意味的精神之旅。

我们试做分析。

《卜算子》先写幽居独处之人在残月之夜、人静之时的独自徘徊,犹如隐约可见的孤鸿影。再写孤鸿因深沉的忧患而不安,对不被理解的悲凉感。最后写孤鸿彻底的孤独——寻遍了世界,只能找到一个冰冷而寂寞的沙洲寄托。由幽人而孤鸿,幽人与孤鸿合而为一,苏轼也就成了孤鸿。

在这个世界上,人常常是孤独的。可能没有谁能理解你,也可能没有谁可以被理解。人们好像理解了苏轼,"苏门四学士"之一的黄庭坚给这首词作了这样的评价:"非胸中有万卷书,笔下无一点尘俗气,孰能至此?"后代的解诗者也多从这一角度来理解这首词,以为这首词是作者不肯随流俗浮沉的高洁品格的体现。但这样的解读是不是探到了苏轼词的底蕴呢?有的论者以为,这首词的注脚应当落在执著地寻找精神家园、却又始终找不到精神家园的悲哀上。这种解读是不是更接近苏轼词的原意?

《和子由渑池怀旧》第一句"人生到处知何似",应当是这首诗的"诗眼"。它表明这首诗是探讨"什么是人生""人生应当是怎样的"这一类问题。苏轼的回答是"似飞鸿踏雪泥"。又出现了"鸿"的意象。在上面那首词中找不到家园的"鸿",在这首诗中同样是无家可归。人被命运牵着到处漂泊,偶尔在某个地方留下一点印记,也很快消失。人就这样"东游西荡",目的何在?归宿何在?当你寻找呀,寻找呀,依旧没有一点迹象可以让你满足时,你早已感到"路长人困蹇驴嘶"了!

当我们把这一词一诗比照连类来读后,"寻家"者的苏轼形象是不是就站立在我们面前了?当我们感觉到了这一形象后,我们是不是能对苏轼有了另一种解读:那个儒、道、释三家融会贯通的苏轼,在贯通之后已没有了家。他既不是儒家,也不是道家,也不是释家。如套用什么家的说法,我们可以说他是一个精神家园的探寻家。

当然,探寻精神家园,并非自苏轼始,或许我们可以追寻到苏轼之前一千多年的《诗经》。看看《王风·黍离》:

彼黍离离,彼稷之苗。行迈靡靡,中心摇摇。知我者谓我心忧,不知我者谓我何求。悠悠苍天,此何人哉!

彼黍离离,彼稷之穗。行迈靡靡,中心如醉。知我者谓我心忧,不知我者谓我何求。悠悠苍天,此何人哉!

彼黍离离,彼稷之实。行迈靡靡,中心如噎。知我者谓我心忧,不知我者谓我何求。悠悠苍天,此何人哉!

这首诗一直被认为是写"黍离之悲",说诗人经过西周的"故宗庙宫室,尽为禾黍",便作诗"闵周室之颠覆"。简单地说,就是写故国之悲。但也有不少人指出,这是牵强的解读。它其实是写诗人见到长得很旺盛的黍离后,产生的自我心理失衡,对"所求"不得的一种悲叹。但我们为何不能做出再进一步的解读呢?"悠悠苍天,此何人哉?!"天啊!这是什么样的人啊?!从这里,我们不能感到诗人对自我的探寻吗?不能感到诗人对自我迷失的慨叹吗?

我们再看看下面这些话——

子在川上曰:"逝者如斯夫,不舍昼夜。"(《论语·子罕》)

对酒当歌,人生几何!譬如朝露,去日苦多。慨当以慷,忧思难忘。(曹操《短歌行》)

情无所治，志无所求。不怀伤而忽恨，无惊猜而自愁。玩飞花之入户，看斜晖之度寮（寮，liáo，小屋）。虽复玉觞浮碗，赵瑟含娇，未足以祛斯耿耿，息此长谣。（萧纲《序愁赋》）

于鞠育（鞠育，抚养）而未申，结悲伤而何极！来也何故？去也何缘？（李商隐《祭小侄女寄寄文》）

如果我们摘去有色眼镜，从这些诗文中都可看到人们对精神家园探寻的身影。只是孔子、曹操、萧纲、李商隐这些人并没有达到苏轼的高度，或者说，探寻的脚步到了苏轼时代已抵达了生命的腹地，进入了"人"的核心。

• 享受人性自然

人生而莫不有饥寒之患，牝牡（牝牡，雌雄两性）之欲。今告乎人曰：饥而食，渴而饮，男女之欲，不出于人之性也，可乎？是天下知其不可也。圣人无是，无由以为圣；而小人无是，无由以为恶。（苏轼《扬雄论》）

大意为：人一辈子没有谁不需要充饥、御寒的，没有谁没有性的欲望的。现在如果告诉人们说，饿了要吃饭，渴了要喝水，男女两性的欲求都是出自人的本性，可以吗？不行的。如果这样，人们是一定不答应的。但是，圣人没有这些本性的欲求，他就没有办法成为圣人；小人没有这些本性的欲求，他就没有办法成为坏人。

苏轼在这里强调了人的本性是饥渴饮食、男女两性之欲，也就是把"人"的基础落实在了人的生存与生理需要上。假如人不能获得这一基本需要，人就不复存在。苏轼在这里将“人”首先回归到人的自然。人所以为人，先就要成为自然的人，进一步享受自然的人。今天看来，这样的观点没有什么了不起，何况在战国时期的告子就讲了“食、色，性也”呢！但在宋代，在理学扼杀人性最残酷的宋代，苏轼说出这一番话是要有极大的勇气的。

且夫天地之间，物各有主，苟非吾之所有，虽一毫而莫取。惟江上之清风，与山间之明月，耳得之而为声，目遇之而成色，取之无禁，用之不竭，是造物者之无尽藏也，而吾与子之所共适。（苏轼《前赤壁赋》）

物所以能累人者，以吾有之也。吾与物俱不得已而受形于天地之间，其孰能有之？而或者以为己有，得之则喜，丧之则悲。今居士自谓六一，是其身均与五物为一也。不知其有物耶？物有之也？居士与物均为不能有，其孰能置得丧于其间？（苏轼《书六一居士传后》）

这两段话是相通的。“天地之间，物各有主，苟非吾之所有，虽一毫而莫取”，“吾与物俱不得已而受形于天地之间，其孰能有之”。苏轼在这里强调的是享受自然人性的方式。不要想着占有，以自然之身与天地万物并而为一，就突破了物为人“有”或人为物“役”。这样“人”就可以充分享受自然人性了。也可以说，正是这一点，孜孜探求精神家园、寂寞孤独的苏轼常能以豁达的姿态面对一切。

- **尊重个性品格**

世之所共嗜者，美饮食，华衣服，好声色而已。有人焉，自以为高而笑之。弹琴弈棋，蓄古书法图画，客至，出而夸观之，自以为至矣。则又有笑之者曰：“古之人所以自表见于后世者，以有言语文章也，是恶足好?”而豪杰之士又相与笑之，以为士当以功名闻于世，若乃施之空言而不见于行事，此不得已者之所为也。……由此言之，世之相笑，岂有既乎？士方志于其所欲得，虽小物，有弃躯忘亲而驰之者。……人特以己之不好，笑人之好，则过矣。(苏轼《张君宝墨堂记》)

在苏轼看来，“以己之不好笑人之好”是不对的。人与人殊，人各有志，应当各行其是，各不相妨。这让我们想起那个个性张扬的魏晋时代。那时的人们对他人的特殊爱好都表示了应有的尊重。王仲宣喜欢驴叫，文帝曹丕在为他送葬时对送葬的人说：“王喜欢驴叫，大家可各学一声驴叫为他送行。”于是送葬的客人都学一声驴叫。这种尊重爱好，就是尊重个性，尊重人作为人的尊严。可惜，张扬个性的魏晋时代只在中国大地一闪而过，此后再也没有了这种灵光闪耀。此后，在儒家、道家、释家等各种学派的合谋下，人的个性被一点一点地销蚀，人们或为万劫不复的奴才，或为毫无思想的奴隶。因此，苏轼对“人”的个性品格的呼唤，就有着非同寻常的意义。魏晋时期人们都处在那样一个认同个性的大的生存环境中，时风所染，人皆成性。但苏轼所处的时代却大不相同，理学正在全面征讨“人”的个性，对人性来说那个“存天理，灭人欲”的全面黑暗时期的脚步已经逼近。苏轼显然已经感觉到了这种全面黑暗，所以他借这篇文章写作之机，发出了自己的呼喊。今天看来，这篇文章也确实是永远闪亮在那个时代的富有人性魅力的思想之光。

寻找精神家园，享受人性自然，尊重个性品格，这无疑是反传统、反孔孟、反理学的，当然为社会所不容。苏轼果然遭到了攻击，南宋的大理学家、《四书集注》的作者朱熹说苏轼“首为无稽”，并对其进行了清算，但这并不妨碍东坡精神对“人”字内蕴的丰富。卓异千古的苏轼，给了“人”诸多启示。

李贽的叛逆·袁宏道的真乐

• 李贽的叛逆

题孔子像于芝佛院

李　贽

人皆以孔子为大圣，吾亦以为大圣；皆以老、佛为异端，吾亦以为异端。人人非真知大圣与异端也，以所闻于父师之教者熟也；父师非真知大圣与异端也，以所闻于儒先之教者熟也；儒先亦非真知大圣与异端也，以孔子有是言也。其曰“圣则吾不能”，是居谦也。其曰“攻乎异端”，是必为老与佛也。

儒先亿度而言之，父师沿袭而诵之，小子矇聋而听之。万口一词，不可破也；千年一律，不自知也。不曰“徒诵其言”，而曰“已知其人”；不曰“强不知以为知”，而曰“知之为知之”。至今日，虽有目，无所用矣。

余何人也，敢谓有目？亦从众耳。既从众而圣之，亦从众而事之，是故吾从众事孔子于芝佛之院。

以孔子的是为是，以孔子的非为非。“万口一词，不可破也；千年一律，不自知也。”几千年的中国社会就这样过来了。什么是对的？什么是错的？

什么是真的？什么是假的？难道就一个孔子说了就行吗？我们每一个人的眼睛都长在自己的头上，每一个人的头都长在自己的脖子上，我们每一个人为什么就不能自己睁大眼睛看一看？为什么就不能摇摇自己的头想一想？这个世界是这样的吗？这种判断是对的吗？这些是是非非就这样定了吗？

《题孔子像于芝佛院》就是要人们睁大自己的眼睛看一看，摇摇自己的头想一想，用自己的眼睛观察世界，用自己的头脑判断是非。李贽的呐喊是一声惊雷，震醒了无数沉睡的人。

李贽何许人也？独于众人昏睡时发出振聋发聩的呐喊？

李贽，明代泉州晋江人，号卓吾，又号宏甫，别号温陵居士，思想家、文学家。"自幼倔强难化，不信学，不信道，不信仙、释。故见道人则恶，见僧人则恶，见道学先生则尤恶。"自 29 岁授河南共城教谕起，历任国子监博士、南京刑部员外郎等职，过了 25 年的宦游生活。他公开以自己的学说为"异端"自居，对封建传统教条和假道学进行大胆揭露，认定《六经》《论语》《孟子》等儒家经典只是当时弟子们的随笔记录，并非"万世之至论"，反对"咸以孔子之是非为是非"。著有《李氏焚书》《续焚书》《藏书》《李温陵集》等。最终当权者以李贽"敢倡乱道，惑世诬民，便令厂卫五城严合治罪。其书籍已刊未刊者，令所在官司尽行烧毁，不许存留"。76 岁高龄的李贽拖着重病之躯入狱。入狱后一天叫狱卒剃发，乘势夺刀自刎，但没有即刻死去，鲜血淋漓。狱卒问他："和尚痛否？"他已不能出声，用手指在狱卒掌心写下两个字："不痛。"狱卒又问："和尚何自割？"李贽再写："七十老翁何所求！"就这样，李贽在血泊中度过了一生的最后两天。

李贽为追求真理而献出了生命，完成了一个大写的叛逆者形象。这一形象，永远放射着叛逆精神的光芒。

这里特别要提及的是，任何一个时代，只有产生叛逆者，才可能有天翻地覆的改变。但少数叛逆者可能不足以动摇整个社会，而他们带来的影响却会是永远的。李贽的叛逆，给汉字“人”字加上浓重的一笔，不可或缺的一笔。

• 袁宏道的“真乐”

然真乐有五，不可不知。目极世间之色，耳极世间之声，身极世间之安，口极世间之谭，一快活也。堂前列鼎，堂后度曲，宾客满席，男女交舄（舄，xì，鞋），烛气熏天，珠翠委地，皓魄入帷，花影流衣，二快活也。箧中藏万卷书，书皆珍异；宅畔置一馆，馆中约真正同心友十余人，人中立一识见极高如司马迁、罗贯中、关汉卿者为主；分曹部署，各成一书，远文唐宋酸儒之陋，近完一代未竟之篇，三快活也。千金买一舟，舟中置鼓吹一部，妓妾数人，游闲数人，泛家浮宅，不知老之将至，四快活也。然人生受用至此，不及十年，家资田地荡尽矣。然后一身狼狈，朝不谋夕，托钵歌伎之院，分餐孤老之盘，往来乡亲，恬不知耻，五快活也。士有此一者，生可无愧，死可不朽矣。（袁宏道《与龚惟长先生书》）

袁宏道是与李贽同时代的思想家、文学家。他否认有一成不变之理，打破一切理论的绝对权威。他归纳出人生的四种态度：“有玩世，有出世，有谐世，有适世。”他认为“玩世”“出世”“谐世”是道、释、儒，都不足取，只有“适世”可取。他的“适世”实际上是“适己”。“适己”有两个重要方面：

一是挣脱社会强加于人的束缚;二是珍视生命。上文的五“真乐”是他的“适己”宣言。这篇宣言打破传统的高低、贵贱、是非、荣辱、善恶、美丑等观念,一切从“适己”出发。它以自我需要、自我精神的满足为人生理想,也就是以挣脱社会束缚后的真正生命享受为人生的目标。

在今天看来,袁宏道的“真乐”理想是生命的狂欢理想。它的合理性是关注了生命的存在,关注了生命存在之“惬”。这一点已接近现代西方的存在主义哲学理想。它的片面性是忽视了人是客观存在,是社会存在,没有看到人绝不仅是个体生命存在,人必然具有社会性。但从历史的进程看,袁宏道的“真乐”理想显然把“人”推进了一大步,我们完全可以将它看作是“人”字内蕴古代与近代甚至现代接轨的重要一环。

中国“人”走过几千年的古代后,在近代遭遇了前所未有的挫折。一部近代史,对中国“人”来说,即是一部屈辱史。但饱受屈辱之后,中国“人”再一次挺立在中华大地之上。今天的中国“人”在全球化的进程中,正以自己丰富的历史内蕴、敏锐的现代思想和前所未有的进取精神,与“地球村”的“人”共同书写着世界文明这一部伟大的著作。

29. 华夏“龙”

中国古代神话传说中的人和物，龙最神异、最传奇。它神异、传奇的最根本原因是我们无法知道它究竟是人还是物（动物）。我们现在一般都把它理解为物（动物），而在很多情况下，特别是在我们追究自己究竟来自哪里时，我们又把它理解为人，说我们是它的传人。

龙究竟是人还是物？或许是因为无法回答这个问题，所以先民在造字指称“龙”这一概念时，便造了一个既不像人也不像物的形象——“[illegible]”（甲骨文）——长而弯曲、头顶有毛、张着大嘴的怪异形象。古人造字“近取诸身”，“远取诸物”，所以汉字的取象一般都能在现实中找到它的对应物，而“龙”字的取象却无法从现实中找到它的对应物。或许正是蕴含了这个永远无法解答的问题，“龙”字才有了它可以让人发挥无穷想象力也无法说尽的意义。

自甲骨文出现“龙”字，人们就开始了对“龙”字的阐释，但一直未能有一个令人口服心服的界说。至明代，朱国祯在《涌幢小品》中综合历代关于龙的种种说法，对龙做了如下界定：“鹿角，牛耳，驼首，兔目，蛇项，蜃腹，鱼鳞，虎掌，鹰爪，龙之状也。”这一界定所描述的形象集许多动物的美于一身——挺拔的双角、修长的躯体、强劲的肢爪、闪光的金鳞……给人一种奇异的美感。朱国桢的描述继承了前人的传说，后人也接受了朱国桢的描述。今天，人们头脑中龙的形象基本上就是朱国桢描述的奇异的形象。

确实，龙在人们的心中一直是奇异的。古人根据自己的想象，认为龙有许多种：应龙、蚗龙、虬、蛟、螭……这些龙都生活在水中，是主司雨水的神。《荀子・劝学》:“积水成渊,蛟龙生焉。”《管子・水地》:“龙生于水。”《管子・形势解》:“蛟龙,水虫之神者也。”因为雨水与云雾密切相关,所以先民们又想象龙能腾云驾雾。《韩非子・难势篇》:“飞龙乘云,腾蛇游雾。”《说苑・杂言篇》:“腾蛇游于雾露,乘于风雨而行,非千里不止。”又因为威力巨大的雨水与人类生活密切相关,而云雾又变化无常,来无影,去无踪,所以生于水中、主司雨水、腾云驾雾的龙也就被人们赋予了出神入化的奇才异能之美。《管子・水地》: 龙“欲小则化如蚕蠋,欲大则藏于天下,欲上则凌于云气,欲下则入于深泉,变化无日,上下无时”。王安石《龙赋》:“龙之为物,能合能散,能潜能见,能弱能强,能微能章。”龙的这种奇才异能可谓无与伦比。它既是自然的,又是超自然的;既是人类的,又是超人类的。古人赋予龙那么大的威力,其实是一种理想的寄托,是希望自身能有这么大威力的感性与理性的综合显现。所以龙的奇才异能之美展示的实际上是人的理想美。

正是从这一角度看,龙被学者们看作是中华民族的共同图腾。闻一多在《伏羲考》中详细论证了伏羲、苗族、褒国、越、夏、共工、祝融、黄帝、匈奴等都是龙图腾的大团族,说“这综合式的龙图腾团族所包括的单位,大概就是古代所谓‘诸夏’,和至少与他们同姓的若干夷狄……东方商民族对我国古代文化的贡献虽大,但我们的文化究以龙图腾团族的诸夏为基础。龙族的诸夏文化才是我们真正的本位文化,所以数千年来我们自称为‘华夏’,历代帝王都说是龙的化身,而以龙为其符应,他们的旗章、宫室、舆服、器用,一切都刻画着龙纹”。在民间,龙则被当作吉祥的化身。这在人们每逢喜庆时节都要玩龙灯、跳龙舞的习俗中得到了最集中的表现。今天,虽然“真龙天子”的神话早已被打破,人们也认清了龙的本来面目,但龙在人们心中精神依然,美感依然,因为龙“变为每个中国人的象征了”(闻一多《伏羲考》)。

30. “士”志于道

汉语中有关男子的称呼，士是最美的称呼之一。

《诗经·邶风·匏有苦叶》：“士如归妻，迨冰未泮。”这里的“士”是女子对爱恋的情人的爱称。

《诗经·郑风·女曰鸡鸣》：“女曰鸡鸣，士曰昧旦。”这里的“士”是女子对丈夫的雅称。

《诗经·小雅·都人士》：“彼都人士，狐裘黄黄。其容不改，出言有章。行归于周，万民所望。”这里的“士”是诗人对那些杰出男子的美称。

“士”字甲骨文写作“丄”，金文演变成“士”。“士”字的本义因各家研究的字形不同，说法也不一。从甲骨文看，把“士”字的本义理解为“男性的外生殖器”是合理的。由此引申，“士”成为男子的通称，进而成为男子的美称。再发展，“士”更多地用以指称特殊阶层的男子——“士民”“兵士”“士大夫”“学士”等。进入现代，“士”还用于对女子的尊称。“士”字意义的演变与发展，清楚地告诉我们，“士”字所指越来越美，体现的美意识也不断丰富。

“士为知己者死，女为悦己者容。”（《战国策·赵策一》）这里的“士”与“女”相对，是对男子美称的典型例证，它展示了“士”字所蕴含的美意识的重要方面——男子的信、义、勇、猛、壮、烈等，如李贽所说：“宁义而饿，不肯苟饱；宁屈而死，不肯幸生。”（《与城老》）对这样的“士”，我们称之为“信士”“义士”“勇士”“猛士”“壮士”“烈士”“侠士”等。

“士不可以不弘毅,任重而道远。”(《论语·泰伯》)这是曾子说的话,意思是说“士”要有宽广的心胸、坚忍的毅力,因为责任重大,路途遥远。很显然,这里的“士”展示了“士”字所蕴含的美意识的重要方面——男子的宽宏、坚毅、以天下为己任。这种既有远大的理想和抱负,又有不屈不挠的精神及激昂向上充满斗志的人,是社会的脊梁,是时代的英雄。所以,我们满怀崇敬之情称这些英雄为“仁人志士”。

自古以来,中国社会很大程度上是由这些“仁人志士”引领着向前的。

孔子的“士志于道”可以看作是“士”字这一重意义的最初规定,或者说是揭示。孔子一生致力于“克己复礼”。为推行自己的主张,他 54 岁离开鲁国周游列国,历时 14 载,途经七个诸侯国。尽管各诸侯国国君都对他“敬而远之”,他的主张也没有能实现,但他没有丝毫懈怠。68 岁那年,他回到了鲁国,开始全力整理古代典籍,最后完成了《诗》《书》《礼》《易》等古籍的整理,并修订了《春秋》。孔子的一生正是“生命不息,奋斗不止”的最好注释,这也是他自己倡导的“士志于道”的最好注脚。

司马迁可看作“士”字这一重意义在秦汉时期的诠释。他以受辱之身与忍耻之心,坚持实现自己修史的宏愿——“究天人之际,通古今之变,成一家之言”,终于完成了被誉为“史家之绝唱,无韵之离骚”的《史记》。中国是文史大国,“史”的观念深入人心。“司马迁与《史记》”现象,有承先启后、继往开来的意义。承先是承古已有之的“良史”传统,启后是启动了中国几千年的一部大史——“二十四史”。贯穿于“二十四史”的“士志于道”的精神,虽然在不同时期有不同的表现,但它的本质并没有变——“士”人们为社会承担更多的责任,担当最大的道义,并由此而成为社会的榜样。

发展到魏晋南北朝时期,“非汤武而薄周孔”的“名士”为“士”字注入了新的含义。他们以自己的桀骜和超脱抗拒社会的黑暗,在无力改变社会的情况下,以一种特殊的方式对社会产生影响。即使用今天的眼光看,他们依然值得我们尊重。现代人在物质的强大攻势下,已更多地在精神上投降了。

唐代的杜甫、韩愈、柳宗元、白居易,甚至李白,都以自己的行动实践并发展了“士”字在这方面的含义。杜甫的“穷年忧黎元”,韩愈、柳宗元的“原道”,白居易的著文作诗“合为时”“合为事”,李白的“仗剑去国”,无不从一个侧面丰富了“士志于道”的内涵。

宋代范仲淹唱响的“先天下之忧而忧,后天下之乐而乐”,更可以看作是“士”人们为社会承担的最强音。延及近代,在民族救亡图存的伟大事业中,鲁迅高唱的“我以我血荐轩辕”,则是这一时代的“士”人们献身时代的最强音。

“旌蔽日兮敌若云,矢交坠兮士争先。”(《楚辞·九歌·国殇》)这里的“士”是指拼杀沙场的战士。战士的“士”亦展示了“士”字所蕴含的美意识的重要一面——男子的忠勇、英武,为保家卫国而舍生忘死的英雄气概。自古以来,人们都敬仰驰骋疆场、英勇杀敌的英雄。从屈原的《国殇》到魏巍的《谁是最可爱的人》,中华文学史上留下了大量的热烈礼赞卫国壮士们英武不屈、视死如归精神的诗文,也极大地丰富了“士”字的美意识。

今天,“士”不仅仅是男子的美称了。与男子相对而言的女子,除了普遍享有“女士”的尊称外,还有许多女子同男子一道分享其他一切有关“士”的美称,诸如“战士”“勇士”“壮士”等等。“士”,已成为社会全体成员共有的美称;“士”蕴含的美意识,不仅深入人们的内心深处,还体现在人们的行动中,一种自觉或不自觉的追求中。

31. 美“女”

但丁在《神曲》中让贝亚德这样对自己说：“不论自然界或艺术界，能够叫你迷恋的，莫过于我的体态和美色。”

康德说：“女性的全部魅惑从根本上说，是在性的欲求上展开着的。”（《关于美和崇高的感情的观察》）

罗丹说：“女的肉体是理想的白陶土，奇怪呀！……当五官的烈焰燃烧之时，拥抱美，就是拥抱神。”（《续罗丹的语言》）

邓肯说：“赤裸的人体，当她是美丽的思想所灌注的时候，又是多么美丽和纯洁无邪！”（《邓肯自传》）

如上述几位一样，西方许许多多的思想家、文学家、艺术家都曾满怀激情地赞美过女性及其人体美。而翻阅中国文学史、艺术史，却很难见到类似的言论，但这不等于说中国人对女性美没有感受。事实上，汉字——女——的取象，就充分体现了中国人对女性美的非常独特的感受。

“女”字，甲骨文作“[illegible]”，是双乳高耸、双手反背、双膝跪地的女性形象，本义是表示丰艳而柔顺的女子。“丰艳而柔顺”，应该是汉民族关于女性美的最初的认识。顺着这一线索发展下来，汉民族的美意识中就形成了特有的关于女性美的标准，即西方人所谓东方美女的标准——秀美、文静、温柔。当然，因为“佳人不同体，美人不同面”（《淮南子·说林训》），在以“秀美、文静、温柔”为女性美的主要标准时，汉民族关于女性美的感受也是非常丰富的。可以说，从甲骨文出现了“女”字之后，女性美就在大量的汉字中不断得到表现与丰富；自《诗经》之后，女性美就成了文学的一个永恒的主题。

先看看汉字对女性美的表现：女子为“好”，“好，美也”（《说文》，下同）；女美为“媄”，“媄，色好也”；女眉为“媚”，“媚，悦也”；女交为“姣”，“姣，好也”；女朱为“姝”，“姝，好也”；女爰为“媛”，“媛，美女也”……这些字中，“好”字最典型。一般说来，好即美，好即漂亮，好即赏心悦目，一切美的、漂亮的、赏心悦目的都是好的。而“好”最初是指女子，指女子的色好。我们现在虽然不能说一切好的人、事、物都与色好的女子有关，但从词义的演变、发展来看，先民们最初以为好的人、事、物，肯定都与色好的女子有关。

再看看表现女性美的词语：美人、美女、佼人、佳人、丽人，妩媚、婀娜、妖娆、娉婷，倾国倾城、小家碧玉……这里最典型的是“美人”。汉语中“美人”仅指美貌的女子，不指美貌的男子。这虽有点不太公平，重女轻男，但正好表明了汉民族对女性美的独特感受——只有美女，才可称为美人。这是对女性美最偏执又最真诚的礼赞。

文学作品从《诗经》到《红楼梦》，则以文学语言对女性美做了非常精彩的描述。概括起来，文学作品中塑造的传统美女形象有以下要素：身材苗条，肉体丰满；两肩如削，纤细软曲；白肤如脂，润滑、清洁、细腻；白额如蝉翼展开；脖颈如蝤蛴白而长；黛眉明目，双瞳脉脉；樱唇微露，稚齿明洁；体态柔情，举止优雅……

当然，上述只是一般而言。“佳人不同体，美人不同面”，则是就女性美的特殊性而言的。比如，燕瘦为美，环肥亦为美；柳腰为美，楚腰亦为美；淡妆为美，浓抹亦为美……今天，人们对女性美的感受、理解更有了很大的变化，“丰乳肥臀”或“骨感”成了现代美女的一个重要特征即是一个证明。

女，美女，对人类美意识的影响之大，恐怕其他任何事物都不可比。这只要回眸一下人类精神家园中的文学艺术即可明白。试想想，文学艺术表现的美、创造的美，有多少不是以美女为中心而进行的呢？女性美是人类美的第一要素。

简要地概括一下，女性美至少有下列要点：容貌美，体态美，气质美；仁爱美，勤劳美，奉献美；情感美，思想美，智慧美。

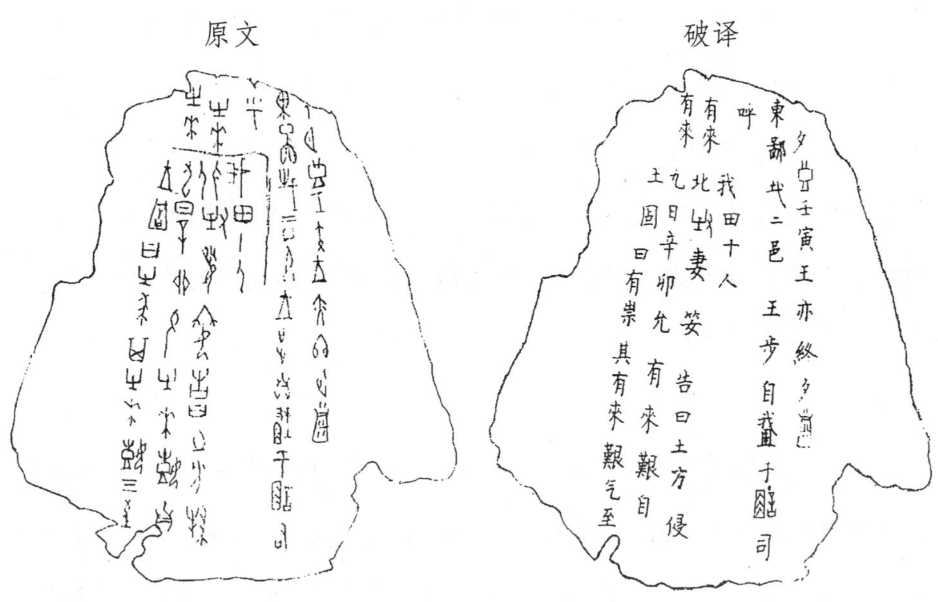

32. “师”威

看到“师”字，有的人可能会想到“名师”“恩师”“大师”等，有的人可能会想到“威武之师”“百万雄师”等。无论想到什么，“师”字总给人一种“威”感，或威严，或威武，令人仰视。

“师”字的本义因各家对字形的理解不同而说法不一。分析“师”字从甲骨文到小篆的演变——由“𠂤帀”到“𠂤帀”，把其左边理解为“弓”，右边理解为“矢射中人足”，左右合起来理解为“弓发，矢射中人足”（康殷《文字源流浅说》），泛指军队似乎更为合理。从这个角度理解，“师”字给人们的第一感受当是由弓矢之威形成的军队之威。商周时代军队的最大编制为“师”，一师有 2 500 人。试想，2 500 支箭一齐发出，是何等的威力！

随着军队编制的不断扩大，军队之威也不断扩大。商代有左、中、右三师，西周有六师，春秋之后出现了大于“师”的军队编制——“军”（一军为 12 500 人），此后更有左、中、右三军。可以说，自“师”产生后，“师”之威就成了人威（古人把威分为天威和人威，人威又分为君威、亲威、师威）的最重要的内容。至今天，“三军”之威更成了国家强大、民族昌盛的象征。所以，古人喜用“王师”“出师”“班师”等词，今人爱用“雄师”“威武之师”“人民之师”等词。从这些词语中，我们可以感受到人们对“师”的美感体验——对“师”的敬畏、崇拜与向往。

“师”作老师讲，有人说是从军队中“军师”一词引申而来，有人说是“2 500 人为师”的“师”的假借。从词义的演变看，后者似乎更为合理，因为“师”字义项中“军师”义项比“老师”义项出现晚。

“老师”义项的出现，使“师”字的内容得到了丰富，当然也使其蕴含的美意识得到了丰富。从“传道授业解惑”的普通老师，到“术业有专攻”的专门技师，再到在学问或艺术上有很深造诣的大师，再到“听明超悟，天下莫二”（《晋书·鸠摩罗什传》）的大法师、大禅师，“师”涉及的领域几乎涵盖了整个社会。从“三人行，则必有我师焉”，到“程门立雪”，再到“一日为师，终身为父”，再到国家以立法形式确立“教师节”，“师”也得到了全社会的尊重。

人们尊重“师”，归根结底是因为“师”创造了美——师德美。“师”是模范、是表率，这首先体现在“师”的高尚品德与人格上。一个人再有学问，倘若品德低劣，他也不配“师”的称号。正是自古及今的“师”们以他们的品行与人格力量，塑造了“师”的形象，创造了“与日月齐光”的师德美。我们可以举出一串长长的名字：老聃、孔丘、孟轲、子思、董仲舒、程颢、程颐、朱熹、王阳明、顾炎武、王夫之、黄宗羲、王国维、康有为、梁启超、章太炎、蔡元培、鲁迅……这些名字将会长久地甚至永远地为人们所怀念，就像他们创造的“与日月齐光”的师德永远令人肃然起敬一样。

33. “君”不虐行

《仪礼·丧服》:“君,至尊也。”郑玄注:“天子诸侯及卿大夫有地者,皆曰君。”《说文》:“君,从尹,发号,故从口。”两者结合起来理解,“君”字的本义应该是指拥有一方土地并在这片土地上发号施令者。

从“君”字的本义可以体会到,它最初给人的当是一种至尊至贵的威严感——万民匍匐在君主脚下山呼万岁,何其壮哉!君之美也由此而生。

“君”有至高无上的地位。“高”在古人心中常被作为美来欣赏,如用“美哉轮焉”(《礼记·檀弓下》,郑玄注:“轮,高大。”)来赞美新筑宫殿的高大;用“高风亮节”来赞美人的品格高尚、节操坚贞;用“高山仰止,景行行止”(《诗经·小雅·车辖》)来表达对德高望重者的敬仰。所以高地位当然就被人们意识为美了,如说“高官显爵”“高官厚禄”等。至高无上的地位则更被人们意识为一种崇高美。只是因其太崇高了,常人一般都不敢仰视,但一句“人往高处走”的极平常的俗语,却永远暗示着人们对具有至高无上地位的“君”的向往与崇敬。

“君”有不可冒犯的尊严。尊严是人的脸,尊严是人所以为人的最重要的条件,人失去了尊严也就失去了做人的最重要的条件,被剥夺了尊严也就被剥夺了做人的起码权利。每个人都希望自己有神圣不可侵犯的尊严,但现实中的人一般都有被别人冒犯的时候,一般都有挡不住别人侵犯自己尊严的时候。因此,具有不可冒犯的尊严便成了每个人的美好愿望。人们向往受到他人的尊重与崇敬,向往得到他人的拥戴与钦佩。而“君”无论身份还是地位,都体现着这一点。因此,常人虽无法做到这一点,但期望自己取得更令人尊敬的身份和地位,却是一种永远的行动。"美言可以市,尊行可以加人"(《史记·滑稽列传》),体现的正是这一点。

"君"有高尚的人格。黄宗羲在《原君》中说:"古之人君,去之而不欲入者,许由、务光是也;入而又去之者,尧、舜是也;初不欲入而不得去者,禹是也。"他们"不以一己之利为利,而使天下受其利,不以一己之害为害,而使天下释其害"。"古之人君"这种高尚的道德情操,是人格美的最高体现,所以后人以"君子"来指称那些才高德盛的人:"博闻强识而让,敦善行而不怠,谓之君子。"(《礼记·曲礼上》)"君子名之必可言也,言之必可行也。"(《论语·子路》)"故君子结于一也。"(《荀子·劝学》)由此,人们又进一步以"君"作为人的敬称,也正是这一审美心理的体现。

当然,我们也应看到,因为"君"的至高无上与绝对权威,便也产生了"君临下界"的专制与暴虐。这就使得"君"字的本义走向了反面。这一反面意义构成了对现代社会的反动,因此"'君'不虐行"应当成为每个追求"'君'之行"者的警语。

34. “亲”亲

《诗经》305篇中,《小雅·蓼莪》是最伟大的篇什之一:“……哀哀父母,生我劳瘁……父兮生我,母兮鞠我。抚我畜我,长我育我,顾我复我,出入腹我。欲报之德,昊天罔极!”《蓼莪》的伟大在于它最早以诗的形式歌唱了人间的至亲至爱,礼赞了父母崇高的献身精神。朱熹《诗经集传》注“昊天罔极”说:“言父母之恩如此。欲报之以德,而其恩之大,如天无穷,不知所以为报也。”父母之恩如天,而儿女却“不知所以为报”,《蓼莪》的抒情主人公就在这样一种自责中一唱三叹,把父母与儿女之间的“亲”亲之情表现得美丽而动人,把一个“亲”字演绎得真真切切。

“亲”,《说文》解释为“至”。段玉裁注:“情意恳到曰至。父母者,情之聚至者也,故谓之亲。”可见,“亲”字最初是用以指称父母的,所蕴含的最初的美感当是对父母的至情至爱的崇敬、自豪与欣喜。“孩提之童,无不知爱其亲者。”(《孟子·尽心上》)“可以全生,可以养亲。”(《庄子·养生主》)这些句子中的“亲”字所体现的也正是这种感受。

由父母之“亲”扩展到具有血缘关系的家庭其他成员之间的“亲”,再由此扩展到族外姻戚之“亲”,“亲”字的适应范围随着社会的推进而一步步扩大。于是,有了“相亲”“迎亲”之“亲”的特指;有了“老吾老,以及人之老;幼吾幼,以及人之幼”(《孟子·梁惠王上》)的美好理想,有了“四海之内,皆兄弟也”(《论语·颜渊》)的美好心愿,有了“治百官,亲万民”,“不以一己之利为利,而使天下受其利,不以一己之害为害,而使天下释其害”(黄宗羲《原君》)的美好行动。于是,有了"亲爱""亲近""亲昵""亲切""亲热""亲密"等说法。所有这些,都体现着人们对美好亲情的渴望。

因为中华文化的主流文化是儒家文化,其重要特点之一就是以父母为核心展开家庭,由近及远地依次呈现出亲疏关系。所以,"亲疏"二字成了衡量人与人之间关系的重要标尺。也因此,除了血缘亲疏、姻缘亲疏之外,地缘亲疏也是藏在人们意识深处的标尺。正是这样,自古以来,"乡亲"之亲也一直是中华民族心中的一种浓浓的亲情。

人们渴望亲情,但现实中的人又常常因种种原因而缺少亲情。因而,讴歌亲情、赞美亲情、表现亲情美就成了古今作家笔下的一个永恒的主题。古代作品中孟郊的《游子吟》、李密的《陈情表》、归有光的《项脊轩志》,现代作品中朱自清的《背影》、冰心的《繁星》和《春水》等等,都是表现这一主题的典范。

"我们都在爱心中孕育生长,再把爱的风帆撒播到我四方……爱会带给你无限温暖,也会带给你快乐和健康。"《爱的奉献》所唱,能否看作是当代社会对这一主题的深沉呼唤?

当然,若从另一侧面来看"'亲'亲",它又可能是许多问题产生的根源。其中最大的问题当是任人唯亲、因亲枉法了。所以,从这一角度看,"'亲'亲"之时还应依法"戒亲""灭亲"。

35. “帝”字取象于草制的模拟人形

《史记》以《五帝本纪》为开篇，定下了中华文明由此发端的基调；或者说，司马迁是以五帝为中华文明的起点进而“究天人之际，通古今之变，成一家之言”的。作为一家之言，《史记》有一些地方受到人们的怀疑，但因绝大多数地方得到人们的承认而成为“信史”。今天我们都以自己是炎黄子孙为骄傲，就是建立在确信司马迁的中华文明起源说的基础上的。

中华文明起源于五帝。何为五帝？关于五帝，说法不一。《史记》中的五帝是指黄帝、颛顼、帝喾、尧、舜。这些经历了神话时代、传说时代的中华民族的始祖英雄，都是中国的宇宙神、创世神。他们在中华民族的心中有着无可替代的崇高地位。他们对中华民族的影响力是中华民族强大凝聚力的最重要的组成部分。他们过去以其巨大的影响凝聚了中华民族，今后仍是中华民族团结的力量源泉。这样的始祖英雄，我们今天当然非常清楚，他们是神话、传说所创造，并非确有其人。而在初民时期，初民们则确信，是这样的英雄创造了五帝时代，所以尊这些英雄为帝。

何为帝？就是人们想象中的主宰宇宙万物和人们命运的至高无上的天神。人们尊始祖英雄为帝，实际上就是认为他们具有帝的力量。从各种文献看，五帝确实是具超人的力量和智慧的。特别是五帝之首的黄帝，据《古史辨》，他就是皇帝，就是上帝。他不只像后来传说的那样，同颛顼、帝喾、尧、舜并列为五人帝一员，和青帝、赤帝等比肩为五天帝一尊；他最初就是至高无上、统管天庭的上帝。至此，我们就能明白一个重要的道理——

为什么中国人的观念中上帝的概念很淡薄，甚至没有，而皇帝的概念却是那样深入人心。那是因为，上帝就是人帝，人帝就是天帝，就是上帝。这种三位一体的身份自黄帝始，代代承传，至秦统一天下就传到了万民之主的皇帝身上。在漫长的封建社会中，皇帝的极权得到了无限度的发挥，初民时代帝的那种超人的力量与智慧被封建时代帝的极权所代替。于是“帝”字的初始意义也就被彻底改写了。

“帝”字的甲骨文写作“[illegible]”，王国维认为像花蒂之形，“帝”是“蒂”的本字。郭沫若也赞成此说，并有所发挥：“帝之兴，必在渔猎牧畜之进展于农业种植以后。盖其所崇祀之生殖(器)，已由人身或动物性之物而转化为植物……然观花落蒂存，蒂熟而为果，果多硕大无朋，人畜多赖之以为生，果腹含子，子之一粒，复化为亿万无穷之孙子……天下之神奇，更无有过于此者矣，此必至神之所寄。故宇宙之主宰，即以帝为尊号。人王乃天帝之替代，而帝号随通摄天人矣。”康殷认为王国维“字形猜测本极轻易，并无认真的分析”，郭沫若的发挥也不符合实际，因为“商代文字字形中丝毫未见所谓崇拜生殖器的痕迹与暗示”(《文字源流浅说》)。康殷认为甲骨文的“帝”字取象于草制的模拟人形——偶像。这种人形是人们想象中的天帝形象。康殷的说法也许更有道理，因为它较好地体现了初民们的帝概念——“帝”是人们心目中崇拜的偶像。以偶像的基本特点去表现心中的偶像——“帝”，这样，“帝”字就顺理成章地产生了。

“帝”字初期体现的是人们对主宰万物和人类命运的天神的崇拜；进入五帝时代以后，人们把这种崇拜转移到了亦人亦神的五帝身上，并赋予了这种崇拜诸多美好的想象与希冀；秦后，“帝”字的光环戴在了皇帝的头上，“帝”字的神性失落殆尽，只剩下了尘世的种种无穷的私欲和种种无限制的权谋与兵变。这样,“帝”字也就成了一个令百姓战栗的字眼。进入现代社会,封建皇帝成为历史尘埃,“帝”字空有了一个尊号,聪明的人们便不时地把它赐给那些在某一领域(体育、娱乐领域居多)出类拔萃、独领风骚的人物,如说“影帝”“足球皇帝”等。此时,“帝”字就成了一种荣誉,或者说成了一种美称。

但今天也并非完全没有了封建时代“帝”的踪影,生活中依然还有许多欲称王称霸者。因此,“帝国”一词不仅在政治领域常为人们使用,其他领域也是如此,如“文化帝国主义”“经济帝国主义”等。

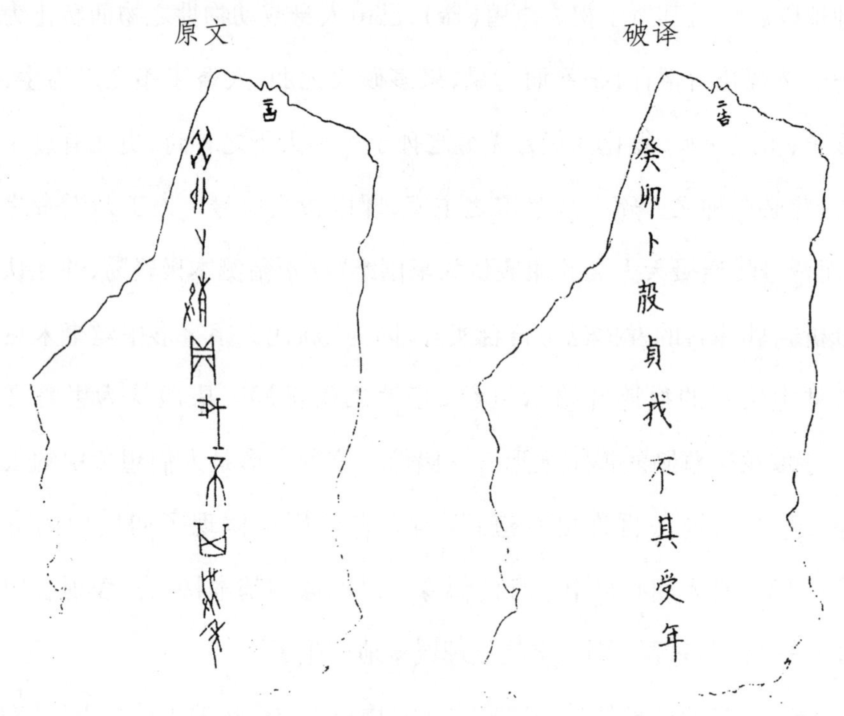

36. “首”领

许多情况下，好像称为“首”的总是最重要的：相对于政府其他机关而言，最高机关被称为首脑机关；相对于队伍中的其他成员而言，领头人物被称为首领；相对于多次出现的性质类似的事情而言，第一次出现的那一次被称为首次；相对于其他城市而言，国都所在地被称为首都……当然，笼统而言，重要的不一定就是美的，但具体而言，相对于此时此地此人而言，重要的往往也是美的。比如，一个饿肚子的人，吃东西当然是当前最重要的事，同时也可以说是最美的事。再如，一个到了已婚年龄却因种种原因找不到对象的人，此时找对象当然是他个人生活中最重要的事，同时也可以说是最美的事。大体而言，“首”字所代表的事情（物）多数都具有美的意义。

“首”字的甲骨文字写作“[illegible]”，像长着头发的人头，本义指人头。《诗经·邶风·静女》：“爱而不见，搔首踟蹰。”搔首即搔头。现代汉语的昂首、回首、俯首、斩首、首饰、首级等词语中的“首”字也是使用的本义。头于人的意义非常重大，从古人称“人之顶”为“天”即可见一斑（参见《悠悠苍“天”》）。古人还把人的四肢和头称为“五体”（成语“五体投地”中的“五体”即指此），“五体”中当然是“头”最为重要了，所以许多人在无力反抗的强力面前往往双手护头，所以人犯了死罪就给他一个“斩首”。可以说，于人而言，“首”的意义就是“生”的意义，“生”之美就是“首”之美。所以，由此出发，人们以“首”为基本语素，造出了一系列表现重要事物、富含人的审美情趣的词语。

先看看“首领”。它的基本义是头颈。如《左传·襄公十三年》:“若以大夫之灵,获保首领以殁于地。”因为头颈重要,人们就以此喻称领头的人为一群之长。如《周书·辛昂传》:“秩满还京,首领皆随昂诣阙朝覲。”今天,虽然“首领”一词用得不多了,但它的替代词“首长”却非常红。“首领”“首长”,称谓虽略有变化,但意义并无大的差别,都表明它的重要。唯其重要,自古及今才有那么多人为获得这一称谓去奋力拼搏,甚至毕一生之心血,然后有滋有味有脸有面地享受出人头地的快乐与幸福,享受人生奋斗的成功与喜悦,享受那“首领”或“首长”二字的美好。

再看看“首要”。“要”本身就有重要的意义,再在前面加一个“首”字,就有了第一重要的意思了。不是谁都可以成为首领或首长的,但肯定谁都有那么一些机会,在一些特定的场合,成为最重要的人物,即首要人物。成为首要人物的人,他是没有理由不高兴的,没有理由不感到心里美滋滋的。

还可以看看“首次”。人的一生中都可能会有那么几次“首次”让他永远不能忘记,比如初恋,比如第一次远离家乡,比如首次获得重大的奖励……人类科学发明史的最有意义的篇章更可以说是由无数的首次写成的。确实,当“首次”与我们联系在一起的时候,就有可能给我们留下一次永恒而美好的人生回忆。

还可以看看“榜首”。高居榜首、状元、冠军、第一名,这些词是每一个人在人生的追求中经常会碰到的。真正的人生理当由无数个第一名组成。想那些经常能高居榜首的人,一定是非常幸福与美好的。“春风得意马蹄疾,一日看尽长安花”,这是一种怎样的心情啊!

还可以看看“首富”。古人讲“富甲天下”,今人讲“首富”,其意义一样。它是财富带给人的荣誉。从人们提起“首富”就“欣欣然向往之”的表情即可知，这是一个能带给人极大快乐的词。

以上多是从古代意识看“首”字，若从现代意识看，有些内容是可以反省的。“首领”固然重要，但没了后面的成员，其“首领”的意义不复存在；“榜首”固然要争取，但若没有了第二、第三，甚至榜尾，其“榜首”意义同样不复存在，此其一。其二，因为人们对名利的追逐，忽略了人的本质意义，所以社会人总是以成为某某“首”为荣。而从本质看，人生而平等，本来没有名号，根本就没有高低贵贱，是社会使人有了名号，有了等第。因此，作为一个现代人，追求卓越，享受平凡，是一种基本的生命观。我们没有理由歧视平凡，因为那是我们每一个的来历。

37. 神出“鬼”没

自古以来,鬼都是可怕之物。何为鬼?甲骨文“鬼”字作“[illegible]”,像人身巨首的怪异之物。《尔雅·释训》:“鬼之为言归也。”《礼记·祭义》:“众生必死,死必归土,此之谓鬼。”《说文》:“人所归为鬼。从人,象鬼头。”这些解释,用今天的话说,就是人死了转变为鬼,鬼是人的最终归宿。

鬼既是人的转化物,鬼世界又是每个人都必然要走进的世界,鬼又何怕之有?想来大概是人不愿死去,视死为可怕可怖之事,便造出了这么个可怕的“鬼形象”;或者是最初有人寻死觅活,有人就以死后为可怕之鬼来吓唬他,一传十,十传百,这么个可怕之鬼的形象就诞生了。这样,“鬼”字给人的最初感受——令人望而生畏的怪异之物带给人的恐怖感就产生了。顺着这一感受,人们又以“鬼”字为中心,创造了一系列“鬼”字——魂、魄、魑、魅、魍、魉、魔……顺着这一感受,人们又以自己大胆的想象,创造出了丰富多彩的鬼文化。这一文化的核心应该是阴间地府。人们以阳间世事为蓝本几乎复制了一幅阴间地府的众鬼生活图,阴间的人、事、物几乎都能在阳间找到对应物。现实中的人,大都生活在这一浓郁的鬼文化氛围中,所以关于鬼的故事也就日益繁多起来。

不过,鬼故事有可怕可怖的,亦有美丽动人的。屈原《九歌》中有篇著名的《山鬼》。诗中这样叙写山鬼:“既含睇兮又宜笑,子慕予兮善窈窕。”这哪里是“鬼”?简直是一位美丽、多情的少女!中国古代短篇小说的巅峰之作——《聊斋志异》,几乎都是狐仙鬼怪故事,但“说妖鬼多具人情,通世故，使人觉得可亲，并不觉得可怕"(鲁迅《中国小说的历史的变迁》)，有的甚至非常可爱。这些美丽的鬼故事，正反映了鬼与美的内在联系。一般来说，鬼象征邪恶，其对应的是正义、善良。人们常把两者相对照，以扬善贬恶。但在特殊情况下，当现实异常丑恶时，人们便借助非人间的鬼故事来表现它：鬼为怪异可怕之物，它竟比天地之精气的人更可爱，可见现实社会是怎样的污浊与邪恶了！应该说，人们创造可怖之鬼，是对美好人间的向往与期待。

鬼与美的联系，还表现在鬼的多变上。在人们的心中，鬼就是无常。鬼的无常多变令人恐怖，但鬼的无常又有叫人欣赏的一面——灵活，所以"神出鬼没""鬼精灵"又成了一种赞词。

38. 朋“友”

“友”字是一个让人永远不能忘怀的字。它之所以叫人不能忘怀,最根本的原因是一个人来到世间不能没有朋友！这使人想起罗曼·罗兰笔下的约翰·克利斯朵夫。这位出色的音乐家,长期不被人理解,演奏总是失败。后来,他终于获得了一个叫奥里维的崇拜者,于是他激动地说:“我有了一个朋友了!”

一个人一辈子没有朋友、没有知音,必定是痛苦的。因为一个人即使是长大成人以后,也不可能独自生活在这个世界上,他还需要许多人的帮助、关怀,需要别人和他一起分享苦难与幸福,而这方面做得最好的只有朋友。所以,自古及今,友谊一直是人们歌咏的对象,一直是人们探讨的对象。所以,俞伯牙与钟子期式的知音、廉颇与蔺相如式的刎颈之交,总让人羡慕不已。

先民们在造“友”字时一定非常深刻地理解了人与人之间的相互帮助、关怀的重要意义,否则怎会想到以两只左右并列的右手来指称呢(“友”字的甲骨文写作“[illegible]”,小篆写作“[illegible]”)？人的手于人的意义是极其重要的(参见《中国“人”》),而人的两手中一般又以右手更有力量。先民们以左右并列的两只右手来表示人们的相互合作、相互帮助、相互关怀,正是他们认识到了“友”的重要,认识到了“友”的力量。所以,“友”字蕴含的人们最初的美意识当是对人与人之间的相互帮助、关怀的渴望与礼赞。

因为相互帮助、关怀得最多的是朋友,所以“友”字很自然就有了朋友这一引申义。又因为朋友对于人生有着极其重要的意义,所以“友”字的这一义项就成了它的各义项中的最常用的一项。我们探讨的“友”字蕴含的美意识,基本上也是围绕这一义项展开的。

在封建社会人与人的伦理关系中,君臣、父子、夫妇、兄弟、朋友被认为是最重要的五伦。在封建正统观念中,伦理美的最高级别无疑是五伦美了。尽管朋友摆在了五伦的末位,但当我们对五伦稍做分析后,我们就能发现,在人们的心中,五伦美中最富有魅力的美还是朋友美。君臣、父子、夫妇、兄弟有礼法基础,而朋友是自由组合,此其一;君臣属忠的范畴,父子、夫妇、兄弟总的说来属礼的范畴,而朋友属信的范畴,此其二。这在文学作品中也能得到印证。"桃花潭水深千尺,不及汪伦送我情。"(李白《赠汪伦》)"劝君更尽一杯酒,西出阳关无故人。"(王维《送元二使安西》)"海内存知己,天涯若比邻。"(王勃《送杜少府之任蜀川》)这些歌颂朋友之间友谊的诗句永远让人感动。但我们很难找出堪与这些诗句媲美的写君臣、父子、夫妇、兄弟的诗句来。

今天虽然没有了什么有关朋友的"伦",但"朋友"一词的适应范围却更大了。学友、战友、文友、棋友、牌友、球友、舞友……似乎只要你愿意,许多地方都可以加上"友"字,甚至男女青年找的对象也称之为友了。这也正说明一个问题——人们对朋友的渴望,对朋友美的珍爱。这又使人想起梁实秋的话:"假如一个人独自升天,看见宇宙的大观,群星的美丽,他并不能感到快乐,他必要找到一个人向他述说他所见的奇景,他才能快乐。"(《谈友谊》)还使人想起罗曼·罗兰的话:"尘世的苦难是一个人几乎永远没有一个伴侣……朋友这个名词是被滥用了。实际上一个人一生只能有一个朋友,而这是很少的人所能享受……"(《约翰·克利斯朵夫》)

而令人痛惜的是,现代人对"友"字已不再像古人那样看重了。许多人不知道"人生得一知己足矣,斯世当以同怀视之",却践行"没有永远的朋友,只有永远的利益"。悲乎!戒之!

39. “爱”神

对引起人心情愉悦、带给人美好感受的一切人、事、物，人们都会对他（它）产生亲近感，并进而喜爱他（它）。所以可以说，人之所爱就是人之所美。从这一意义上看，凡可用“爱”字的地方，就是美存在的地方。当然，因为人之所爱是从主观出发的，其所折射的美也就自然会打上某一个人的主观烙印。这样，甲以为美的东西，乙不一定以为美，甚至还有可能以为丑。但这也不是说由人们的所爱折射出来的美，就完全没有一个基本的客观标准。应该说，由于人们面对的世界大体相同，对世界的理解大致相近，特别是对人类自身的一些基本认识都很接近，即使是不同民族、不同种族、不同国度的人心理也多是息息相通的，因此，就世界范围而言，无论东方人还是西方人，无论哪一个国家的人，就一个国家而言，无论南方人还是北方人，无论哪一个民族，人们的审美心理大体上还是相通的。这也就是为什么那些反映人类共同命运的艺术，表现人类共同情感的作品，特别是那些表现人类美好爱情的优秀作品，无论它是哪一个民族的，最后都能成为“世界的”之根本原因。这也就是汉字“爱”的最初形式取心为象的根本原因。这就叫作“人同此心，心同此理”。

“爱”字金文心形旡声，作“炁”，小篆又在心下加夊，本义是爱护、施加恩惠。简化后的“爱”字虽去掉了心符，但下部改成了“友”字。“友”字的甲骨文是两手会意，表示互相帮助。因此，即使从字形分析，从简化后的“爱”字的字形也还能看出它的本义来。若从“爱”字蕴含的美意识看，其本义反映的就是人类的一种美好情感。所以我们说,互相关心、互相帮助、互相体贴、团结友爱,当是“爱”字带给人们的第一美感。由此出发,“爱”字就以其博大的胸襟不断接纳人类赋予它的种种爱的情感,使它成了任何人都无法摆脱的最富有魅力的汉字之一。

说到爱,人们自然会想起父母之爱,想起兄弟姊妹之爱,想起男女之爱,想起许许多多其他种种让人激动的喜爱,而在所有的这些爱当中,男女之爱又是最令人激动的。这不需要做更多的考证,只要翻开文学艺术史就能明白。从某种程度看,一部文学艺术史,就是一部男女之爱史。文学艺术史中,那些最令人陶醉的篇什绝大多数都是表现男女之爱的天才之作。在这些天才之作中,男女之爱及男女之爱的美好、男女之爱的神圣、男女之爱的无与伦比、男女之爱的惊天地泣鬼神、男女之爱的不可抗拒不可言说……都得到了最出色的表现,都让人深深感动。汉文学第一部诗歌总集《诗经》的开篇——《关雎》就是一曲动人的爱情乐章。可以说,《诗经》的305 篇作品中,最感人的还是那些爱情诗。《诗经》之后,又有《楚辞》、汉乐府、古诗十九首……唐诗、宋词、元曲,直至集中国文学之大成的《红楼梦》,无不是在男女之爱的长河中,在男女之爱的辉映下,显得更加绚丽多姿,更加辉煌灿烂。试想,如果隐去表现男女之爱的内容,人类的文学艺术将会是一个什么样子?那将根本不成其为文学艺术!

文学艺术是人类美好精神的结晶,而表现男女之爱的文学艺术又是其中最动人的一部分。如果此说成立的话,那么我们就可以说,男女之爱是人类最美的爱,是人类最美的精神显现。而这最美的爱、最美的精神显现,又是通过人的美好心灵的相互碰撞、吸引、交流、奉献来完成的,所以汉字“爱”的最初形式取心为象,是从本质上揭示了爱之美的根本所在。

西方有爱神之说，东方没有。但汉字取“心”为象之“爱”，其实赋予了“心”以“爱”神之位、之体、之义。我们古人对“爱”的理解，虽没有西方人那么浪漫、那么邈远，但它更具有生命的存在感，更具有现世的真实感——有“心”才谓之爱，才叫“心爱”。如果再将“心”“神”二字的同义因素考虑进去，“心”即“神”之谓，那么，汉字“爱”即包含“神”在内了。“爱”即“心”之“爱”，“神”之“爱”。这样，我们大致可以说，中国人的“爱神”即相爱者自己的心神，也即相爱者自己。

如果把西方的爱神看作异己的力量，那么，我们完全可以说，东方的爱神则是人自身。这难道不美吗？

40. 一往“情”深

现实世界实际上是“情理”两个字组成的。“情”使世界活泼,“理”使世界沉静。没有“情”,世界将死气沉沉;没有“理”,世界将一片混乱。“情”与“理”的有机结合,使世界永远处在一种活而有序的状态中。也许是中国人对“情理”二字感受最深,所以无论做什么事,都要讲“情理”二字。这样,对那些无视“情理”的人,人们自然就要白眼相对了。所以,“情”和“理”在人们心中就有着非常高的地位。当然,从美意识的角度来看,“情”字似乎更让人心动。

“情”字从心,青声,本意是指人的情感。《礼记·礼运》:“何谓人情?喜怒哀惧爱恶欲。七者,弗学而能。”《荀子·正名》:“性之好恶、喜怒、哀乐谓之情。”董仲舒曰:“情者,人之欲也。”(转引《说文解字注》)《礼记》《荀子》和董仲舒所说的“情”,实际上就是指人的本能情欲,这也是“情”字的最初所指。应该说,最初所指并未明显地表现出人们对“情”字的喜恶,但随着语言的发展,“情”字所指慢慢偏向于人类那些美好的感情方面,人们对“情”字已有了初步的美感,如指爱情、真情、情趣等时就很明显地体现了人们对“情”字的美感态度。“唯将旧物表深情,钿合金钗寄将去”(白居易《长恨歌》),“桃花潭水深千尺,不及汪伦送我情”(李白《赠汪伦》),“鸟啄灵雏恋落晖,村情山趣顿忘机”(段成式《题谷隐兰若》),这些诗句中的“情”字表达的正是诗人们流露的关于“情”字的美感经验。

人们自觉地追求情美,把情美作为一种自觉的美学追求,这大概可以追溯到魏晋时期。此前,人的个体意识及审美指向都处于不自觉的阶段。至魏晋,人的个体意识开始觉醒,审美意识也开始走向自觉。正如鲁迅所说:“曹丕的一个时代可说是‘文学的自觉时代’。”(《魏晋风度及文章与药及酒之关系》)而人的个体意识的觉醒,首先表现在人的性情的觉醒。此时,一些文学家开始自觉地把性情引进文学。萧子显给文学下了这样的定义:“文章者,盖性情之风标,神明之律吕也。”(《南齐书·文学列传》)刘勰在《文心雕龙·熔裁》中更是“情”“理”并提:“情理设位,文采行乎其中。”至唐时的白居易则说出了“诗者,情根”这样的至理。

当然,真正把“情”字推向美学之巅的是明代的一批文士。徐渭在《选古今南北剧序》中说:“人生堕地,便为情使。聚沙作戏,拈叶止啼,情昉此矣。迨终身涉境处事,夷拂悲愉,发为诗文骚赋,璀璨伟丽,令人读之喜而颐解,愤而眦裂,哀而鼻酸,恍若与其人即席挥尘,嬉笑悼唁于数千百载之上者,无他,摹情弥真则动人弥易,传世亦弥远。”徐渭的这段话,全在一个“情”字:文艺以情而生,以“摹情”为务,以“摹情弥真”为价值。汤显祖在《宜黄县戏神清源师庙记》中说:“人生而有情。思欢怒愁,感于幽微,流乎啸歌,形诸动摇。”在《〈牡丹亭记〉题词》中说:“情不知所起,一往而深,生者可以死,死可以生。生而不可与死,死而不可复生者,皆非情之至也。”汤显祖在徐渭的基础上把“情”推到了至高无上的地位。张琦在《衡曲尘谭·情痴寤言》中说:“人,情种也;人而无情,不至于人矣,曷望其至人乎?……钟情也夫?伤心也夫?此其所以痴也。如是以为情,而情止矣。如是之情以为歌咏声音,而歌咏声音止矣!”张琦的落脚点在于:至情之文,方为至文。至此,“情”字作为中国美学中的重要命题的含义已基本明了。

四

读《红楼梦》，大都不会忘记第二十三回林黛玉读《西厢记》的那一段：“接过书来，从头看去，越看越爱看，不到一顿饭工夫，将十六出俱已看完，自觉辞藻警人，余香满口。虽看完了书，却只管出神，心内还默默记诵。”之后，林黛玉正欲回房，又听到十二个女子演练《牡丹亭》戏文，“不觉心痛神痴，眼中落泪”。

林黛玉为何出神？因情而“出神”，是她正在体验《西厢记》爱情故事的浓烈情感。林黛玉为何“神痴”？因情而“神痴”，是她被《牡丹亭》戏文激起了巨大的情感波澜，处在情感的高峰体验中。

一个有心情的读者，如林黛玉，读到深情之文，自然难以常态相待，难以忍受情感波澜的激荡，而进入一种非常态——“出神”或“神痴”。这正是情感的力量使然。作品的这种情感力量往往将阅读者带进一个新的境界，“出神”而“入化”。这种效果也正是作家们的美学追求。

遗憾的是，我们今天的阅读因为种种原因而常常忽略了情感激荡与情感体验的意义，事实上也就丢弃了阅读的重要意义之一。

41. 屋内有猪称为“家”

家总给人温馨的感觉。温馨、幸福的家是美好人生不可缺少的实实在在的内容。而流浪汉寻找家的归宿，现代人不遗余力地寻找失落的精神家园，家却总是那样可望而不可即。对于安居乐业者来说，家具体、实在，伸手可触；对于流浪汉以及精神流浪者来说，家只是一个美丽的诱惑。这是今天的普通人对家的理解与感受。

古代人对家又作何种理解呢？《说文》：“家，居也。”居住的地方即谓家。联系人类初始的狩猎生活来理解，定居应是人类文明史上的一次重要革命，也是一次伟大的进步。先民们用“家”字记录了这次革命，这种进步。“家”字的甲骨文写作“”，上部表示房屋，下部是一头猪，由房屋和猪会意成“家”。人居住的房屋为什么不用“人”表意而用“豕”（猪）？有的人认为“家”字表示的不是人居住的地方，而是“祭祀的处所”，所以把“家”字的取象理解为“在屋下祭猪羊”。（《古汉语常用字字源字典》）这种臆想看似有道理，其实不符合事实。仰韶文化表明，新石器时代先民们就普遍饲养猪作为重要的食物，且人与猪多是同住一室。有了猪这种重要食物作为生活的保证，人们就慢慢结束了“断竹，续竹，飞土，逐肉”（《弹歌》）的原始狩猎生活而走向定居生活。所以可以说，有“豕”才有了“家”。先民们用室内有“豕”来表示“家”的概念，正说明了猪对于“家”的重要意义。可以想见，先民们对“家”字的感受一定与猪有着极为密切的联系，猪的多少、大小、肥瘦会直接影响人们对“家”的感受。也可以说，先民们对“家”字的美感，很大程度上来自对“猪”字的美感。辽宁红山文化遗址出土的五千年前的猪头玉龙和红舌猪雕像,正是先民们这一美感经验的体现。现在一些偏远贫困的农村,还有一些人选择女婿时要先看被选者家里养了多少头猪,猪有多大、多肥,这一方面说明这些地方的贫穷,另一方面也印证了“家”与“猪”的重要关系。

进入文明时代,家成了社会的重要组织细胞。家的稳定与和睦是天下太平、百姓安居乐业的表现。于统治者而言,这是美政;于普通百姓而言,这是美好的日子、美好的生活。所以,儒家的人生目标是齐家、治国、平天下。这时的“家”字所蕴含的美感经验就不仅仅是单纯的个人生存理想了,而且还包括了远大的社会理想。直至今天,“家”字所展示的这两方面内容依然具有重要的意义。不仅如此,现代人已在更广阔的领域里表现了对“家”字的偏爱,从而大大扩展了“家”字的内涵,丰富了“家”字蕴含的美感经验。古人称学派为“家”,如儒家、墨家、法家等,现代人称某一方面造诣很深的人为“专家”,如思想家、哲学家、教育家、数学家、物理学家、天文学家、歌唱家、作曲家、编辑学家、园艺家……这是否可以说,现代人对“家”字的美感,更多的是精神领域的满足?从下面这首以《家》为题的诗中或许可窥一斑——

跋涉了几十年
依旧望不见
她的背影
家弃我
很远很远……

家有时也似乎离我

很近很近

仿佛伸手即可

握住她

动人的笑容

只是面对笑容

我就产生一种错觉

眼前总是开放

一朵罂粟花的诱惑

家虽只一步之遥

却始终迈不进门

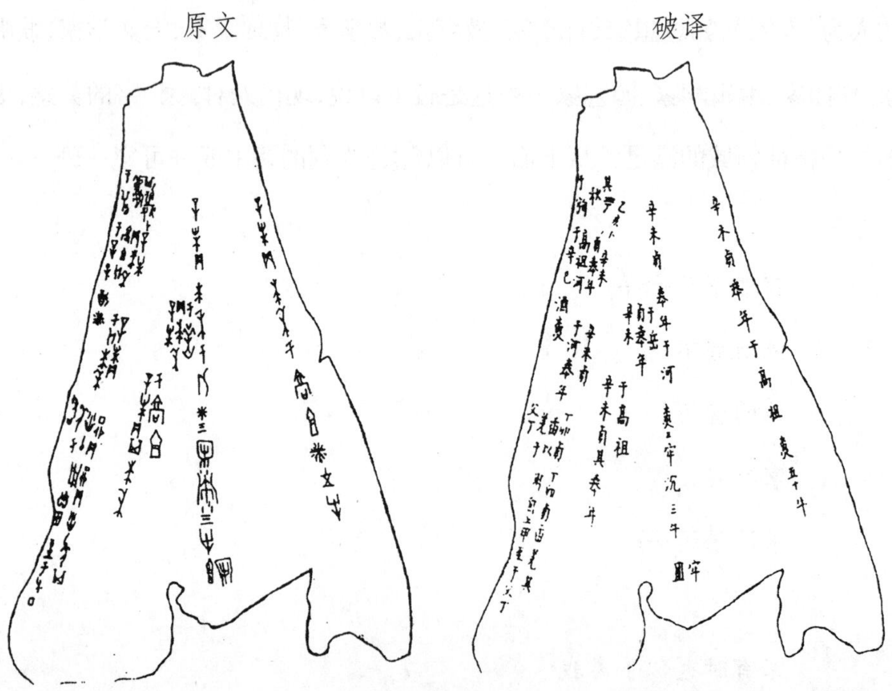

42. “文”化

文明，文化，文学，文质彬彬，文采斐然……“文”字给人带来的常常是一种心灵的摇动。或许先民们就已感受到了这一点，所以金文“文”字大都把甲骨文“文”字中间表示花纹的符号改成了“心”符。两相比较，即可清楚地看出这点：甲骨文“文”字写作“[illegible]”“[illegible]”“[illegible]”“[illegible]”等，金文“文”字写作“[illegible]”“[illegible]”“[illegible]”“[illegible]”等。

“文”何以动心？《说文》：“文，错画也，象交文。”即是说，“文”字表达的是纹理交错的意思。《易经 · 系辞》：“物相杂，故曰文。”《国语 · 郑语》：“声一无听，物一无文。”《朱子语类》：“是两物相对待在这里，故有文，若相离去不相干便不成文矣。”把四者结合起来理解，我们可清楚地看到，古人所谓“文”最初是指错综复杂地统一在一起的事物。因此，古人便“近取诸身”，抓住人体自身的对称、交错、错综、统一等特征，以此为象创造了“文”字（即“纹”的本字）；因此，古人便把用以记万事万物万言的“书契”称为“文”（即今天所谓“字”）；因此，古人便称相对于自然的各种人事为“人文”，称日月星辰在宇宙间的变化运行等现象为“天文”（古人把风、云、雨、露、霜、雪等“地理”也并入天文）；因此，古人以为“天地以精英之气赋予人，而人钟是气也，养之全，充之盛，至于彪炳闳肆而不可遏，往往因感而发，以宜造化之机，述人情物理之宜，达礼乐刑政之具，而文章兴焉”（彭时《文章辨体序说 · 文章辨体序》），自然，擅长文章写作的人或有文德的人就被称之为“文人”了……“文”字，在古人心中实乃包罗了天地人间的一切。从这个意义上说,古人事实上是将一切“文”化了。

人以“心”去感知事物,从人自身开始到人间天地的一切,不断发现人间天地的事物的规律,也不断惊叹人间天地之精妙,并以一个“文”字来记下这些发现与惊叹。由此,我们不难感到,“文”字传达出来的人们的感受最初当是对人自身的对称、交错、错综、统一等特殊性(或曰美)的惊叹,随后便是不断地对人间天地的一切的惊叹。人们惊叹人间天地的种种“精妙”,便以“文”传记,以“文”抒写勃发的兴致,以“文”述说种种美妙的感受。于是,“文”成了人类美好感受的全能全知者,人类的一切美意识都可从“文”中找到注脚。所以,“文”就成了人类最宝贵的精神财富。

当然,在今天,“文”字带给人们的感受已与古代有了很大区别,一是它的范围大大缩小了,一是由于许多与“文”有关的人和事染上了现代社会的商业气息,而不像先前那样纯粹了。但作为最具文化气息的汉字,“文”字在今天依然常常能把人带入种种美妙的境界之中:雄文、奇文、诗文、妙文,文静、文雅、文气、文明……

43. “武”义

《左传》(僖公三十年)记载烛之武退秦师后,晋文公的舅父子犯请求乘机攻击秦国。晋文公说:“不可,微夫人之力不及此。因人之力而敝之,不仁;失其所与,不知;以乱易整,不武。”

这里,晋文公将仁、知(智)、武并提。不仁、不知(智)、不武是不足取的,只有仁、知(智)、武才是正道,才能得到称许。晋文公的思想是当时道德观念的典型体现。仁、知(智)不在此文谈论范围(参见《造次于“仁”,颠沛于“仁”》《“智”能》),下面主要看看武。

“武”字从戈从止,戈表示兵器,止表示脚,合起来指持兵器出征、征战。征战的意义何在?在古人看来,不是“以乱易整”,而是相反——以整易乱,以武力平定混乱、冲突,达到统一、安定。也就是说,只有那些能促使社会走向安定、统一的征战才可称为“武”。所以《说文》把“武”字解释为“定功戢兵”。从这里我们就能明白,为什么周代用于祭祀的“六舞”之一、用以表现周武王战胜商纣王的乐舞被命名为《武》了;为什么《诗经·周颂》中歌颂武王赫赫战功的诗作有以《武》为题的了。由上可以看出,古人并不像今人一样,把所有的干戈行动都看作“武”。在古人心中,“武”是神圣的,它像仁、智一样,具有伦理道德意义,它所表示的内容与后来出现的关于战争的一个重要概念——义战相同。从这个意义上说,“武”就是“义”。

大概是后来征战者都以“武”自居,“武”的概念慢慢出现了混乱,便又产生了义战的概念。战国时期的军事家吴起把战争分为五种,初步区分了义战与不义之战。此后,最初的武概念就被义战的概念代替了,“武”字在表示干戈之事时就不再仅仅是指义战了,不义之战也同样可用“武”来表示。不过,除了表示不义之战这一意义外,“武”字越来越丰富的含义还是一直向褒义的方向发展着,这充分说明了人们的意识中对“武”字的喜爱。不说历代帝王的名号中带“武”字的就有20多个,不说中国特有的国技武术,不说中国封建科举时代在选拔文科状元的同时还选拔武科状元,也不说比武活动内容的异常广泛,更不说人们爱用“文武双全”来夸赞全面而出色的人才,单看看人们时常爱用的几个词语——英武、威武、雄武——就很能说明问题。当看到充满阳刚之气、具有刚性美、具有力量美的男子时,人们总爱用这几个词来称赞他。

人们为什么喜爱“武”? 因为它代表着阳刚美的重要方面,是力量美的重要体现。或者说,“武”与“文”相对,若把“文”看作是维护平常世界秩序的“软”力量的话,那么“武”就是不断激起平常世界波澜的“硬”力量,它带来的是激情,是激荡。世界好比一湖水,只有在不断的激荡中才能保持生机与活力,否则就会慢慢变成死水。“武”字的意义就与那使湖水永远处于激荡之中从而永远保持生机与活力的力量一样,它以自己的存在永远使“文”成为其“文”。

『仁』『德』之间

做一个中国人，最讲『仁』『德』二字。我们行人道，就是穿行『仁』『德』之间。

何为『仁』『德』？古哲先贤如是说——

《礼记·中庸》：『仁者人也。』

《论语·颜渊》：『樊迟问仁。子曰：「爱人。」』

《墨子·经说下》：『仁，仁爱也。』

《孟子·告子上》：『仁，人心也。』

《尚书·仲虺之诰》：『德日新，万邦惟怀。』

《易经·乾·文言》：『君子进德修业。』

《荀子·劝学》：『积善成德而神明自得，圣心备焉。』

44. 造次于“仁”，颠沛于“仁”

在中国传统道德体系中，“仁”字应该是一个最重要的字。先秦儒家和墨家的重要人物对“仁”字都做了自己的解释——

《礼记·中庸》：“仁者人也。”

《论语·颜渊》：“樊迟问仁。子曰：‘爱人。’”

《论语·雍也》：“夫仁者，己欲立而立人，己欲达而达人。”

《荀子·法行》：“温润而泽，仁也。”

《墨子·经说下》：“仁，仁爱也。”

《孟子·告子上》：“仁，人心也。”

《孟子·离娄上》：“仁之实，事亲是也。”

从这些解释中，我们可以看到，“仁”字实质上是从人而来，意思是人应具备的基本品格——人与人相亲相爱。《说文》：“仁，亲也。从人二。”许叔重的解释是完全正确的。“从人二”是什么意思？阮元《论仁》解释，“从人从二”就是“人与人相与也”，即讲人与人之间的关系问题，就是说两人相亲。

人与人相亲相爱，应该是先民们造“仁”字的本意。它体现了先民们对社会人的理解，表明了他们希望走出孤独与对抗、构建和谐社会的愿望，这就表明人类初始时期就有了构建人与人之间友爱关系的美好理想。进入西周，“仁”字体现出来的思想已走过萌芽阶段，进入发展期。这时出现了“德”的思想。西周统治者从商灭亡的事实中吸取教训，提出了“敬德保民”的思想。到春秋时的孔子，他在“敬德保民”思想的基础上进一步提出了以“仁”为中心内容的儒家思想体系。再经孟子的发挥，融入“仁政”思想，“仁”的内容就大体确定。后来因为儒家思想成了中国思想中的主流思想，从各方面影响、支配着中国人的思想，影响、支配着中国的文化，影响、支配着中国人的审美观，所以从传统美学来说，作为儒家思想的核心——“仁”，就理所当然地成了最重要的、最高的美学原则。贾谊《新书·道德说》：“德者六美。何谓六美？有道，有仁，有义，有忠，有信，有密。此六者德之美也。”这里说的“道”，实质上也可理解为“仁”。《孟子·尽心下》：“仁也者，人也。合而言之，道也。”人行仁，就是道。至于“义”“忠”“信”“密”，则都是由“仁”分化而来。所以所谓“德者六美”，其核心美还是“仁”。正因为这样，“仁”就成了人们终身修炼企求达到的人生境界。“君子无终食之间违仁，造次必于是，颠沛必于是。”（《论语·里仁》）就是说，君子即使是一顿饭的工夫也不会离开“仁”，在最仓促的时候也会与“仁”在一起，在颠沛流离的时候也会与“仁”在一起。

孔子说：“吾道一以贯之。”曾子解释说：“夫子之道，忠恕而已矣。”也就是说，实行“仁”的方法是“忠恕”二字，即“己欲立而立人，己欲达而达人”，“己所不欲，勿施于人”。而人们一般很难做到这些，所以古人非常强调“修身”——“修身则道立。”（《礼记·中庸》）“修身践言，谓之善行。行修言道，礼之质也。”（《礼记·曲礼上》）“修其身而天下平。”（《孟子·尽心下》）“修道以仁。”（《礼记·中庸》）古人的这一“修身”观念用今天的话说，就是“净化灵魂，做一个品德高尚、心灵美好的人”。

《论语·卫灵公》：“志士仁人，无求生以害仁，有杀身以成仁。”杀身成仁，是中华民族所追求的最高道德境界，也是自古及今无数仁人志士用热血铸就的永远令人仰视的一座道德丰碑。因此，毫无疑问地，它将永远给人们展示着它崇高的道德美。

辜鸿铭在《中国人的精神》中说：“人类所有纯真的情感均可以容纳在一个中国字中，这就是‘仁’。……因为‘仁’是人所具有的一种神圣的、超凡的品质。在现代术语中，‘仁’相当于仁慈、人类之爱，或简称爱。”此说不虚。“仁”之美，其实就是爱之美。

《论语·乡党》中记述了一个关于“仁”的重要事件：“厩焚。子退朝，曰：‘伤人乎？’不问马。”马棚起火了，孔子只关注人受伤了没有，并不过问财产的损失。这就是“爱人”——人是第一位的，人就是目的。这种思想是超越古今的。它是古代的，也是现代的，还是未来的。可悲的是，这种思想在今天依然有无数的人没有听说，即使听说了也不明白。在许多人心里，对学生而言，学习是目的，对工作者而言，工作是目的、生产是目的，对为官者而言，政绩是目的……唯独人不是目的，人不存在了。这是人的悲哀。因此，我们要大声呼唤“人的回归”，呼唤“仁的回归”。

45. 舍生取“义”

说到“义”字,就想起辜鸿铭的名言:“在这个世界上,有两种和平的力量,即,义和礼。”(《中国人的精神·序言》)辜氏所言未必全对,但“义和礼”对人类和平的重要意义却是毋庸置疑的。

“义”字的本义是“仪”,即仪容的仪。甲骨文“义”字写作“[illegible]”,从羊从我,“羊”表美善,“我”表自己,会意成人类美好的样子。《诗经·邶风·柏舟》:“威仪棣棣,不可选也。”《毛诗故训传》:“君子望之俨然可畏,礼容俯仰,各有威仪耳。”《左传》:“有威而可畏谓之威,有仪而可象谓之仪。”“义”字传达出的人类最初的美意识,是对人类自我的欣赏,是对人类自我美好形象的肯定。后来这些意义全部由“仪”字承担,“义”字被人们赋予了更重大的意义:与“仁”“礼”“智”“信”一起构成中华传统美德的基本框架和准则。

何谓“义”?“义者,宜也。”(《礼记·中庸》)“义,人路也。”(《孟子·告子上》)也就是说,做事合宜,符合要求,做自己应该做的事。如果说,“仁”体现的是中国传统道德审美观对完美品德要求的话,那么“义”就是对完美人格的要求。所以,孟子在《公孙丑上》中说:“我善养吾浩然之气”,“其为气也,至大至刚以直,养而无害,则塞于天地之间。其为气也,配义与道;无是,馁也”;在《告子上》中说:“生,亦我所欲也;义,亦我所欲也,二者不可得兼,舍生而取义者也。”所以李贽誓言:“宁义而饿,不肯苟饱;宁屈而死,不肯幸生。”(《与城老》)所以革命者说:砍头不要紧,只要主义真。

在这里,“义”字所蕴含的人类美意识,是对刚毅、伟岸的大丈夫人格的倡导与颂扬,是对为正义而献身的“舍生而取义”者的英雄气概的景仰与礼赞。正是这种道德导向和审美定势,华夏几千年间培育了无数以死报国的民族英雄。民族英雄惊天地、泣鬼神的英雄壮举,把一个“义”字写得气壮河山、千古流芳、香溢四海。

叫人心动的“义”字,还有一个重要方面——侠义、义气之“义”。说到侠义,就让人们想起历代那些讲义气、重然诺、感恩遇、报知己的游侠之士。他们救困扶危、互相支援、自发反抗、路见不平拔刀相助。游侠的行动与精神自古就得到了人们的歌唱。太史公司马迁说:“救人于厄,振人不赡,仁者有乎;不既信,不倍言,义者有取焉。”(《史记·游侠列传》)曹植、陶潜、鲍照、庾信、王维、杜甫、高适、李白、孟郊、贾岛、陆游……这些诗人都曾以动人的诗笔赞美过游侠和游侠之义。“此地别燕丹,壮士发冲冠。昔时人已没,今日水犹寒。”(骆宾王《于易水送人》)在无数咏荆轲的诗中,骆宾王的这首五言古诗流传广泛。它虽没有直接歌唱荆轲及其侠义,但于自然的永恒与人世的沧桑对照中,让人久久怀想那位千古不朽的义士。

说到义气,恐怕没有人不想起《三国演义》中的刘备、关羽、张飞,想起这三个异姓兄弟的誓愿:同心协力,救困扶危,上报国家,下安黎庶,不求同年同月同日生,但愿同年同月同日死。背义忘恩,天人共戮。一部《三国演义》,在很大程度上也可以说是一部“义”的演义。在这部小说中,中国侠义之“义”的价值与美丽,得到了最理想化的表现。其理想的化身就是关羽。他“要斩曹操”,是激于忠义之气;他“千里走单骑”,是忠于桃园盟誓的义气;他华容道释曹操,是“拚将一死酬知己,致令千秋仰义名”。

当然，从现代法制社会的角度看，侠义、义气之“义”行有悖于法，但其重然诺、守信义、勇承担的高贵精神是永远值得歌颂的。

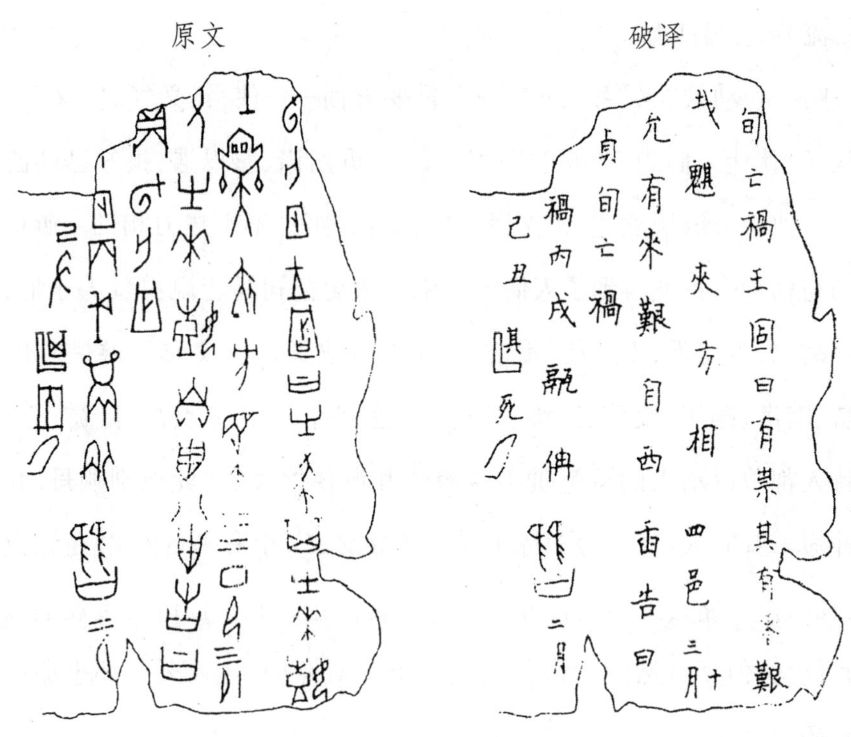

46. 兴于“诗”

有人说，诗就是美，美的就是诗的。

有人说，诗是最严格意义上的美。

人们倾向于把各种美的境界称为诗的境界，喜欢把美的语言称为诗的语言，亦喜欢把美的想象、美的品格、美的心情、美的形式称为诗的想象、诗的品格、诗的心情、诗的形式。

人们喜欢把生活比作诗、把爱情比作诗，所谓人生没有诗只能称为生存，有了诗才能称为生活。

上述种种是现代人对诗的理解。诗，在古人那里也是被这样理解的吗？

《说文》：“诗，志也。从言，寺声。”许慎对“诗”字的解释基本反映了古人对诗的理解——诗言志。

闻一多在《歌与诗》中说：“志有三个意义：一、记忆，二、记录，三、怀抱，这三个意义正代表诗的发展途径上三个主要阶段。”通过细密的考证，最后他得出了一个结论：“志与诗原来是一个字。”朱自清在《诗言志辨·诗言志》中则细分了“诗言志”的几个方面：一、献诗陈志，即“王使公卿献诗以陈其志”（《诗经·大雅·卷阿》郑玄《毛诗传笺》）。二、赋诗言志，如《左传》昭公十六年所载：“郑六卿饯宣子于郊。宣子曰：‘二三君子请皆赋，起亦以知郑志。’”三、教诗明志，如孔子所说：“诗可以兴，可以观，可以群，可以怨，迩之事父，远之事君，多识于鸟兽草木之名。”（《论语·阳货》）

如《礼记·经解篇》所言:“温柔敦厚,诗教也。”四、作诗言志,这应该是战国时代的事情了,这时开始了诗人真正歌咏自己的心志——“介眇志之所惑兮,窃赋诗之所明。”(《楚辞·悲回风》)“志憾恨而不逞兮,抒中情而属诗。”(庄忌《哀时命篇》)闻、朱二位的阐释当属确论。

古人对“诗”的理解还有一个大的方面——“诗缘情”。自屈、宋之后,诗“抒中情”的地方越来越多,因此《诗大序》对“诗言志”的意义作了引申,换言“吟咏情性”。至晋代,陆机在《文赋》中提出了“诗缘情而绮靡”的口号。此后,“诗缘情”与“诗言志”或此起彼伏,或互为推进,或你中有我,或我中有你。清人袁枚则“情”“志”难分了——“来札所讲‘诗言志’三字,历举李、杜、放翁之志,是矣。然或不可太拘。诗人有终身之志,有一日之志,有诗外之志,有事外之志,有偶然兴到、流连光景、即事成诗之志……”(《再答李少鹤书》)

“诗言志”,所言乃人类各种美好之“志”;“诗缘情”,所缘乃人类各种美好之“情”。人类美好的“情”“志”合而为“诗”,“诗”便成了储藏人类美好“情”“志”的最大仓库。在这个仓库里,人类所有美的“情”“志”都以最优美、最精练的语言形式存活着。我们打开这个宝库,我们的心就会被美所包围,难怪人们要说“诗就是美”了。

孔子教训弟子说:“小子!何莫学夫诗?诗,可以兴,可以观,可以群,可以怨。”(《论语·阳货》)孔子在阐述培养人的方法时说:“兴于诗,立于礼,成于乐。”孔子正是看到了诗的力量,所以在他的教育体系中,诗被摆在第一位。日本当代著名美学家今道友信在《东方的美学》中通过对孔子关于《诗》的言论及教育行为的考察,得出了这样的结论:“孔子已经预感到诗的形象和象征性的语言的升腾的力量,预感到这种语言的飞翔的能力,已经感到只有使用这种语言才能使人的精神超越现象事物的限界，才能超越概念上的思考方法的平庸水准，知道了只有这种语言才能使人的精神和立足于概念的世界的彼岸相接触。""对孔子来说，诗艺术是走向存在的精神上的超越的第一阶段，它可以突破论理学的限界把精神引向更高的地方。"中国后代的教育，事实上都把诗摆在重要的位置。也因为这样，中国成了诗的大国。

或许从另一角度比较一下，会更明白中国成为诗歌大国的又一原因。毋庸讳言，在诗歌、小说、散文、戏剧这些文学门类中，中国只有诗是一开始就发达的，而散文是从历史、哲学中慢慢分离出来的，戏剧到元代的关汉卿才成大气象，小说到了《红楼梦》才真正成熟。这一方面是文学自身发展使然，另一方面也是中国自古以来以诗为正宗的文学观念使然。

正因如此，为人们奉献诗的诗人，就理所当然地受到人们的尊敬了。当然，就具体的诗人而言，因他们的性格、才气，特别是对人类贡献大小的不同，得到人们的尊敬程度也就不一。我们可以把诗人分成"诗仙""诗圣""诗鬼""诗人"等，恐怕也就是缘于他们的性格与才气；我们永远崇敬屈原、陶渊明、李白、杜甫、白居易、苏东坡，就是因为他们是光辉灿烂的诗的天空中的那些最耀眼的诗星。也正是诗星相互辉映，我们生活的天空才那么明亮，闪耀着永不熄灭的诗性之光。

47. 立于“礼”

现代人从“礼”字获得的美感大致有两个方面：一是礼仪之礼；一是礼物之礼。对当今的国人来说，好像后者更具“实用美学”的审美价值，因为今天的人们不再像古人那样讲究礼节了，但却比古人对礼物更感兴趣。此话并非信口雌黄，而是有目共睹。这里姑且不表。

中华自古号称礼仪之邦。这不仅仅表现在古人十分讲究礼节，人们之间赠送礼物之风隆盛，更是因为古人以礼立人、以礼立国。《论语·泰伯》：“兴于诗，立于礼。”“兴于诗”是说人们修身从《诗经》始。朱熹解释说：“兴，起也。诗本性情，有邪有正。其为言既易知，而吟咏之间，抑扬反复，其感人又易入。故学者之初，所以兴起其好善恶恶之心，而不能自已者，必于此而得之。”(《论语集注》)也就是说，少年人适于用生动感人又富于音韵美的诗去潜移默化，使之于不知不觉中激起“好善恶恶”的道德情感。“立于礼”是说学诗之后，再研习各种道德观念和礼仪规则，使道德情感上升为道德观念，自觉地立身于礼，依礼做人。每个人都能依礼做人，那么这个国家的一切也就进入了一种和平安乐的状态了。因此，“礼”字被儒家列在了“仁”“义”二字之后，成了中国传统道德规范的又一个重要方面。这样，“礼”之美也就成了中国传统道德美的重要组成部分。

什么是儒家之“礼”呢？“礼”字的本义是敬神求福。甲骨文“礼”字写作“豊”，上部是两个“王”，像两串玉，下部是一个“豆”，像器皿，上下会意成将玉放在器皿中，表示向神敬献礼品，祈求神降福的意思。“礼”字的本义，反映了上古时期人们心中人与神的关系——神主宰人，人依附神；人向神献礼，神向人降福。这是人类初始期典型的神崇拜心理。从审美的角度说，它体现的是人类由敬神、畏神而爱神、美神的审美心理。后来奴隶主贵族把“礼”反映的人神关系纳入神权政治，就发展成为贵族等级制度的亲疏、尊卑、贵贱、上下这一核心标准，并在社会关系和典章制度方面得到了全面的反映，包括祭礼、丧礼、外交礼、作战礼、婚嫁礼等。这样，“礼”实质上就成了维护社会秩序的礼节仪式和道德规范。一个人要成为宗法社会的完全角色，就必须遵守这些仪式和规范。所以儒家强调“四勿”——“非礼勿视，非礼勿听，非礼勿言，非礼勿动”（《论语·颜渊》）。一个人若做到了“四勿”，他的言谈举止就可能呈现出一种悦人的礼仪美。《论语·乡党》这样记述孔子的言行：“孔子于乡党，恂恂如也，似不能言者。其在宗庙朝廷，便便言，唯谨尔。朝，与下大夫言，侃侃如也；与上大夫言，訚訚如也……”孔子在不同的场合，按照自己的角色对自己的举止作出相应的调整，表情、动作、姿势、语气，无微不至。孔子这种标准化的“礼仪模特形象”一直是后儒模仿的典范。

用今天的眼光看，旧时代的“礼”当然有许多是可笑的，特别是一些繁文缛节（实际上，孔子也是反对繁文缛节的，他曾说：“礼与其奢也，宁俭。”只是后儒过度强调礼，才使得许多礼变成了纯形式的东西），比如敬礼一项就有跪拜（叩头）、顿首、稽首、空首（拜手）、肃拜、拜、再拜、再拜稽首、揖、长揖、避席（免席）、膝行（膝步）等几十种不同的形式。但礼貌待人是必要的，只可惜今人连最基本的礼节都不懂了。而另一方面，送礼之风却在神州大地愈刮愈烈，真所谓“有礼走遍天下，无礼寸步难行”。但这绝不是礼仪美，而是“礼”的堕落。

今天,我们有必要强调"恭谦礼让"。"礼让"作为中华民族异常突出的一种传统美德,有着深厚的文化内涵。简言之,它有三层意义:第一层是"谦",即不自高自大;第二层是"恭",即以敬心待人;第三层是"礼",即以"先人后己"作为行为准则。这三层意义的背后,是一个"仁"字作为支撑的。也就是说,"礼让"是仁爱忠恕之道的具体表现。以此美德为人,于是有谦谦君子,有恭敬之士,有无私之人;以此美德处世,于是有让国、让贤、辞官、逊爵、谢赏,有让畔、让邻、让鲜、让财等高尚行为。这些行为对构建和谐社会、协和人与人之间的关系起到过重要作用。即使其他都不说,只说以"敬心待人"一点,我们也有必要讲"礼"了。

48. 成于“乐”

“若言琴上有琴声,放在匣中何不鸣?若言声在指头上,何不于君指上听?”这是古人经常谈论的一个有趣的音乐问题。这个看起来似乎很浅显的疑问,实际上却是在追问那动人心弦的琴声究竟来自哪里,在追问美妙的音乐究竟源自何处。自古及今,对这个问题的回答,殊言殊听,而明代思想家李贽的回答最为精彩。李贽在《琴赋》中说:“人知口之吟,不知手之吟;知口之有声,而不知手亦有声也。如风撼树,但见树鸣;谓树不鸣不可也,谓树能鸣亦不可。此可以知手之有声矣。”“心殊则手殊,手殊则声殊。”“琴者吟也,所以吟其心也。”李贽从心本原论出发,指出音乐源自人心。应该说,李贽对音乐审美本质的认识触摸到了音乐与心灵的深层联系。各种艺术中,音乐具有最强的心灵表现力;人的各种情感、情绪,都可以最贴切、最直接地转化为音乐。人的各种幽微而深邃的情思,说不出写不出也画不出,却可以通过音乐表现出来。音乐是心灵的知音!因此,音乐被人们誉为艺术的王冠,音乐美被视为最高级别的艺术美。

《说文》:“乐,五声八音总名。”许慎的解释不很准确。“乐”字的甲骨文写作“𠂤”,上部是张开的丝弦,下部是“木”字,表示张丝弦于木制乐器上,本义指乐器。因乐器经过弹奏可发出乐声,乐就同时可指音乐了。从甲骨文的“乐”字字形看,“乐”字给人们的最初感受应当是能发出美妙乐声的弦乐(琴)所引起的喜悦和怡然自得。随着人们对音乐认识的逐步加深,人们对“乐”字的感受就更加复杂了。

孔子有句名言:“兴于诗,立于礼,成于乐。”(《论语·泰伯》)“成于乐”是孔子对“乐”字给予他的美感最集中的表述。它表明了“乐”字在一个人立身成德过程中的重要作用。用后来朱熹的话说就是,乐“可以养人之性情,而荡涤其邪秽,消融其查滓”(《论语集注》),使人成性。所以孔子在齐国欣赏圣人之乐——《韶》时,深有感触地说:“不图为乐之至于斯也!”之后竟“三月不知肉味”(《论语·述而》),说“尽美矣,又尽善也”(《论语·八佾》)。孔子的音乐感受后来成为儒家评判音乐最重要的标准,实际上也就成了中国古代评判音乐的权力话语。今天,如果我们能抛弃儒家有色眼光对所谓“郑卫之音”的偏见,把孔子“成于乐”的“乐”字的含义扩展到一切美妙的音乐,那么“成于乐”这句话还是不刊之论。谁也不会否认,美妙的音乐可以净化人的心灵,把人带入一种无限美好的境界之中。

因为音乐总能带给人心灵的快乐,所以“乐”(yuè)字又有了“乐”(lè)的意义了。对快乐的理解不能说人言人殊,但每个人都有自己的乐法是千真万确的。只要能真正快乐地生活,人的一生也就不枉了一个“乐”(lè)字。不过无论怎么个乐法,想来美妙的音乐是万万不可缺少的。享有音乐的人生,才是真正的美妙人生。

49. "智"能

人类社会的发展史,从某种程度上说,即是人类智能(慧)的发展史。正因为人类智能的不断发展,才有了人类历史上的各种创造发明,才有了人类社会的不断进步,才有了人类的现代化进程。人类从蒙昧时代进入文明时代,经过了一个漫长的历程。在这个漫长的历程中,人们慢慢认识到了"智"的重要意义,也慢慢认识到了"智"之美。

"智"的本字是"知"。"知"字由口和矢会意而成,矢是箭,表示迅速,合起来指谈话思维敏捷。因为谈话思维敏捷、反应迅速、出口成章是聪明、智慧的表现,所以先民们就以此来表示人的聪明、智慧,这即是"知"字的本义。后来出现了"智"字,"知"字就把这一意义让了出来。从"智"字的取象看,先民们是把谈话思维敏捷作为智的最突出特点认识的。这是为什么? 一是因为智属于抽象事物,不易用具体的东西表示。二是因为谈话(辩论)在上古时期特别重要。初始时期的人类,自我保护的主要手段是手和口,手是武,口是文(从终极意义上说,一个人、一个国家自我保护的最有效的手段也只能是武和文,过去如此,现在依然如此,将来还是如此)。善武者常胜,善辩者也常胜。两相比较,以辩取胜的意义似乎更大。《孙子兵法·谋攻篇》:"不战而屈人之兵,善之善者也。"而善辩又是"不战而屈人之兵"的最重要手段。"言之成'理',持之有'故',行之于其'类',是谓三物。三物必具,然后足以生。"(伍非百《中国古名家言总序》)所以,古人非常崇尚善辩者。战国时期,游说之风大盛,涌现出了一大批策士,苏秦、张仪更被人称为纵横家。先民们以谈话思维敏捷取象造“知”(智)字,正是崇尚善辩者这一现象的反映。这样,“智”字蕴含的正是人们对能言善辩者的称许。

“仁者不忧,知(智)者不惑,勇者不惧。”(《论语·宪问》)孔子的话表明春秋时代人们对“智”的认识早已进入了一个新时期。“知(智)者不惑”的“知”(智),就与今天我们所说的“智”是同一个意思了。《中庸》说:“好学近乎知(智),力行尽乎仁,知耻尽乎勇”;并把知、仁、勇称为“天下之达德”。至此,“智”字就不仅成了衡量一个人惑与不惑的标准,而且进入了人们的伦理思想中,成了衡量一个人德与不德的标准。这样,“智”字蕴含的美意识就非常丰富了。古人对智者有许多赞语,如智勇双全、智者乐水、智者所见略同等。但全面体现“智”字美意识的可能要数《三国演义》中诸葛亮的形象了。

《三国演义》形象生动地表现了三国时期各种斗争的经验和智慧,而这些智慧又惊人地集中在绝世英雄诸葛亮身上。他既具有于政治、军事、外交无所不能、无所不精的排除万难的才能,又具有坚韧的毅力、顽强的精神,更有“鞠躬尽瘁,死而后已”的高贵品格,是真正的“天下之达德”者。用美国人麦吉尔主编的《世界名著鉴赏大辞典》的评语说,就是诸葛亮的“历史传奇带上了感人的悲剧色彩”,“他的行为动机达到了纯粹的英雄主义的高度”。《三国演义》中诸葛亮的形象无疑有着巨大的审美价值,所以这一形象诞生几个世纪以来,就一直为人们喜闻乐道。人们喜欢诸葛亮当然有许多因素,但可以说,绝大多数人喜欢诸葛亮是因为诸葛亮是智慧的化身。

作家梁衡对智慧美有过精彩的表述:“有的人止于形,以售其貌;有的人止于勇，而呈其力；有的人止于心，而有其技；有的人达于理，而用其智。”（《跨越百年的美丽》）在人的多重价值中，智慧的价值最高。当一个人挺立在智慧的高地时，他就无有所惑、无所不能了，因为他可以自由地驾驭自己的人生，任何时候都可著手成春，化被动为主动。想一想，古今中外的哪一位智者不是如此？

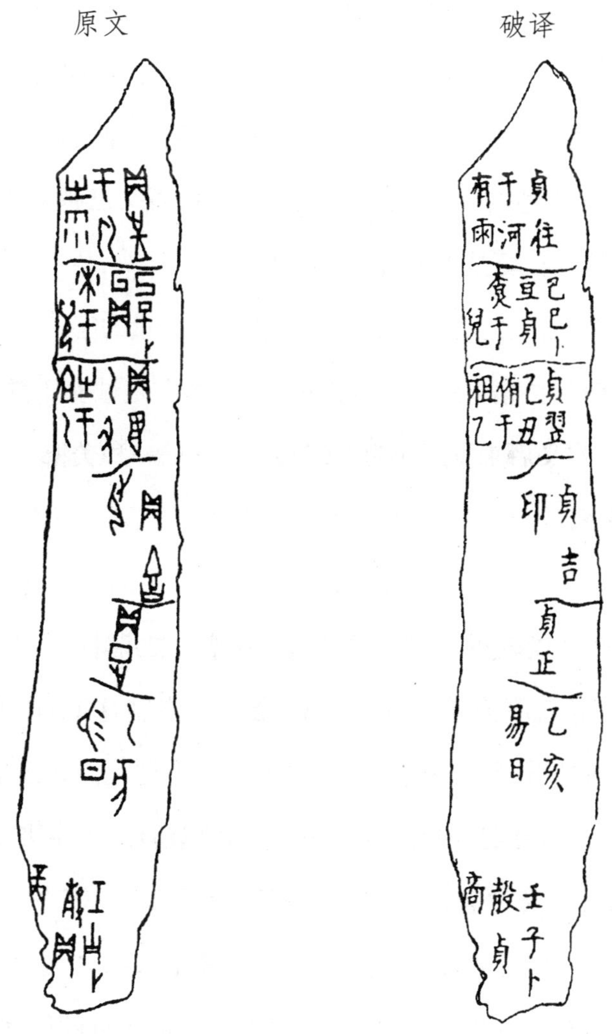

50. 诚“信”不欺

收到远方情人的来信,是热恋中的情人们最美妙的时刻;一天一封书信往来,也往往是情人们最快乐的事情。所以,对于热恋中的情人们来说,一个“信”字就是一个“美”字。其实,不独情人们,生活中的人们对书信都有一种亲近感、亲切感,因为远方亲人或朋友的真诚问候总是让人愉悦的。不过在电信高度发达的今天,“信”字的这一传统意义已越来越小了。移动通信发送的“信”息,更是很少真情实感了。

但“信”字在古人的心中却是一个具有很重分量的字。

人言为“信”。“信”字由人言会意而成,本义是诚实不欺,说话算数。“信”字的这一本义后来发展成为人们共同崇尚的一种美德。众所周知,先秦诸子的几大家观点各不相同,但他们没有不以“信”为美的。儒家的孔、孟,道家的老聃等在这方面都有妙辞。孔丘说:“宽则得众,信则人任焉。”(《论语·阳货》)孟轲说:“可欲之谓善,有诸己之谓信。”(《孟子·尽心下》)老聃说:“信言不美,美言不信。”(《老子》)老聃这里的“美”并非一般意义上的美,而是指“花言巧语”。正因为守信用是人们共同崇尚的美德,所以就产生了许多赞美守信的词语——“信誓旦旦”“柱下期信”“信及豚鱼”“言必信,行必果”“言而有信”“言而不信,何以为言”“一诺千金”;相反,人们对不守信用者进行了鞭挞,说他们“轻诺寡信”“自食其言”“食言而肥”“背信弃义”……“信”如此重要,以积极态度入世的儒家自然要把它作为一条重要的道德准则了,所以我们从《论语》可以看到,“信”被孔子及其弟子们与"仁""义""礼""忠""孝"放在了一起,作为人们应该恪守的规范。此后几千年的中国社会,信义之美一直受到人们的高度赞赏。

将诚信不欺、坚守信用这一美德表现得最为充分的是那些侠士们。中国古代的侠士,"其言必信,其行必果,已诺必诚,不爱其躯,赴士之厄困,既已存亡死生矣,而不矜其能,羞伐其德,盖亦有足多者焉"。(《史记·游侠列传》)侠士们意志坚强、恪守信义,愿为自己的信念出生入死。他们有的甚至为了不泄密而以自杀的方式来坚守。侠客郭解被官府通缉追捕,籍少公因为知道了郭解的去处,就以自杀来保守秘密;燕太子丹和田光商定了一个计划,田光为保守秘密,也以自杀来完成。侠士们的守信常常呈现出一种震撼人心的悲壮美。古代诗人们对这种悲壮美也多有咏叹,特别是荆轲刺秦王一事,几乎所有的大诗人都有过歌咏。就连以隐逸、平和著称的陶渊明也满怀激情地唱道:"凌厉越万里,逶迤过千城。图穷事自至,豪主正怔营。惜哉剑术疏,奇功遂不成。其人虽已没,千载有馀情。"(《咏荆轲》)今天诵读陶诗,似乎还可触摸到陶渊明的心。他真挚的歌唱在今天依然还能令人动容。

今天人们当然还褒扬信义,但那种全社会都崇尚信义的风尚显然已今非昔比。不少商家天天高喊信誉,只可惜那多是以营利为目的的。政府也在倡导诚信工程,但这正说明了背后存有许多的虚假。看来,继承、发扬传统的信义之美,还需要全社会的共同努力。

51. “勇”往直前

“勇者,气也。气之所至,力亦至焉。”(段玉裁《说文解字注》)段玉裁的话,既解释了“勇”字的本义,又说明了“勇”字从力的原因。确实,在很多情况下,人有了勇气,就有了力量,或者说有了勇气才可能有力量。这也是人们在做某些事之前经常要先鼓鼓气、壮壮胆的缘故。因此,人们对“勇”字的美感就非同寻常了。

儒家将“勇”同“仁”“智”并论,称之为“天下之达德”(《中庸》)。孔夫子说:“仁者不忧,知者不惑,勇者不惧。”(《论语·宪问》)《中庸》说:“好学近乎知,力行近乎仁,知耻近乎勇。知斯三者,则知所以修身;知所以修身,则知所以治人;知所以治人,则知所以治天下国家矣。”将“勇”提到治国者必具的素质这一高度来认识,“勇”字展示的就不是我们今天一般人所感受到的内容了,它一方面表明了儒家对治国者的理想化因素,另一方面又表明了儒家强调“勇”在个人修养中的重要意义。我们把它同孟子所说的“浩然之气”联系起来看,这一点就更清楚了。《孟子·公孙丑上》说:“‘敢问夫子恶乎长?’曰:‘我知言,我善养吾浩然之气。’‘敢问何谓浩然之气?’曰:‘难言也。其为气也,至大至刚以直,养而无害,则塞于天地之间。其为气也,配义与道;无是,馁也。’”孟子认为,“塞于天地之间”的“浩然之气”同仁义、天道结为一体,有了这种“浩然之气”就无畏无惧了。这里孟子所说的“浩然之气”,也即所谓大勇。在孟子看来,勇有大小之分。暴虎冯河,死而无悔,临难不苟,义无反顾,此小勇也;成败利钝,非所逆睹,鞠躬尽瘁,死而后已,此大勇也。很显然,儒家提倡勇,更强调大勇。孟子是这样,孔子也是这样。孔子说:“暴虎冯河,死而无悔者,吾不与也。”(《论语·述而》)孟子所说的大勇或儒家所倡导的大勇,用今天的话说就是革命家的那种“大无畏的精神和气概”。当然在很多情况下,我们所说的“勇”,很大程度上就是孟子视之为小勇的勇。

兵家更将“勇”视为大法则。《孙子兵法》给“将”下了这样的定义:“将者,智、信、仁、勇、严也。”并在《军争》篇中指出“三军可夺气”。何谓气?就是勇气。确实,两军相逢勇者胜,是一条颠扑不破的真理。《左传》(庄公十年)记述齐鲁长勺之战,弱小的鲁国战胜强大的齐国后,鲁国的曹刿有一段很有名的总结:“夫战,勇气也,一鼓作气,再而衰,三而竭。彼竭我盈,故克之。”松坡在评《增补曾胡治兵语录》“勇毅”篇时说:“以吾之大勇,表率无数之小勇,则其为力也厚,为效也广。至于级居下僚(将校以至兵目),则应以勇为惟一之天性,以各尽其所职。不独勇于战阵也,即平日一切职务,不宜稍示怯弱,以贻军人之羞,世所谓无名之英雄者,吾辈是也。”

“勇”无论之于普通人还是特别之人,都是一个重要的衡量标准:勇者堂堂正正、坦坦荡荡,做人行事是君子风度;怯者畏畏缩缩、曲曲折折,为人处世是小人做派。而世间真正的勇者不是多数而是少数,故此,无论大勇还是小勇,豪勇之人总让人敬佩,神勇之人常使人仰视,挟一往无前之志、具百折不回之气、将毁誉荣辱死生皆置之度外者,则会令人无限崇敬。

52. 视“死”如归

“死”也美吗？从一般意义上来回答这个问题，答案当然是否定的。不要说“死亡”带给人的恐惧了，就是“死板”“死水”“死胡同”“死灰复燃”“死乞白赖”等也都给人一种不快之感。但“死”与“生”相对时，它有时又表现得比“生”更可贵、更美丽。

“死”字的古文字写作“𣦵”，左边像骨头，表示死者，右边是一个“人”形，二者会意成一个人悼念死者的意思。从“死”字的古文字形可以看到：“死”字不仅是表示一个人的死亡，还表示了活着的人对死者的态度——悼念。活人为什么悼念死者？当然是死者值得悼念。这就表明了三种可能性：或死者的“生”值得缅怀，或死者的“死”值得称颂，或死者的“生”“死”皆可称赞。前一种属普遍情况，后两种属特殊情况，第二种最不一般，即“死”比“生”更可贵、更美丽。从这一角度看，“死”在人们的心中不仅意味着死亡与恐惧，有时还是一种可尊可敬的行为。

比“生”更美丽的可尊可敬的“死”美在哪里？

死得其所。司马迁说：“人固有一死。死有重于泰山，或轻于鸿毛，用之所趋异也。”（《报任少卿书》）“所趋异”，其“死”的意义、价值就不同；“得其所”才最有价值。何为“得其所”？如“国家有难，在朝者死其官，守郡邑者死城郭，治军旅者死行阵……皆其所也。故死得其所，则所欲有甚于生者焉”。（《金史·忠义传一》）这也是孟子所说的：“生，亦我所欲也；义，亦我所欲也，二者不可得兼，舍生取义者也。”（《孟子·告子上》）所以古往今来,有无数仁人志士为正义、为真理而献身,即舍生取义。所以,任何时候都有刚烈之士因不肯苟且偷生,即使走向死地也在所不辞。这也许就是李大钊所说的:"人生的目的,在发展自己的生命,可是也有为发展生命必须牺牲生命的时候,因为平凡的发展,有时不如壮烈的牺牲足以延长生命的音响和光华。"死得其所,是对"死"的最高评价。

视死如归。郭璞曾为《尔雅》中的"鬼之为言归也"作注:"《尸子》曰:古者谓死人为归人。"一个人说"死人为归人"当不成问题,一个人在该挺身而出、该为什么而献身的时候是否也能不成问题呢?这就因人而异了。有临危不惧者,也有临阵脱逃者;有勇往直前者,也有畏葸不前者;有视死如归者,也有贪生怕死者。临危不惧、勇往直前、视死如归,是英雄本色;无畏的气概、坚定的信念、惊天地泣鬼神的壮举,是英雄们给社会展示的动人的崇高美。此其一。其二,视死如归还体现着人类超越生死、从容回归自然的一种大彻大悟的恬淡美。庄子说:"古之真人,不知悦生,不知恶死。其出不欣,其入不距,翛然而往,翛然而来而已矣。"(《大宗师》)陶渊明说:"纵浪大化中,不喜亦不惧。应尽便须尽,无复独多虑。"(《神释》)"视死如归",是唱给"死"的最美的颂歌。

53.“生”生不息

“生”字甲骨文写作“𡴀”。《说文》:“生,进也,像草木生出土上。”“生”字的字形是“土”上加一棵小草,“生”字的本义是指植物长出、生长。这使人想起“春”字。“春”字的基本义是草木之芽聚集力量后在日光下破土而出。由“春”而“生”,草木由破土而生长,展示的是一种活泼泼的生命美。从这里我们大概可以说,“生”字体现的是人们看到草木破土而出、欣欣向荣的喜悦心情。正是从这一角度,汉语衍生出了“生机勃勃”“生龙活虎”“生意盎然”等充分体现“生”之美的词语。

“生”就是美,所以表示草木生长的“生”字很自然地被用于指一切生命的生长、一切事物的产生了。《易经·系辞》:“天地之大德曰生。”这虽是对天地的称颂,但也从另一面表明了人们对“生”字的理解——“生”对世界的重要意义。的确,没有“生”,还会有世界吗?没有“生”,天地之间一片死寂,还会有被称之为“宇宙的精华,万物的灵长”的人吗?没有人的世界还能叫世界吗?人们期待世界永远充满生机,便有了“生动”“生活”“生趣”“生色”“生生世世”……的美好祝愿,更有了“生生不息”的美好期愿。

“生”是一种境界。这一境界最突出的表现就是人们对生命的珍惜,不虚掷年华,不蹉跎岁月。或许是懂得了“生”之可贵、“生”对世界的不可或缺,人们面对无涯的宇宙、茫茫的时空时,或“发愤忘食,乐以忘忧,不知老之将至云尔”(《论语·述而》),为实现自己的理想虽九死犹不悔;或意识

到人生的短促与有限后，发出不甘屈服的吼声——“盈缩之期，不但在天”（曹操《短歌行》），勇敢地以有限之身向无限的时空挑战；或挣脱尘网，回归自然，忘怀得失，以恬淡的心境感悟“此中有真意，欲辨已忘言”（陶渊明《饮酒》）的人生真谛；或在有限的生命中看到无限，以通达的态度笑对人生，使自己在一次次的挫折中获得一次次的新生，使人生永远能够左右逢源，无所不适……执著与豁达，使“生”进入了一种艺术境界，获得了一种永恒美。

“生”很美，很珍贵，但人们对苟且偷生者嗤之以鼻。于人而言，“生”之最高境界是舍生取义，“生”之最美境界是忘怀得失，著手成春。这正可作为蒲风《生活》的诠释——

两条轨

无穷的展开在前面

当作轰轰的列车我前进吧

54. 万物有“德”

人们常以“美”字修饰“德”字，由此形成“美德”一词。“德”美在何处？

美在高。《说文》：“德，升也。从彳，㥁声。”《说文》收的“德”字是大篆。甲骨文“德”字写作“[illegible]”，从彳从直，直亦声，属形声兼会意。尽管大篆与甲骨文在字形上有区别，但许慎的解释还是基本准确的。甲骨文“德”字表示的是人一直向上走（即升），当然不是具体地指人的两脚向上攀登，而是以具体说抽象，以两脚不断向上攀登来喻说人不断提高自己的道德修养。由此可以看出，“德”字背后隐伏着人们的一种期待：期待一种高度，期待一种不断上升的高度。“君子进德修业”（《易经·乾·文言》）“德日新，万邦惟怀”（《尚书·仲虺之诰》）“君子之怀，蹈仁义而弘大德”（吴兢《贞观政要》）“德不进，病在意不诚；意诚则德进矣”（薛瑄《读书录·卷一》）等名句中的“德”字，就是这一期待的体现，也是“德”字基本义的体现。“进德”“新德”“弘德”，就是指不断地提高自己的品德。人的修养无限，品德的高度也无限，于是“高”就成了“德”字永远的目标，于是“德高望重”“德厚流光”就成了人生崇高而美好的境界。

美在心。楷化后的“德”字与其大篆结构基本相同。大篆“德”字是在甲骨文“德”字右边下部加“心”而成。为何加“心”符？现在我们找不到确切的答案，只能做一些猜测。古人以为“心”是人的思维器官，人的意识、思想均来自“心”，而人的道德、品德又属于思想范畴，所以大篆“德”字从心。而“德”之“心”毕竟不同于一般的心，所以围绕“德”之“心”就产生了一系列标准:“恻隐之心,仁之端也;羞恶之心,义之端也;辞让之心,礼之端也;是非之心,智之端也。”(《孟子·公孙丑上》)孟子把“四心”作为四种道德——仁义礼智——的发端。仁义礼智,再加上“信”,后来成为封建伦理道德的标准。排除封建性的糟粕,仁义礼智信今天依然是我们所要追求的美好的“德”之心。

美在善。南北朝人有时去掉“德”字的“彳”,留下“悳”来表示“恶”。据裘锡圭《文字学概要》,“悳”为“恶”,可能在东汉时就已经出现。显然,这种省写法是把“恶”当成“德”的反面的(就像以“㝵”为“得”的反面一样),这里的“德”实际上就与“善”同义了。而“善”与美又密不可分,多数情况下善也即是美(参见《“善”良》)。“善”被作为美,“德”也就作为美了。“夫玉者,君子比德焉。温润而泽,仁也;栗而理,知也;坚刚而不屈,义也;廉而不刿,行也;折而不挠,勇也;瑕适并见,情也;扣之,其声清扬而远闻,其止辍然,辞也。”(《荀子·法行》)荀子的“比德”说,从另一面完证了德善之美。

“德”字蕴含的首先是人们对人的美好品德的期待、向往、赞美,后来人们又把这种期待、向往、赞美扩展到天地之间,扩展到一切事物之上,“德”字就慢慢变成了涵盖万物的情感心理、审美心理。天地有“德”,“天地之大德曰生”。(《易经·系辞下》)山有“德”,“夫山,宠炊纍嶵,万民之所观仰。草木生焉,众木立焉,飞禽萃焉,走兽休焉,宝藏殖焉,奇夫息焉,育群物而不倦焉,四方并取而不限焉……”(刘向《说苑》)水有“德”,“泉源溃溃,不释昼夜,其似力者;……赴千仞之壑而不疑,其似勇者;障防而清,其似知命者;不清以入,鲜洁以出,其似善化者;众人平品类以正,万物得之则生,失之则死,其似有德者;淑淑渊渊,深不可测,其似圣者;通润天地之间,国家以成”。（刘向《说苑》）玉有“德”，如上文所引《荀子·法行》：“温润而泽，仁也；栗而理，知也；坚刚而不屈，义也；……”万物有德的观念正是万物有灵观念的深层表现，它深深地影响着汉民族的审美心理。

原文

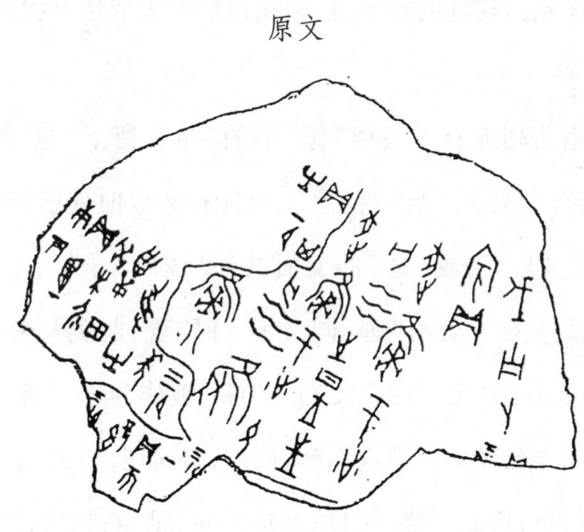

破译

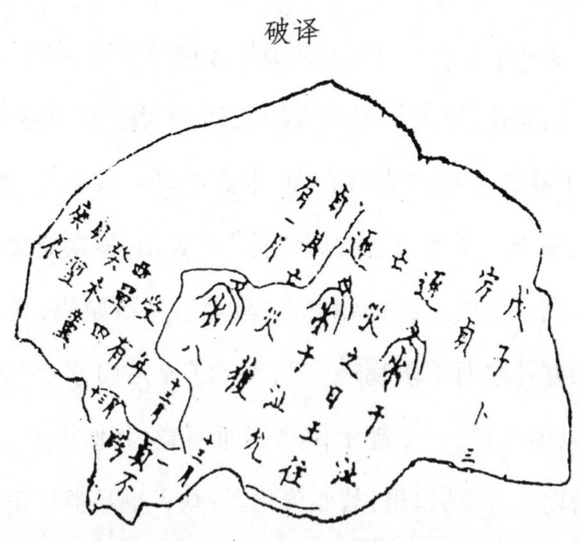

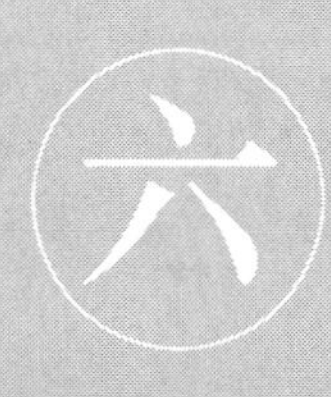

『歌』『舞』之间

『情动于中而形于言，言之不足，故嗟叹之，嗟叹之不足，故咏歌之，咏歌之不足，不知手之舞之足之蹈之也。』

——《毛诗序》

55. 宝“贝”

我们常把很珍奇的东西称为宝贝。这通常是一种暗喻的说法，把自己对那些珍奇的东西的赞美以喻体宝贝表现出来。为何说宝贝就意味着人们对某一东西的赞许、赞叹、赞颂？是因为贝、宝贝本身就意味着美，“贝”字本身就蕴含着丰富的美意识。

“贝”字是一个象形字，甲骨文、金文都像贝壳的形状，甲骨文写作“”，金文写作“”。因为中原离海较远，先民们以海贝为珍贵物，以贝壳为装饰品。殷商时期贝还处于装饰阶段，商代大奴隶主还以贝为奖赏物。甲骨卜辞《后》：“易（赐）多女之贝朋。”（朋是量词，十贝为朋）金文《戍甬鼎》：“王赏戍甬贝一朋。”由此可以感受到，“贝”字最初所蕴含的美意识，当是从“物以稀为贵”——人们对不易觅得的贝的珍爱而来。这样，对那些特别难得的大贝就理所当然地以“宝贝”称之了。

因为贝很宝贵，至周代就慢慢具有了等价交换物——货币的功能，一度成为货币。《说文》：“古者货贝而宝龟，周而有泉，至秦废贝行钱。”《诗经·小雅·菁菁者莪》：“锡我百朋。”《书经·盘庚》：“兹予有乱政同位，具乃贝玉。”《疏》：“贝者，水虫。古人取其甲以为货，如今之用钱然。”成为货币的贝，不仅具有装饰人生、美化生活的功效，还具有了衡量事物价值的重要意义。这从许多从贝的字也可以看到：以“贝”作部首，其意义一般都与钱、财、商品有关，如货、贯、财、购、贮、贷、资、贺、赏、赠、赚、赎、赡……这样，“贝”字在人们心中的位置就更高了。此后，人们说宝贝时，就不一定是指真正的大贝了。只要认为某样东西具有与大贝同样的价值,人们就可说这样东西是宝贝了。于是,“宝贝”一词慢慢就取得了喻体的资格,被人们用来指称那些能引起人们快感、美感的珍异、神奇物。今天人们使用“宝贝”一词的范围虽有所扩大,如用来讽刺那些无能或奇怪荒唐的人,但它的基本义并没有改变。当然,由于贝早已不作货币使用了,人们现在一般不是从贝的货币价值感受“贝”字蕴含的美,而是从贝的欣赏价值去感受。特别是小孩子,他们纯真的世界里,只有浩瀚无垠的大海,只有无垠的大海卷起的雪浪花,只有随着雪浪花而来的美丽、纯洁的贝,只有美丽、纯洁的贝躺在沙滩上闪闪发亮的梦幻般的境界,只有从梦幻般的境界诞生的关于贝的种种美丽的童话。孩子们对“贝”字的感受当是最美的感受。

这使人想起另一个问题。大人们用“宝贝”来称许某一东西的时候,无论所指是什么,哪怕是无价之国宝,它都已掺杂进了世俗的价值观,因此它所体现出的美自然也就是一种世俗的美,即使是一种惊世骇俗的美,也无法摆脱世俗价值观观照的痕迹。这种美与孩子们心中的美是多么不同啊!

56. 芝兰“玉”树

“玉”字恐怕是人们最喜爱的汉字之一了。这只要看看用“玉”字构成的词语就可知道:“玉人”“玉女”“玉郎”“玉貌”“玉色”“玉体”“玉颜”“玉音”“玉照”“美玉”“碧玉”“如花似玉”“抛砖引玉”“披褐怀玉”“浑金璞玉”“芝兰玉树”“冰心玉壶”“宁为玉碎,不为瓦全”……

人们何以如此喜欢“玉”字?法国当代最具影响力的艺术史家热尔曼·巴赞在他的力作《艺术史》中这样说:“对中国人来说,最高的艺术欣赏在于抚弄玉,玉之极为简洁的形式和平滑的手感及其超自然的含意,使人心旷神怡,超然物外。”巴赞确实不愧为世界级的艺术史家,他对中国人(尤其是古代中国人)艺术欣赏的概括是很准确的。在古人看来,玉,特别是美玉,有许多美好的品德。《说文》:“玉,石之美有五德者。润泽以温,仁之方也;䚡理自外,可以知中,义之方也;其声舒扬,抟以远闻,智之方也;不挠不折,勇之方也;锐廉而不忮,絜之方也。”许慎的解释基本上是来自刘向的论说。刘向在《说苑·杂言》中说:“玉有六美,君子贵之:望之温润,近之栗理,声近徐而闻远,折而不挠,阙而不荏,廉而不刿,有瑕必示之于外,是以贵之。”刘向的论说又基本上是来自荀子的论说。《荀子·法行》:“夫玉者,君子比德焉。温润而泽,仁也;栗而理,知也;坚刚而不屈,义也;廉而不刿,行也;折而不挠,勇也;瑕适并见,情也;扣之,其声清扬而远闻,其止辍然,辞也……《诗》曰:‘言念君子,温其如玉。’此之谓也。”从这些论说中,我们完全可以看到,“玉”字得人喜爱,是因为玉受人贵重;玉受人贵重,是因为“君子比德焉”。这里体现了古代中国一个重大的美学命题——“君子比德”。

君子贵玉,以玉为美,以玉比德,反映了古代中国人的一个重要审美特征。以玉比德,也就是说玉的美不在玉本身,而在人所赋予它的品性,即美的根据不在物,而在人,在人的精神人格,在人的伦理人格。这种伦理人格就是美德,就是美。而从儒家所提倡的美德来看,这种伦理人格美的最大特征就是中和,就是温柔敦厚。正如朱熹在《孟子序说》中所说:“且如冰与水晶非不光,比之玉,自是有温润含蓄气象,无许多光耀也。”在儒家眼中,仅有光耀而不温润含蓄,那是张狂而不是美。

上面所述及的“玉”字体现出来的美意识,基本上是儒家的美学思想。但甲骨文中就已有了“玉”字。那么在初民眼中,玉又美在何处?甲骨文“玉”字写作“丰”,像三块玉贯穿之形,表示美玉。遥想初民们磨制石器时,突然发现一块与众不同的美石,它质地细密坚硬,晶莹有光泽。初民面对这种美石便异常惊喜地呼唤:“玉!玉!玉!”于是玉的名字就这样确定下来了。初民们对“玉”的第一感受应该是玉的与众不同,或者说,是玉的质地与色彩与众不同。就因为这种与众不同,玉石器具便受到人们的普遍欢迎。又因为较为罕见,玉便成了名贵之物,人们慢慢用它来装点、美化生活。据考古资料,玉大概在新石器时期就已进入了人们的生活美化中。

陆宗达在《训诂通论》中说:“石器时代进入青铜时代以后,石器时代留下美好的石器,也被带到青铜时代来,成了铜器时代的一种爱好。”这种爱好在儒家的大力倡导下,就成了一种品德指向,玉之美也就这样被赋予了社会伦理美的浓重色彩。

57. 出无“车”与出有“车”

拥有一辆漂亮的小车,是中国人做了很久的梦。这个梦大概可追溯到两千多年前战国时代齐国人冯谖那里。冯谖出身贫贱,虽寄食孟尝君门下,却“弹其铗,歌曰:‘长铗,归来乎! 出无车。’”按一般情况,冯谖的歌唱无异于痴人说梦,而战国四大公子之一的孟尝君却能使冯谖美梦成真,吩咐左右:“为之驾,比门下之车客。”(见《战国策·齐策四》)意思是说:给他准备车,和那些享受出门乘车的门客一样。不过仔细想想,冯谖“出有车”也只不过同今天的人出外办事乘坐单位的车一样,那个车并非他自己所有。对于普通百姓来说,自己拥有一辆车确非易事,即使社会发展到今天,也不是人人可以实现这一愿望。

车很美,自己拥有一辆车更美。今天的人对车的美感基本上来自车的交通意义。而在古代,人们对车的美感体验还有相当一部分是从战争意义上获取的。首先,战车的多寡表示权力的大小。周代规定,周天子可拥有战车万乘,称万乘之君;诸侯大国可有战车千乘,称千乘之国。其次,战车的多寡象征着国力的强弱。到战国时代,大国往往自称万乘之国。再从“军”字的构造看,战车对军队来说有着绝对重要的意义。“军”字(金文写作“匍”)的本义由上下部分会意而成,上部是“包”字的省写,下部是军车,合起来表示驻扎军队时用兵车围成一圈的意思。

当然,对车的美感古人今人还有一个共同的来源——是否有车、有什么样的车,与人的身份、地位关系甚密。冯谖弹铗而歌“出无车”,主要目的是在争取身份和地位。古时乘车等级森严，皇帝乘辂。《淮南子》："尧为天子，大辂不画。"汉以后皇帝乘辇。皇帝的车驾六马，称"六龙"。就像黄袍不能随便加身一样，皇帝乘坐的车也是不敢仿造的。今人乘车虽不像古人那样等级森严，但一般人也是很难坐上高等级车的。所以，有车，有高等级车，自古及今都是令人羡慕的。羡慕车，实际上就是羡慕一种身份、一种地位。

今人对车的美感与古人相比也有一重别样的意义——体育意义：赛车与飞车。赛车与飞车的美在于选手表现出来的胆略、意志、毅力和机敏的应变能力等，以及由此带给观者的无限享受。

车对人的意义非凡，古人造"车"字时也就非常用功。他们详细地描画了车轮、车轴、车舆等，这从甲骨文中可以清楚地看到。人们对车的美感最初就寄托在那个"车"字的一笔一画中。

58.“酒”话

因为曹操写了“何以解忧？惟有杜康”的诗句，又因为这诗句广为流传，至今生命力不减，所以在一些人的心目中，“酒”字似乎就成了“解忧”的代名词。其实，“酒”字的含义与“解忧”没有必然的联系。“酒”的本字是“酉”字，“酉”字的甲骨文写作“[illegible]”，像装酒的坛子，其本义指酒。大概是酒像水，无象可取，先民们便以酒坛来指代酒。后来“酒”字产生，“酉”假借作地支第十。

在先民眼中，“酒”字是一个非常高贵的字眼。首先，酒与福联系甚密，酒是祈求吉福时不可缺少的祭（敬）品。时至今天，人们在祭祀祖先或其他神灵时，酒依然是重要的祭品。酒能致福的观念还体现在甲骨文“[illegible]”（福）字取象“尊”字上。罗振玉说：“‘[illegible]’像两手奉尊于示前，或省艹，或并省示，即后世之‘福’字。”（《增订殷墟书契考释》）其次，酒与医联系甚密。《说文》：“医，治病工也。从殹，从酉。”为什么“医”字从酉？许慎说：“酒所以治百病也。”《汉书·食货志》：“酒，百药之长。”《汉书》的说法在今天看来当然是不确的，但在医学不发达的古代，被认为可致福的酒因确有一定的治病功能，就理所当然地被尊之为“百药之长”了。再是酒与人的地位关系甚密。在上古时代，酿酒并非易事，起码要在吃的问题基本解决之后。好不容易把余下的一点粮食聚集起来酿成一点芳香的酒，酒当然不可轻易喝了，当然不是一般人可随便喝的了，它似乎应该是尊者的“专利”。今天人们请客必备酒，无酒不成宴席，也当是这一观念的延续。另外，我们从现代汉语“尊贵”“尊老”“尊重”等词中也还可窥见这一重意义。“尊”字最初专指酒器，大概是饮酒者多为老者、长者、尊者，而饮酒“必资于尊，故引申以为尊卑字”（段玉裁《说文解字注》），因而另造“樽”“罇”来指酒器。

酒能致福，酒能治病，饮者为尊，由此我们可以感到，“酒”字最初传达的是人们对酒的崇敬之情，但这种崇敬之情功利性很强，与人的生存密切相关，与当时社会的发达程度紧密相连。随着社会的发展，人们对酒的崇敬的功利意义逐渐减弱，对酒的精神依托则逐渐增强。这从文学作品中即能清楚地看到。中国诗歌的源头——《诗经》，其最具文学价值的15国风160首民歌中仅有3首写到了酒，此后的诗歌写到酒的则不断增多，到了伟大诗人李白那里，酒与诗就成了一对孪生兄弟，不仅产生了“斗酒诗百篇”这一重要的文学现象，而且留下了许多关于酒的名句：“人生得意须尽欢，莫使金樽空对月”，“但愿长醉不复醒”，“惟有饮者留其名”，“五花马，千金裘，呼儿将出换美酒，与尔同销万古愁”，“会须一饮三百杯”，“抽刀断水水更流，举杯销愁愁更愁”，“花间一壶酒，独酌无相亲。举杯邀明月，对影成三人”……诗如此，文亦如此，小说更是如此。集中国古代文学之大成的《红楼梦》，不仅从酒的生产上写了发酵酒、蒸馏酒、配制酒，而且写了各种酒宴，写了许多酒诗、许多酒话。作者正是通过这些来写四大家族的诗酒生活。《红楼梦》是百科全书式的著作，但若没了酒，恐怕也难成其书了，因为酒不仅成了书中许多人物重要的精神寄托，而且是四大家族由盛而衰的一个重要见证。

一个“酒”字了得！它不仅浓缩了古代中国人的生存意识，而且影响了整个中国文学，由此也就深深地影响着中国人的精神世界。今天，酒对人们生活的影响更是有增无减,既有正面影响,也有负面影响。它既给人欢乐,也给人哀愁;既给人幸福,也给人痛苦;既使人生诡奇美妙,也使人生荒唐辛酸……只愿美酒带给我们美的生活。

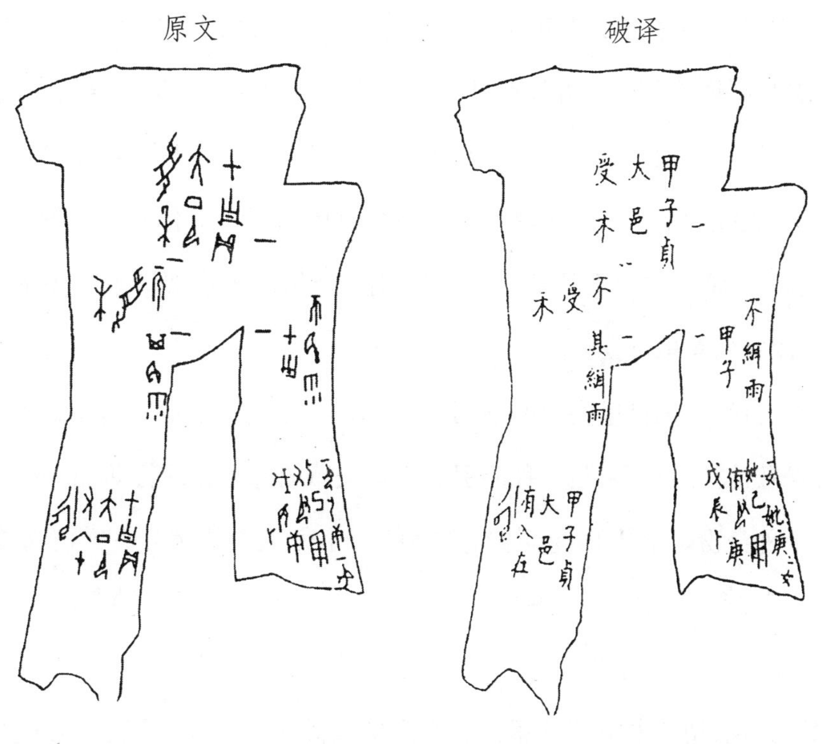

59. 爱“书”与美“书”

“书”字,在今天最常用的意义是指装订成册的著作,如说“一部书”“丛书”“古书”等,而它的基本义——写,写字,记录——早已退居二线,只在一些固定的书面语言中保留着,如说“书写”“书法”“秉笔直书”“大书特书”等。楷化后的“书”字已看不出它的表意特点了,甲骨文却很鲜明——“”:上部是人的一手持笔,下部是口字,合起来表示把口里要说的话写下来,即写的意思。

在古代,能把口里要说的话写下来的人并非常人,所以“书”成了一种让人崇敬神往的行动,是一种能引起人们美感的神圣化的行动。“书”也就成了一种身份。上古结绳而治,文字的产生使人类进入了一个全新的时代。今天我们很难完全理解古人对“书”者的崇拜,但从“仓颉造字”说中还可领略一二。《说文·序》:“黄帝之史仓颉见鸟兽蹄迒之迹,知分理之可相别异也,初造书契。”这里说黄帝之史是假托,以“仓颉”表达对造“书”者的崇拜是实情。

何为“苍”?《广雅·释天》:“苍曰灵威仰。”王念孙《疏证》:“薛综注《东京赋》引《河图》云:苍帝神名灵威仰。”

何为“颉”?《山海经·中山经》:“……曰葴山。视水出焉,东南流注于汝水,其中多人鱼,多蛟,多颉。”郭璞注:颉即青狗。何为“青狗”?青狗即青龙。

把“苍”和“颉”结合起来,我们即能看出人们对造“书”者的神化程度了。后代凡能“书”者,都受到了人们的敬仰。这只要想想“敬惜字纸”的

训条即可明白。这一方面表明了人们对“书”的重视,一方面也表明了人们受教育的程度——能“书”者极少,理当物以稀为贵了。随着学校的增设、平民教育的普及,普通百姓能“书”者日益增多。时至今天,不能“书”者已成少数,“书”者当然也就大不如先前特别是远古时代受人敬仰了,但对那些特殊“书”者,如作家、诗人、书法家等,人们还是刮目相看,心中美之。

从“著作”的意义理解“书”字时,“书”字便又唤起了人们心中的另一种美感——爱书、美书。

这又有两种情况:一种是功利性很强的爱书者,他认定“书中自有黄金屋,书中自有千钟粟,书中自有颜如玉”,把读书当成通向他们认为的美好人生的桥梁。这是大多数中国人的读书心理,古代如此,现代亦然。于是古代中国便有“万般皆下品,唯有读书高”的格言,有“和尚洞房花烛夜,秀才金榜题名时”的谑语;现代中国便有每年高考千军万马争过独木桥的奇观。

一种是非功利性的美书者。这又分两种情况,一者或把书当成朋友,或引书为知己,或视书为伴侣,或将书作为净化剂……另一者全凭兴趣,兴之所至,涉之成趣。这在古今的一些大家笔下都有高论,略举一二——

古人黄庭坚说:“人不读书,一日则尘俗生其间,二日则照镜面目可憎,三日则对人语言无味。”“三日不读书,便觉语言无味,面目可憎。”

今人郁达夫说:“书本原是人类思想的结晶,也就是启发人类思想的母胎。它产生了人生存在的意义,它供给了知识饥渴的乳料。世界上的大思想家和大发明家,都从书堆中进去,再从书堆中出来。”(《人与书》)

鲁迅说:“我想,凡嗜好的读书,能够手不释卷的原因也就是这样,他在每一叶每一叶里,都得着深厚的趣味。自然,也可以扩大精神,增加智识的。”(《读书杂谈》)

当然，有美书者，有乐书者，自然就有苦书者。今天最苦于书者莫过于那些为生存而超越的应考者。依他们的本性是根本不愿去碰这样的书的，却又不得不去“用心”读，实在是一种生命的折磨。问题是这样的人在今天的社会已不是少数。悲夫！

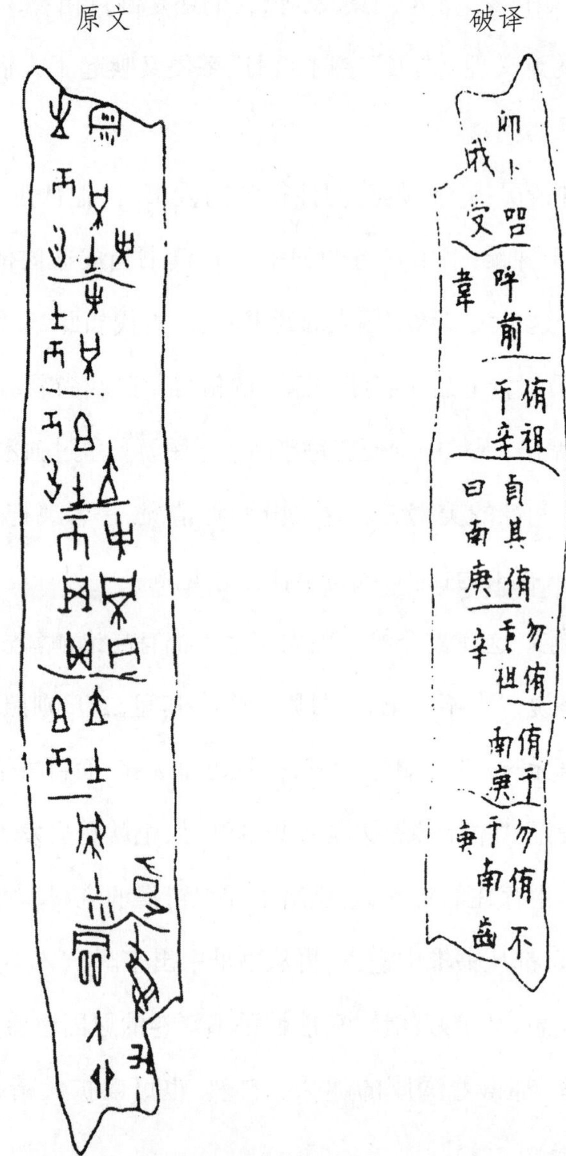

60. 长舒气为“歌”

“想象原始人最初因情感的激荡而发出的如‘啊’‘哦’‘唉’或‘呜呼’‘噫嘻’一类的声音,那便是音乐的萌芽,也是孕而未化的语言……这样界乎音乐与语言之间的一声‘啊——’便是歌的起源。”(闻一多《歌与诗》)

用“哥”字或“歌”字来指称那种“界乎音乐与语言之间”的声音,是造字者对“歌”的理解。《说文》:“哥,声也,从二可,古文以为歌字。”(“可”字的本义是舒气。)“哥”表示一种怎样的“声”呢?应该是一种比“可”更长的舒气声。后来“哥”字失去了它的本义,借用以指称兄,因为“歌”字诞生了。“歌”一般理解为形声字,其实把它理解为“二可一欠”会意也是可以的(“欠”字的甲骨文写作“”,是一个人张大嘴打哈欠的形象,本义是人张口舒气),其本义应该与“哥”同,但能不能理解为比“哥”更长的舒气声呢?很短的舒气为“可”,长一点的舒气为“哥”,更长一点的舒气为“欠”,长时间的舒气就为“歌”了。长时间的舒气带给人的或兴奋或愉悦或满足当是“歌”字给人的第一美感。这也是人们在或兴奋或愉悦或压抑或愤懑时,常常不自觉地发声为歌的最根本的原因。

《尚书·尧》:“诗言志,歌永言。”郑玄注:“诗所以言人之志意也。永,长也,歌又所以长言诗之意。”这里的“歌”已不是原始意义的歌了,而是与诗结合之后配曲的歌了。《诗经·魏风·园有桃》有诗句“心之忧矣,我歌且谣”,《毛诗训诂传》注云:“曲合乐曰歌,徒歌曰谣。”这里的“歌”就是“所以长言诗之意”的“歌”,也应该是今天我们所说的歌曲。

由不自觉地长时间舒气，到合乐而歌，“歌”便进入一个自觉的时代。这一时代应在“哥”字或“歌”字(或者说文字)诞生之前就已到来。《吕氏春秋·古乐篇》载“葛天氏之乐”：“三人操牛尾，投足以歌八阕。”三人(众人)手持牛尾(道具)，脚踏音乐节拍，载歌载舞。这种原始“歌舞”中的“歌”就是“自觉的歌”。文字诞生以后，一些“自觉的歌”词得以代代流传。古代诗歌中的许多作品即是当时人唱的歌词，词、曲中的大多数更是为乐而作。

人们或即兴而歌，或为歌唱而作词作曲。自从有了人类，歌声就开始在人类的上空回荡。可以说，“歌”是伴随着人类的诞生而诞生的。人类所有的精神产品中，“歌”是最早产生的，也是最广泛、最普遍地为人类享用的。诗文不是人人会写的，曲子不是人人会作的，乐器不是人人会演奏的，严格意义上的舞步也不是人人会走的。只有歌，才是人人皆会唱的。有谁不会歌唱？所以，歌在人类的心中有着至高的地位，有着至美的寄托。“歌颂”一词也正说明了这一点：人、事、物，能配“歌颂”的往往也是最美的。

有人的地方就有美妙的歌声飘扬。凯歌、赞歌、战歌、欢歌、狂歌、浩歌、清歌、渔歌、牧歌、大风歌、慷慨高歌……哪个不美？悲歌、长恨歌、四面楚歌也呈现出一种别样的美。

61. 手之“舞”之，足之蹈之

“舞”字是字形与字义结合最完美的汉字之一，特别是行草“舞”字，那简直就是一个活脱脱的亭亭的舞者形象。当然，行草是书法艺术，不可为足证。那我们就看看甲骨文“舞”字——“[illegible]”，非常逼真地展现了人两手持道具（似乎是羽毛）起舞的形象，正是古人“手之舞之，足之蹈之”（《毛诗序》）的摹写。应该说，“舞”字传达出的人们的第一美感就是舞者的快乐。许慎在《说文》中以“乐”释“舞”可谓抓住了“舞”字的本质。当然，若从释义的准确性看，许慎的解释是有问题的。“舞”字的本义应该是指称舞蹈、跳舞。《论语·八佾》中的“八佾舞于庭”、《礼记·明堂位》中的“冕而舞大武”使用的即是“舞”字的本义。

《尔雅·释训》：“舞、号，雩也。”雩是古人为求雨而举行的一种边舞蹈边呼号的祭祀活动。《公羊传·桓公五年》：“大雩者何？旱祭也。”以“雩”释“舞”正反映了古代舞蹈的一个重要内容——求雨。以求雨为内容的舞蹈大概可看作最古老的舞蹈之一。在农业极不发达的时代，天降雨对庄稼具有极其重要的意义。跳舞求雨正是人类自身生存的需要。

古人除了在求雨的祭祀仪式上跳舞外，还在种种祭祀仪式上跳舞。祭祀是先民生活中的重要内容，而舞蹈又在祭祀中扮演着重要的角色，可见舞蹈在先民心中具有怎样的地位了。《吕氏春秋·古乐篇》载“葛天氏之乐”：“三人操牛尾投足以歌八阕：一曰载民，二曰玄鸟，三曰遂草木，四曰奋五谷，五曰敬天常，六曰达帝功，七曰依地德，八曰总万物之极。”舞蹈研究者认为,葛天氏之乐传达的是先民们的原始宗教意识,即对天地、祖先、生殖的崇拜。这也是先民舞蹈最基本的内容。

随着社会的发展,舞蹈的内容逐渐扩展到人能感受到的一切。“情动于中而形于言,言之不足,故嗟叹之,嗟叹之不足,故咏歌之,咏歌之不足,不知手之舞之足之蹈之也。”(《毛诗序》)“情动于中”而不自觉地手舞足蹈,既说明了舞蹈内容已无所不包,又揭示了舞蹈的本质特征——抒情性。这也正是舞蹈美的根本所在。多变的节奏,丰富的韵律,配以流动美好的人体造型,舞蹈便以其强烈的情感冲动,传递着美的信息,不仅撞击着观者的心灵,也撞击着舞者的心灵。观者和舞者都在优美的舞蹈过程中得到净化与升华。“轻歌曼舞”“翩翩起舞”“载歌载舞”“龙飞凤舞”“狮舞”“龙舞”“鱼龙舞”“孔雀舞”……无不如是!

七

『玄』『妙』之间

老子说：『玄之又玄，众妙之门。』也就是说，如漩涡窈然黝然，不见其底，而又永远旋旋相连的『道』，是宇宙万物产生、发展、灭亡的奥妙所在。

天之浩渺、地之无垠，日之光华、月之清辉，山高水长、林深叶茂，风和日丽、风雨交加……是天理之妙；国泰民安、物阜民丰，老有所养、壮有所为、幼有所教，生之辉煌、死之壮丽……是人事之妙。

62. 何以“名”之

名扬天下、名标青史、名垂后世、名不虚传、名列前茅、名重一时、名山大川、名葩异卉、名门望族、名士风流、名公巨卿、大名鼎鼎、功成名就、举世闻名……

这许多的成语足可说明人们对“名”的渴望与追求。试想想,有谁不曾想过名扬天下?“十年寒窗无人问,一举成名天下知。”这更是过去所有读书人的美梦。而事实上,一个人要成为名人并不容易,真正能名满天下的永远只是少数人。这一点其实在“名”字的取象中就已有了暗示。

“名”字的甲骨文写作“”,从夕从口,表示人们晚上碰到时互相之间看不见,需要用口作自我介绍,本义是人名、命名的意思。所以,每个人出生后,父母就要为其取一个“名”(这个“名”叫小名,或称乳名;成人之后再取一个更高雅的“名”,这个名叫大名。大名在社会交际中使用,小名则仅在家庭亲人中使用。一个外人若随便呼别人的小名,那是不允许的)。从“名”字的取象与它所表示的本义我们可以看到,先民们对“名”字的理解是相当深刻的:一个人最初是无人知道的,是被一些什么掩盖着的,若要让人知晓,就得先给别人介绍;一件物品最初是无人知晓的,也是被一些什么掩盖着的,若要让人知晓,就得为其命名。顺着这种理解,我们就可以说,一个人要成为名人,就得把所有挡住别人视线的东西去掉,让别人都注视自己;要做到这一点,就得使自己高大起来,使自己辉煌起来,这样才能吸引别人的视线。但这并非每个人都能做得很好,相反,只有少数特别具有天赋或在某一方面特别具有天赋的人才能做好，所以也就只有少数人才能出名。“名”字的本义是对“名”以及为求“名”而奋斗的充分肯定，它从一个方面传达出了这样一重意义——有名才有价值。这应该是人们渴求“名”的最初的也是最深层的原因。

一般人成不了名人，但每个人都有自己的名分，所以，一般人至少是要计较自己的名分的，人们喜欢说“名不正则言不顺”大概也表明了这一点。“何以名之”的背后隐含的是人们计较名分的深层心理。计较名分，最重要的就是计较自己在社会中所处的地位，也就是计较自己的社会价值。“正名”或说“正名分”，所表达的深层思想就是人对自己的人生意义、人生尊严的维护。从这一角度来说，“名”字蕴含的美意识就是名分，就是人们通过自己的不懈努力而获得的良好名分。

人们如此以“名分”为美，那么用今天的眼光看，“名分”与生命的本质幸福是否有必然的联系呢？

每个人来到世间就成了一个独特的个体。为了区别不同的个体，父母便给这个生命取了一个名字。

随着年龄的增长，这个名字被赋予了越来越多的含义，如父母与社会的期望，期望承担这个名字的生命成为佼佼者，成为优异者，成为更具名誉的人。在这些期望的鼓励下，承担这个名字的生命取得了一个又一个成绩，获得一个又一个荣誉。

当承载这个名字的生命走向社会后，他就可能获得自己理想的职位，具有了某种头衔、地位、身份，拥有了该拥有的财富。

应当说，成绩、荣誉、职位、头衔、地位、身份、财富等等，是一个生命意义的重要表达。比如爱因斯坦，我们说他是20世纪最伟大的科学家。“最伟大的科学家"这一荣誉,也可以说是头衔,是爱因斯坦生命意义的重要表达,表达了他这个独特的生命对人类的意义。人类社会以种种名誉赋予承担某个名字的生命以特别的意义,正是以此来褒扬他给社会做出的特殊贡献。正是无数生命个体做出的无数的特殊贡献,人类社会才不断向前。所以,应当承认,一个人对名声地位财产的追求,是他生命意义追求的重要内容。

但是,名声地位财产对生命而言,并非其本质意义,是其社会意义。生命的本质幸福与名字(名声、地位、财产)没有必然联系。或许用反证法更有说服力。古代绝大多数帝王的名声、地位、财产应当是绝对地超越当世的其他人,但古代帝王有多少人是最幸福的?事实上,他们往往是不幸的,甚至可以说是最不幸的。

所以,往往是那些没有名声、地位、财产的生命的相互扶持、相互担当、相互倾听、相互倾诉给人类以最幸福的启示:纯然的、去除了势利包裹的生命的相遇与相知、相通,是关于生命的最幸福的故事。

说到名分,最后是不能不提中国古代的名家的。先民们创造了"名"字,但真正从学理意义上为名"正名"的是春秋至战国时代那些被称之为"名家"的人。这些人专门研究与"名"有关的学术问题,着重名词概念的辨析,对我国古代逻辑学和思想方法论的发展做出了重大贡献。名家的理论活动,促使了人类思想认识的大深化。这是人类文明史最值得引人注目的现象之一。伍非百在《中国古名家言·总序》中说:名家中的"名理"派"是研究所谓'极微要眇'之理论的,如辩论'天地之终始,风雨雷霆之故','万物之所生恶起'及'时、所''宇宙''有穷、无穷'……'火不热'等问题。这一派是中国最早的自然科学理论家"。(《中国古名家言》)人们都崇拜名家,但不要忘了中国古代真正的"名家"。

63. "玄"妙之门

今天,人们一般只把"玄"字与玄妙、玄虚、玄乎等几个词连起来,《现代汉语词典》中"玄"字下面的词条也只有十几条。而古人对"玄"字却特别珍爱,这从《词源》中"玄"字下面有200多个词条即可见一斑。

古人对"玄"的珍爱当从老子始。他在《道德经》中不仅反复使用了"玄"字,还赋予了"玄"字非常深刻的内涵。"玄之又玄,众妙之门"(第一章),"玄牝之门,是谓天地根"(第六章),"修除玄监(鉴),能毋有疵乎","生之、畜之,生而不有,为而不恃,长而不宰。是谓玄德"(第十章),"古之善为士者,微妙玄通,深不可识"(第十五章),"挫其锐,解其纷,和其光,同其尘,是谓玄同"(第五十六章)。至汉代,扬雄作《太玄》,人们誉之为"太玄经",宋司马光为其作《太玄序》,作《说玄》《读玄》,极力推崇之。至魏晋,玄学产生。玄学以老庄思想解释儒家经典,影响延至隋唐。

何为"玄"? 历代学者见仁见智,但一般都以"道"字释"玄"字,即把"玄"理解为形而上的本体,这大体是不错的。那么"玄"字为何能理解为"道"字呢? 也就是说,"玄"字与道家的"道"有何联系呢?

据庞朴《说"玄"》,"玄"字的本义是漩涡,这从"泫"(表示水滴下垂)、"玄冥"(水神名)、"玄天"(北方属水,所以北方之天称玄天)等字、词中还能得到印证。漩涡因为深窈,所以引申出幽远义;因为无光而色暗,所以又引申出赤黑义;再由此生发开去,慢慢就又有了微妙、深奥义。又因为一切事物的存在都有其奥妙,或谓之道,所以"玄"字就又有了指称"道"的功能。这是从词义的引申来看。另外,我们还可以从古人对水的理解方面来看。水流而产生漩涡,小漩涡能卷动水上的物体,大漩涡能吞没水上的物体。古人不懂流体力学知识,以为漩涡能吞没物体是有神助,或者把漩涡本身视为神,便对漩涡顶礼膜拜。再伴以"水者何也,万物之本原也"(《管子·水地》)的水本论思想,人们自然就把漩涡想象为万物出入之门了。所以,有尚水习俗的楚人老子在《老子·道经》总纲中下了这样的结语:"玄之又玄,众妙之门。"也就是说,如漩涡窈然黝然、不见其底,而又永远旋旋相连的"道",是宇宙万物产生、发展、灭亡的奥妙所在。这样,我们就不难理解,老子的"玄"之为"道",原来最初是世界万物皆出于水、入于水的水本论的反映。

最值得重视的一个词是"说'玄'"。一般意义上的"说'玄'"是说一些自己感兴趣的事情,它的基础是说的人有某种共同的爱好与兴趣,兴之所至无所不说。而哲学意义上的"说'玄'"则专指魏晋时期的"玄学"。

若从审美意识的角度看,古人珍爱"玄"字,将"玄"视为"妙"之门,总的说来体现的是一种探索宇宙万事万物奥妙的求索精神,是人们对"道"的崇尚,是对微妙、奥妙、深奥、神妙的崇尚。当然各家因对"道"的理解不同,其所美的侧重点自然有所不同。老子尚水,所以他的"玄"、他的"道",更多的就体现了其以水为美的意识。这也是《老子》一书中一再盛赞水德、强调柔弱胜刚强的原因。老子说:"上善若水。水善,利万物而不争,居众人之所恶,故几于道矣。"(第八章)意思是说:最高的善像水一样。水的善,是有利于万物生长,却不和万物竞高下、争短长。它总是安身在众人都不愿去的低洼之处。所以它的这种品格就是差不多接近"道"了。老子还说:"天下莫柔弱于水,而攻坚强者莫之能胜,以其无以易之也。"(第七十八章)意思是说:天下万物没有比水更柔弱的,然而攻击坚强的东西没有能胜过它的,这是一个无法改变的事实。

64. “妙”境

很佩服教语文的刘老师。同学们在一起议论她时常用一个“妙”字：写文章生花妙笔，讲课文连珠妙语，课下与同学们玩横生妙趣。当得知同学们在背后用“妙”字夸她时，她好不得意地在班上讲起了“妙”字：你们看，一位袅娜多姿的“少”“女”向你走来，那就是“妙”。一番“妙”论引得全班掌声雷动。遇上这样一个语文老师，让其他班级的同学妒忌得要命。

自己当上语文老师后，也就很自觉地去追求那种“‘妙’之境界”。久而久之，对“妙”字也就有了一种特殊的感觉，总觉得“妙”是一个灵气飞动而又有点神秘莫测的字。

南宋的严羽在《沧浪诗话·诗辨》中说：“大抵禅道惟在妙悟，诗道亦在妙悟。”“悟”本身就难以言说，再在它的前面加一个“妙”字，就更叫人只可意会甚至难以意会了。

严羽的好朋友戴复古在《论诗十绝》中说：“欲参诗律似参禅，妙趣不由文字传，个里稍关心有悟，发为言句自超然。”“趣”本身就是叫人意味盎然的事，再以“妙”字修饰，就更富有韵致了。

清代的王士祯说：优秀的诗作，“其妙谛微言，与世尊拈花，迦叶微笑，等无差别，通其解者，可语上乘”。(《蚕尾续文》)“谛”是佛家语，是真实不虚的意思，诗家引入后又赋予了一层意义，即诗的真义，再用“妙”字规定，其风采就更显迷人了。

明人谢榛说：“诗有天机，待时而发，触物而成”，“非悟无以入其妙”。

(《四溟诗话》)在谢榛看来,由悟入妙是成诗的秘诀,妙是诗的最高审美标准。

诗人陆游谈诗文的写作也有这方面的名言:“文章本天成,妙手偶得之。”(《剑南诗稿·文章》)言下之意是,非妙无以成诗,非妙无以成文,非妙无以成真正的诗文作家。

诗评家和诗人笔下的“妙”字,似乎是指诗文作者因灵感的闪现而达到的最高审美境界。正因为如此,“‘妙’之境界”就非常人所能达到,也就常令人心向往之。

事实上不仅吟诗作文有“‘妙’之境界”,万事万物都有。天之浩渺、地之无垠,日之光华、月之清辉,山高水长、林深叶茂,风和日丽、风雨交加……是天理之妙;国泰民安、物阜民丰,老有所养、壮有所为、幼有所教,生之辉煌、死之壮丽……是人事之妙。

“‘妙’之境界”,有的彰显,谁都能觉察到;有的隐蔽,所以就产生了无数不屈的探求者。人类就是在不断探索世界的奥妙中前行。因此,每当出现一次重大发现时人们总会欢欣鼓舞。汉语以“妙”字来形容万事万物的生成、发展、消亡的神奇、深微的原因,实在是大智大慧的体现。想那第一位使用“妙”字的先民,肯定是一位不懈的探求者。他在探索中得到了满足,所以心情异常舒畅,就像眼前走来了一位姣好的少女。这或许就是以“少”“女”会意而成“妙”字的原因。

明白了“‘妙’之境界”的奥妙,也就明白了走进“‘妙’之境界”的奥妙——做一个不懈的探求者。我猜想,不,我相信,刘老师能把语文教师当得其“妙”无比,“妙”就“妙”在这里吧。

65. “永”远有多远

“永”字的甲骨文写作“[illegible]”，像水流曲折的样子，基本义是水流长。《诗经·周南·汉广》：“江水永矣，不可方思。”这里“永”字的意义就是其基本义。以水流曲折的样子来指称水流长实在是美妙极了。随便在什么地方，当我们闭上眼睛，想象一下一直向前延伸的蜿蜒曲折的河流，最好是河流两边还有碧绿的庄稼、若隐若现的村落以及不时引吭而歌的农人，我们就没有任何力量拒绝“永”字带给我们的诱惑了，我们就会相信“永”字就是一首绝妙的赞歌，就是《长江之歌》《黄河之歌》。或者，想象一下“君住长江头，我住长江尾。日日思君不见君，共饮长江水”的情境，我们就能深深体会到“永”字的无穷魅力，它简直就是那条历经十几个省市蜿蜒曲折的长江。我们还可以由此想到与水流长有关的名言：“子在川上曰：‘逝者如斯夫，不舍昼夜。’”（《论语·子罕》）“尔曹身与名俱灭，不废江河万古流。”（杜甫《戏为六绝句》）“黄河之水天上来，奔流到海不复回。”（李白《将进酒》）不过，这些名言表述的已不是水流长的意思，而是从水流长、长流水中看到了如水流长、长流水的时间之永远、时间之永久。

从“永”字蕴含的全部意义看，由水流长引申而来的时间长是其最主要的义项，也正是这一义项，使“永”字在汉字中有了不可替代的地位。汉字中，用以表示时间长的有不少，如“长”“久”“远”“悠”“漫”等，但“永”字是“最高级”，它不仅涵盖了其他所有表时间的字，而且由它做语素构成的一些词如“永世”“永劫”“永恒”等词中的“永”字是不可替代的。从这些词语中，我们似乎还能感受到创造这些词语时，人们对时间的茫然与执著。一方面是无始无终、不可穷尽，一方面又不可替代，这也许就是“永”字最大的诱惑所在？“永”远有多远？似乎也有了答案：如果设一个参照点，那就是一个比喻——像大江的水流一样不会停止；如果从纯理性的角度回答，那就是一个你的想象也抵达不到的时间。

由水流长看到时间之长，再由时间之长看到一切事物之长，“永”字就被人们赋予了非常深广的意义。于是，凡是人们祈求它长久存在下去的东西，人们都用“永”字来表述：“永世”“永生”“永逸”“永福”……这样，“永”字的意义实质上就体现了人们的一种永久期待，而这种期待绝大多数又是美好的愿望。让我们看看封建时代一些皇帝的年号——永元、永平、永弘、永安、永光、永初、永定、永昌、永明、永和、永始、永建、永贞、永泰、永淳、永清、永康、永隆、永顺、永宁、永嘉、永熙、永兴、永乐……这些年号较集中地体现了“永”字所蕴含的一个民族的心理期待。

66. “红”遍中国

“万绿丛中一点红”，这一俗语以“万绿”衬“一点红”，使“红”字风流尽显。想第一次使用这一俗语的人，一定是一位爱红如命的人。

“落日作筵红可餐”，这一诗句以奇特的想象、新奇的比喻写落日之美景，令人击节。细细品味，诗美全由作者无比热爱的一个“红”字传出。

“映日荷花别样红”，这一诗句写得直白而又诗意盎然，正是平淡中见绚烂。绚烂来自哪里？来自“别样红”。

“日出江花红胜火”，这一诗句以“火”写“红”，以江花红写朝阳红，充满勃勃生机。生机来自哪里？来自朝阳，更来自火一样的“红”。

……

“红”字，在汉民族心中是一个常能唤起美感的字，它常给人以热烈、堂皇、华丽、繁荣的美好感受。《说文》：“红，帛赤白色也。”就是说，“红”字的本义是指浅红色的丝织品。《论语 · 乡党》：“红紫不以为亵服。”即是说浅红色的丝织品和紫颜色的丝织品不做家居时的便服。这就告诉我们，“红”（浅红色的丝织品）在古代是很贵重、很受人尊崇的。正因为这样，“红”字慢慢有了“赤”字的意义。先民们所说的“赤”就是我们现代汉语中的“红”。“赤”字在甲骨文中就已出现，写作“[illegible]”，是大火会意，本义即是红色（火色）。所以，今天“赤”“红”在很多情况下是同义词，可以互换。因为心色、早晨的太阳色与火色同，所以心色和太阳色也被认为是赤色，如说赤胆忠心、赤日炎炎。初民崇尚火与太阳（参见《“火”光冲天》《又“日”

新》),自然就崇尚赤色。这样,“红”有了“赤”的意义后,就更加受人尊崇了,其审美价值也就更大了。人们不仅以具体的红色为美,还常常在一些人、事、物之前冠以“红”字,以表达对那些人、事、物的美好感受。如以“红妆”说女子的盛妆或借指美女:“阿姊闻妹来,当户理红妆”(《木兰诗》),“素手青条上,红妆白日鲜”(李白《子夜吴歌》),“只恐夜深花睡去,故烧高烛照红妆”(苏轼《海棠》);以“红泪”说女子的眼泪:“应恨客程归未得,绿窗红泪冷涓涓”(李郢《为妻作生日寄意》);以“红袖”说艳妆女子:“红袖拥门独持烛,劳改今夜宴华堂”(韩偓《边上看猎赠元戎》);以“红颜”说美女:“恸哭六军皆缟素,冲冠一怒为红颜”(吴伟业《圆圆曲》);以“红楼”说华美的楼房:“东风已绿瀛洲草,紫殿红楼觉春好”(李白《侍从宜春苑奉诏赋》),“长安春色本无主,古来尽属红楼女”(韦庄《长安春》)……

上述是传统意义上的“红”字给人带来的种种美感。进入20世纪,伴随着中国红色革命的步步胜利,“红”字在人们意识中的审美价值又进一步扩大。“红”字不仅可给人一切传统意义上的美感,而且可唤起人们产生一种更崇高的理想美,因为它被赋予了一重崭新的意义——象征进步和革命。当我们面对鲜艳的五星红旗时,心底会油然升起一种自豪感,因为它是新中国的象征、是民族的象征。今天,“红”字更顺理成章地被引入名与利两大领域:如说“大红人”“大红大紫”,如说“全线飘红”“一红到底”等。从个人生活到民族尚好再到国家政治、经济、军事,从物质到精神,“红”字几乎可以说是一个覆盖中国、写遍中国的字。

67. “白”有两极

历代诗人中,对“白”字的热爱恐怕要以李白为最了。这样说不仅是因为李白名白,字太白,更是因为他在诗作色调的选择上,最喜欢白色,且以“白”字写出了不少名句。“白云处处长随君”,“白云堪卧君早归”,是以“白云”写“君”之高洁;“白露垂珠滴秋月”,“玉阶生白露,夜久侵罗袜”,是以“白露”言无瑕纯情;“素手青条上,红妆白日鲜”,以“白日”写“红妆”,红妆也鲜;“白玉一杯酒,绿杨三月时”,“白玉”“绿杨”相辉映,纯洁的友谊溢于言表;“请以双白璧,买君双白鹇。白鹇白如锦,白雪耻容颜”,四句二十字连用五个“白”字,纤尘不染……由此可见,“白”字在李白的诗中确是一个高频字。正是高频率地使用“白”字,李白的诗多有诗意高洁、诗情率真、诗心磊落之作。所以有人说,这是磊落之人写磊落之诗,磊落之诗意由磊落之文字传出。也就是说,李白喜欢“白”字,是“白”字具有李白所需要的表情达意功能——传达高洁、率真、磊落等诸多美好情感的功能。

“白”字何以有如此功能?“白”字的甲骨文写作“θ”,但对其字形及本义的理解人们有不同意见。朱骏声以为像太阳初生发出微光,本义表示东方发白,日光。康殷以为像一粒白色的米或米饭,本义表示白色。不管是哪种理解,都可感受到“白”字最初传达给人们的美,只不过前者偏重于精神(心理)感受,后者偏重于物质(生理)感受。若从先民们造字的取象规律——“由近及远、由实到虚”,和人们对美的感受规律——“由生理而心理”来分析,说“白”字取象于白色的米或米饭似乎更合理些。若此说成

立,我们就可以进一步说,"白"字最初给先民们带来的美感,是白色米粒或米饭引起的味觉美感。随着时间的推移,"白"字传达的美感慢慢由味觉转移到视觉,"白"字便成了"白色"的专用字了。于是白而美的月亮称为"皎",白而美的皮肤称为"皙",白而美的须发称为"皤",白而美的牙齿称为"皓齿",白而美的霜雪称为"皑",白而美的水称为"泉"……总之,在多数情况下,"白"字几乎就是美的代名词了。

但白色又是汉民族传统丧服的颜色。丧服选白色,是表示对死者的最真挚、最纯洁的悼念。由此,"白"字又增添了一层重要内容——表达悲、惨、愁的感情。进入审美意识,"白"字便又有了传达悲凉美的功能。比李白晚些时候的李贺也常以"白"字入诗,但他创造的是一种悲凉的意境,传达的是惨切、凄婉的情怀。"老兔寒蟾泣天色,云楼半开壁斜白","蕃甲锁蛇鳞,马嘶青冢白","葛衣断碎赵城秋,吟诗一夜东方白",这些诗句显然与前述李白的诗句大异其趣,是与李白完全不同的美学追求。顺着这一方向,到曹雪芹《红楼梦》结局的"白茫茫一片真干净","白"字美学的另一极真正建立起来了。

68. 女儿“绿”

与“红”字最初不是指红色相同,“绿”字最初也不是指绿色,而是指浅绿色的丝织品。《说文》:“绿,帛青黄色也。从糸。录声。”但在古人心中,“绿”并不像“红”那样尊贵,“红紫不以为亵服”,而“绿衣”却被认为是祭服中的卑下者。扬雄《法言·吾子》:“绿衣三百,色如之何矣?”李轨注:“色杂不可入宗庙。”

“绿”字受到人们的喜爱,主要是它后来专指的绿色与春天的颜色相同,看到“绿”字就让人想起春天。“春风又绿江南岸”“映阶碧草自春色”“春来江水绿如蓝”“瑶草一何碧,春入武陵溪”,都是以“绿”写春的名句,都展示了春天那活泼泼的生命色彩——绿色。一年之计在于春,春天总给人带来无限的希望。所以,春天的色彩——绿色,也就成了希望的色彩。

草木翠绿是生,草木枯黄是死。由此,“绿”字又被人们赋予了表达生命、生命力的功能。人们在抒写“绿”的时候,常常是在抒写活泼泼的生命,赞美生命的活力。“瞻彼淇奥,绿竹猗猗”,“千里莺啼绿映红,水村山郭酒旗风”,“扬芬紫烟上,垂彩绿云中”,像这样的以“绿”字入诗,以“绿”字展现生机的诗句,可以说是举不胜举。现代作家朱自清以《绿》为题的那篇著名的白话美文,则把“绿”字孕育、蕴含的生命美感推向了极致。“这平铺着,厚积着的绿,着实可爱。她松松的皱缬着,像少妇拖着的裙幅;她轻轻的摆弄着,像跳动的初恋的处女的心;她滑滑的明亮着,像涂了‘明油’一般,有鸡蛋清那样软,那样嫩,令人想着所曾触过的最嫩的皮肤;她又不杂

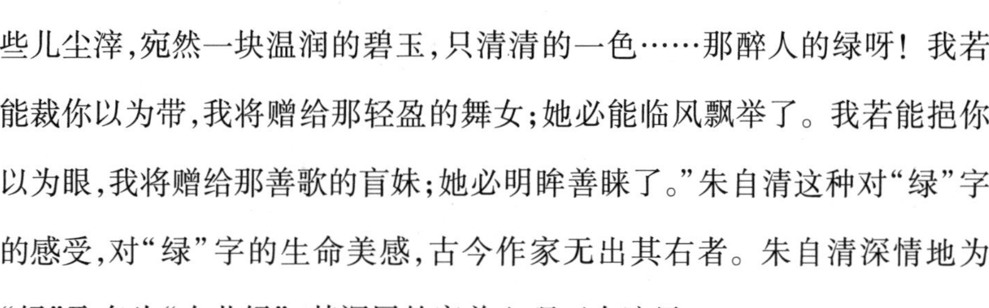

些儿尘滓,宛然一块温润的碧玉,只清清的一色……那醉人的绿呀!我若能裁你以为带,我将赠给那轻盈的舞女;她必能临风飘举了。我若能挹你以为眼,我将赠给那善歌的盲妹;她必明眸善睐了。"朱自清这种对"绿"字的感受,对"绿"字的生命美感,古今作家无出其右者。朱自清深情地为"绿"取名为"女儿绿",其深层的审美心理正在这里。

在以男性为中心的社会中,男性的潜意识里有一种固有的观念——女性在某些方面可以唤起男性的生命力。这样,象征生命力的"绿"字就常常与女性美联结起来了。"宋家宫样髻,一片绿云斜"(白居易《和春深》),"绿云扰扰,梳晓鬟也"(杜牧《阿房宫赋》),是以"绿云"写美女乌黑的头发;"记得绿罗裙,处处怜芳草"(牛希济《生查子》),是以"绿罗裙"借代美女(情人)。

69. “高”高在上

“人往高处走”，这一俗语突出地反映了人对“高处”的心理趋向，它表明“高”是人永不停息地追求的目标，是永远树在前方的诱惑。

甲骨文“高”字写作“[illegible]”，字形像高高的台、观。生活中可以作为“高”字取象的物体不少，先民们为何独以“高高的台观”作为“高”字的取象？这里正反映了古人的价值取向和审美情趣。

最初的台是指高而平的建筑物，一般供眺望或游观，如瞭望台、亭台楼阁的台。后来凡是像台的物体也称台，如舞台、主席台。人们在这些台上活动的时候，总给人一种高高在上的感觉。特别是最初能在台上活动的人，总是那些有权有势有钱者。这样，台与其他水平位置的物体相比就有了几个特点：(1) 它是人们特意修筑供登高或游观用的；(2) 它最初是供特权阶层使用的；(3) 在上述两点的基础上，台在人们心中产生了一种效应——令人望而生羡，又令人望而生畏。观与台的区别在于，台为四方形，观不必四方，其性质与台相同。“高”字取象台、观，正是因为台、观具有这些特质。由这些特质，我们可以窥到“高”字的最初意义——高而尊者、高而畏者谓之高。《尔雅·释诂》：“乔、嵩、崇，高也。”《说文》：“高，崇也。”“高”“崇”互训，正是这一意义的体现。

高人、高义、高论、高足、高才、高尚、高雅、高寿、高风亮节、高不可攀、高朋满座、高亭大榭、高头大马、高城深池、高官厚禄、高冠博带、高门大族、高耸入云、高文典册、志当存高远、高处不胜寒……有关“高”字的语汇从不同的角度表明了人们对“高”的崇尚心理,但仔细分析一下,我们也可清楚地看到,对“高”字表示的客观意义——由下至上和由上至下的大距离的崇尚不多,更多的是对人的某一突出方面的称颂。这就表明,“高”字蕴含的美意识或者说“高”字传达的美意识多是社会美、社会伦理美。《孟子 · 尽心上》:“公孙丑曰:‘道则高矣,美矣。’”《列女传 · 贞顺传》:“汉孝文皇帝高其义,贵其信,美其行。”《列女传 · 节义传》:“王美其义,高其行。”这些引例中的“高”与“美”互文互训,“高”字可直解为“美”。

语言发展到今天,“高”字的含义也得到了丰富。“高科技”“高速度”“高效率”等成了频率极高的语汇。这些“高”字头语汇表达了人们一个共同的心理趋向——对极致的追求。这正是现代社会人们普遍的审美心理的反映。有句俗语:再高高不过天。还有句俗语:心比天高。今天的人们正以比天高的心在不断地发展自己,以期达到极致。所以,“高”字在今天人的心中更多了一重极致美。

70. “厚”道

厚道、忠厚用以称颂人，厚实、丰厚、厚重用以称颂事或物。能称之为厚的人、事、物总给人一种愉悦感，给人一种美感。

“厚”美在哪里？

“厚”字从厂，厂里面是亨的反写，是“厚”字的声符。甲骨文“厂”字像山崖，“厚”字从厂，是表示山陵之厚、地厚的意思。想先民造“厚”字时，面对厚厚的山陵一定非常激动。说山之高，是从山的高度来看的；说山之大，是从山的面积来看的；说山之厚是从山给人的质感来说的。古人并不知道山有多厚，但他们分明感受到了山除高之美、大之美之外，更有厚之美。高、大等字并非从山取象，而“厚”字却是从山取象的。这说明古人认识山之美是从“厚”字开始的。所以，“厚”字传达的第一感受当是人们对山之厚的赞叹。

由山之上下距离大引申为一切有厚度的事物，于是“厚”字被人们赋予了非常广泛的意义。与“厚”字本义最近的是深、重、大，如说厚望、厚礼、深情厚谊。《战国策·秦一》：“大王又并军而致与战，非能厚胜之也。”高诱注：“厚，大也。”与“厚”字本义稍远一点的是富有，如说家底殷厚等。《韩非子·有度》：“毁国之厚以利其家，臣不谓智。”这样，“厚”字就非常广泛地体现了人们对充盈、充实的人、事、物的美感态度。

“厚”被意为美，这在古人的许多言论中都得到了体现。《诗经·泮水》有“烝烝皇皇”句，毛亨注：“烝烝，厚也；皇皇，美也。”王肃释为：“言其

德厚美也。”《列子 · 杨朱》中将“丰厚、美服、厚味、姣色”相提并论。《说苑 · 政理》中说:“其为鱼薄而不美……其为鱼也,博而厚味。”

因为厚美,所以“厚”字又有了优待、推崇的意思。厚待、厚爱、厚葬、厚遇、厚此薄彼等词语中的“厚”字即是这种意义,很好地表达了人们对厚的喜爱、喜好。当然,厚美也不是绝对的(正像薄丑不是绝对的一样,薄有时也表现为美,如说薄若蝉翼时,薄即是美)。厚有时也被认为是丑,如厚脸皮、厚颜无耻。

71. 出神入“化”

鲁迅先生说：汉字有“三美”，“意美以感心，一也；音美以感耳，二也；形美以感目，三也”。(《汉文学史纲要·自文字至文章》)从“三美”的角度看，“化”字是非常典型的。

施正宇《汉字的故事》中说：“化”字的“古文字形是一正一倒的两个人的形象。变化之大莫过于颠倒，所以用人形正倒来表示变化的意思”。朱芳圃《殷周文字释丛》里说：“化象人一正一倒之形。”《国语·晋语》：“胜败若化。”韦昭注：“化，言转化无常也。”先民们以人的一正一倒来表示变化之意，至少传达了下面几重信息：变化之大莫过于颠倒；变化之大莫过于人的颠倒；人的颠倒体现正反关系。由此，我们即可感受到“化”字所蕴含的丰富而深厚的哲理美：化为乌有，化为泡影，化险为夷，化干戈为玉帛，化腐朽为神奇……“化”字体现的是事物的矛盾法则；感化，教化，风化，文化……“化”字体现的是事物的联系法则；造化，化生，化育，现代化，一体化……“化”字体现的是事物的生成法则；融化，消化，化解……“化”字体现的是事物的消亡法则。此消彼长，彼消此长；化此为彼，化彼为此。这就是“化”字传达给我们的第一感受。

“化”字取人一正一倒之象，字形的具体与表意的抽象构成了“化”字形体独特的意象美。从楷化后的笔画看，以晋卫夫人笔阵图的比喻说，“化”字的撇“如陆断犀象”，竖“如万岁枯藤”，竖弯钩“如百钧弩发”；从字形结构看，“化”字动中取静，静中取动，用蔡邕《笔阵图》的比喻说，就是

"若坐若行,若飞若动";从符号意义看,"化"字所激发的是人有关一切事物变化的种种联想。看到这一符号,人们眼前就会呈现出种种关于"化"的意象,由此及彼,妙趣横生。

"化"字的读音响亮中带一种沉涩。唯其响亮,才朗朗上口;因为沉涩,才显仪态万端。(现代汉语中与"化"同音的大多数字都有这一特点,如"划"字、如"画"字、如"话"字。)

意美、形美、音美,"化"字无所不美。或许用"出神入化"一词来总说"化"字给人的种种美感最为恰当。

72. “哲”是聪明的“最高级”

在西方,美学起初是被包容在哲学中的,至 1750 年德国哲学家鲍姆嘉通出版《美学》第一卷,美学才从哲学中走出来,成为一门有着专门研究对象的独立学科。但从美学研究看,美学独立之前不用说,就是独立之后它也依然与哲学有着极为密切的联系,有时甚至很难说清人们是在谈美学还是在谈哲学。比如丹纳的《艺术哲学》,即是“对某些艺术鼎盛时期的描述,某种程度上又是一种对于他所探究的历史时期作富于哲理性的概括”(《世界名著鉴赏大辞典》),所以书名也给人一种美学与哲学水乳交融的感觉。在西方,哲与美始终是联系在一起的。

在中国,虽然哲学不是传统学科,而是后来从西方引进的;虽然美学也不是传统的学科,也是后来从西方引进的,但哲与美的思考并不比西方晚,且有着自己独特的思维方式和文化类型。这里就“哲”字与美意识作一点探讨。

“哲”字本作“悊”,因“心”与“口”义相通,后写作“哲”,本义是聪明、智慧。《尔雅·释言》:“哲,智也。”《方言》:“哲,知也。齐宋之间谓之哲。”《尚书·皋陶谟》:“知人则智。”《诗经·大雅·瞻卬》:“哲夫成城,哲妇倾城。”意思是说,足智多谋的男人建成国家,足智多谋的女人败坏国家。这里的“哲”字使用的是基本义。汉语中用来指称聪明的有“知”“智”“慧”“敏”“睿”等字。“哲”字是指称聪明的“最高级”,它不是指称一般的聪明者,而是指称那些大智大慧者,指称那些大思想者、大圣贤。所以,“哲”字

就在不断使用过程中形成了一种叫人们仰视的精神，并围绕这种精神形成了一圈又一圈迷人的光环，闪烁在历史的长空。这样，"哲"字就总是使人们产生无限敬仰与无比自豪的感觉，带给人们自信、自强、自尊的信念。《诗经·小雅·鸿雁》："维此哲人，谓我劬劳。"《诗经·大雅·下武》："下武维周，世有哲王。"张彦远《历代名画记》卷一："洎乎南北，哲匠间出。"这些诗文句子中所称的"哲人""哲王""哲匠"，无不给人以"哲"字的震撼力。

当然，西方哲学、美学观念引进后，汉字"哲"字的内容更加丰富了，其蕴含的美意识也随之更丰富了。尤值一提的是，"哲"字和"理"字构成了一个崭新的名词——"哲理"，被人们用来指称那些关于宇宙和人生的原理（任何人说出或写出了富于哲理的文字，总会受到人们的称赞，因为人们喜欢那些充满哲理的文字）。"哲理"一词被人们广泛使用，这一方面表明人们对"哲理"的喜爱，另一方面也更好地证明了"哲"字在人们心中的地位和美好形象。

73. “流”动的哲理

川流不息、大河奔流、行云流水……这些词语总带给人们无限的美感。美感来自哪里？很大程度是来自那个“流”字。

“流”大篆写作“[illegible]”，左中右结构，两边各一水字，中间是楷化后“流”字的右边部分，意思是突突，三部分会意而成“水突突地流动”的意思。由此我们可知道，“流”字最初所指并非是水的一切动态或一切水的动态，而仅仅指“水突突流动的形式”或“突突流动的水的形式”，即是今天所说的“奔流”“激流”“主流”。“大河奔流”的“流”使用的应是“流”字的本义。若此说成立，我们就可以说，“流”字蕴含的第一美感当是突突而动的流水给人带来的激动与赞叹。《诗经·大雅·常武》赞叹王师行军“如川之流”，浩浩荡荡，势不可挡，其诗美的产生就是根源于喻体（川之流）给人带来的美感经验。

由本义扩展、引申，“流”字又有了许多义项，其蕴含的美意识也更加丰富起来。今天我们品味“流”字，总觉得它异常轻盈又异常沉重，既活泼又严肃。

高山流水、淙淙流水、落花流水、婉约流利、流觞曲水，以及“践椒涂之郁烈，步蘅薄而流芳”（曹植《洛神赋》），“望余帷而延视兮，若流波之将澜”（宋玉《神女赋》），“明月照高楼，流光正徘徊”（曹植《七哀诗》），“含喜微笑，窃视流眄”（宋玉《登徒子好色赋》），“凌大波而流风兮，托彭咸之所居”（屈原《九章·悲回风》），“吸青云之流霞兮，饮若木之露英”（扬雄《甘泉

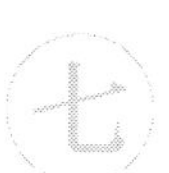

赋》),“积彩明书帐,流韵绕琴台”(骆宾王《寓居洛滨对雪忆谢二》),“端庄杂流丽,刚健含婀娜”(苏轼《和子由论书》),“夷门二月柳条色,流莺数声泪沾臆”(高适《别杨山人》)……这些词语或诗句以“流”为基本语素形成的意象,给人以或清新或恬淡或飘逸或轻灵或柔蜜的感受,把人带入一种轻松、活泼、恬美的境界。

流亡、流布、流刑、流放、流血、流毒、流浪、流徙、流落、流窜、流弊、寒流、逆流、流民、流氓、流金铄石、流水无情、流言蜚语、流离失所……“流”字展示的另一面有谁能轻松以对?面对上述任何一个词语,谁都无法不沉重起来。以“流放”为例即可见一斑。对“流放”一词的感受,当然只有被流放者才能说得真切,但非流放者的感叹有时也会是很有理的。余秋雨在《流放者的土地》一文中的感叹就很真实:“任何人都有可能一夜之间与这里(指黑龙江省宁安县宁古塔,清代流放犯人的地方)产生终身性的联结,而到了这里,财产、功名、荣誉、学识,乃至整个身家性命都会堕入漆黑的深渊,几乎不大可能再泅得出来。”正是因为什么人都有可能“堕入漆黑的深渊”,“流放”一词就显得异常沉重;也正因为如此,被流放者大多留下了异常沉重的诗章。韩愈被流放至潮州途中写的《左迁至蓝关示侄孙湘》诗很有代表性:

一封朝奏九重天,夕贬潮阳路八千。欲为圣朝除弊事,肯将衰朽惜残年。云横秦岭家何在?雪拥蓝关马不前。知汝远来应有意,好收吾骨瘴江边。

好像还没有人编著这方面的诗文集,想若编一部《中国流放文学史》,

将是一项非常有意义的工程。

今天品味“流”字也并非都是非此即彼的感觉，它有时也体现出中庸美，比如说“流程”“流逝”“流行”“流水作业”等。由此我们又能体会到，一个“流”字实质上揭示了一个最朴素、又最深刻的道理——世界“流”（动）是绝对的，不“流”（静）是相对的。我们闭上眼睛想一下，万事万物，有谁不在“流”（动）。“流”字最终展现的是哲理美。

74. “长”(cháng)久地生“长”(zhǎng)

恐怕明代大书画家徐渭对“长”字的体会最深。据说,山海关外孟姜女庙和四川长文县朝云庙的那两副名联均出自他之手。前者是“海水朝朝朝朝朝朝朝落,浮云长长长长长长长消”,后者是“朝云朝朝朝朝朝朝朝退,长水长长长长长长长流”。两副对联共用了15个“朝”字和15个“长”字。面对这样的对联,人们不仅要惊叹作者的巧妙构思,还会为其所展示的意境美叫绝。

“长”字甲骨文写作“”,像长着长发、拄着拐杖的老人,表示“长老”的意思。今天我们已把这一意义扩大到“年纪大”“辈分高”“排行最大”等方面,如说“年长”“师长”“长兄”等。不难看出,“长”字的本义体现的是人们对长者的敬重和认同。

因为长老活的时间很长,于是长老之“长”又被引申为长久之“长”的意思,被引申为生长之“长”的意思。无论是长老、长久,还是生长,其中的“长”字都表达了人们的一种期待,期待“长”(zhǎng),期待“长”(cháng)。这样“长”字就寄托了人们较为丰富的美意识。

能生长的东西都具有生命力,生命力越强生长越旺、越长久。“长”字所传达的第一美感正是人们对具有长久生命力的生命的赞美。老寿星(长老)得人敬重,不仅表现了人们的羡慕心理,希望也能像老寿星一样长命百岁,更表现了人们对具有顽强、长久生命力的生命的深深敬意。

长(zhǎng)是生命的特征。长(zhǎng)就意味着活力,意味着希望。

所以，大人总盼望小孩子快快长大，希望小孩子长大成人。所以，农人希望庄稼成长，牧人希望牲畜成长。所以，人们都希望自己所希望的一切能成长。这里体现了人们对“长”字的又一美感——对活泼泼的生命的赞美。

长(cháng)表示两端之间距离大，兼指时间和空间。指时间多表达人们对时间的慨叹，如说“长夜”“长眠”“历史长河”等；指空间多表达人们对修长物体的赞叹，如说“长风”“长江”“长城”“长征”“长林丰草”“长袖善舞”等。至于用来对人的姿态、才能、品质、见识或言行等进行评价，“长”就等同于“美”字了。这在许多文献中可以找到例证。《国语·楚语上》：“而使长鬣之士相焉。”韦昭注：“长鬣，美须髯也。”《图画见闻录》卷四：“采撷诸家之美，揉诸家之长。”《颜氏家训·涉务》：“人性有长短，岂责具美于六涂哉？”《人物志·材能》：“凡偏材之人，皆一味之美。”我们说某人有哪些长处，其实就是说他有哪些优点、美处。

对“长”字蕴含的美意识做了一些了解后，再回过头来看看徐渭的两副对联，我们就能感到，那 15 个“长”字不仅有“长”(zhǎng)之美，有“长”(cháng)之美，它们与那特定的时空联系在一起时更有了历史的沧桑美，更有了时间的永恒美，因而也书写了徐渭对“‘长’久在生‘长’”的特殊感悟。

75. “朝”(zhāo)与“朝”(cháo)

朝阳、朝日、朝晖、朝霞……“朝”字总给人朝气蓬勃、充满生机之感。“朝”字所以具有如此功能,全在于它表示了一天最美好的时段——清晨。“朝”字的甲骨文写作“[illegible]”,由两木一日一月构成,表示下弦月时日方出、月尚可见的清晨景象,是早晨的意思。“朝辞白帝彩云间”,“画栋朝飞南浦云”,“两情若是久长时,又岂在朝朝暮暮”,这些诗句中的“朝”字都是早晨的意思。但汉字中表达早晨的字有好几个(《尔雅·释诂》:“朝、旦、夙、晨、晙,早也”),为何诗人们独爱用“朝”字?这里不能仅仅看成是一个习惯问题,因为习惯的形成也有它的形成原因。“旦”“夙”“晙”三字读仄声,“晨”字虽读阳平,但不仅不如“朝”字响亮,且出现远比“朝”字晚。这样,有关清晨的美感,人们便大多赋予了“朝”字,“朝”字便承担起了艰巨的任重道远的担子。于是,我们便在古今作家的笔下看到“朝”字的无比美丽,在男女老少的嘴里感到“朝”字的活泼可爱。

“朝”字有两个读音,表示上述意思时读(zhāo),它还有一个读音——(cháo)。读(cháo)的时候,它的最初意义是访人,无论见君王、父母,还是朋友,都可称为“朝”。“孟子将朝王”(《孟子·公孙丑下》),指臣朝见君;“项羽晨朝上将军宋义”(《史记·项羽本纪》),指僚属谒见长官;“男女未冠笄者……昧爽而朝”(《礼记·内则》),指子女问候父母;“临邛令缪为恭敬,日往朝相如”(《史记·司马相如传》),指探访朋友。

为何表示清晨的“朝”(zhāo)又可表示“朝(cháo)见”的意思呢?古

代没有“潮”字，而用“朝”字替代。《管子·轻重乙》：“天下之朝夕可定乎?”郭沫若注：“朝夕犹言潮汐，喻言起伏。”“朝”“潮”当属古今字。而古人朝见人多在早上，多在潮起时，所以这种行动就被称为“朝”了。《白虎通·朝聘》：“朝者，见也。……因用朝时见，故谓之朝。”后来慢慢地“朝见”多用于君而少用于甚至不用于其他地方了，臣朝见君的地方就被称之为朝廷了。一般朝廷的更换即是君主的更换，所以一代君主又被称之为一朝君主……这样，“朝”(cháo)字因为表达的意思多与朝廷、君主有关，所以它在人们的心中又多了一重厚重的功利色彩和沉重的威压感受。

封建时代，居官者有谁不以做朝官、穿朝服、每日朝见君主为最高目标？普通百姓有谁不对做朝官、穿朝服、朝见君主者敬而羡之？而另一方面，“伴君如伴虎”的俗语，又正好印证了那个“朝”(cháo)字下面的万斤重压。我们从这里也好像看到了那些居朝官者终日惴惴不安、如临深渊、如履薄冰的艰难。所以人们一般也不敢轻言“朝”字，正是“我欲乘风归去，又恐琼楼玉宇，高处不胜寒”。

76. 此"禅"(chán)非彼"禅"(shàn)

"禅"字最初专指帝王祀地。《大戴礼·保传》:"封泰山而禅梁父。"就是说(帝王)在泰山祭天,在(山南的)梁父山祀地。古人"为国以礼",把祭祀看作治国的大事。《周礼》把吉礼、凶礼、军礼、宾礼、嘉礼总称为"五礼","五礼"之首就是祭祀之礼。而祭祀之礼中祭天祀地之礼又为最大。在古人看来,天地赐给了人间万物,所以应以大礼进行回报。特别是当社会呈现隆盛景象时,他们就认为这是天地之大德,应给以最隆重的大礼来报答。这样,"封泰山而禅梁父"现象就产生了。如司马迁《史记·封禅书》所言:"每世之隆,则封禅答焉。""禅"字的这一基本义给人的最初感受当是庄严、神圣的,它体现了人类对天地无限感激与崇敬的感情。但由于后来帝王好大喜功,把封禅作为自己治理天下卓有成效的见证而炫耀于天下,不仅劳民伤财,更失去了封禅的真诚,使"禅"字成了高高悬在神坛上的一种政治游戏。

而真正赋予"禅"字以丰富美学内涵的是后来禅宗的贡献。不过此"禅"(chán)非彼"禅"(shàn)。禅宗之"禅"(chán)为何要借用封禅之"禅"(shàn)字来指称?"禅"字从示单声。示者,神也。"禅"(shàn)是祭祀地神,参"禅"(chán)是不是也与神祇有密切关系?另外,封禅之"禅"(shàn)与禅宗之"禅"(chán)都有一个共同的境界——诚。这也是由"禅"(shàn)而"禅"(chán)的一个重要原因?自从禅宗思想在中国流行以后,"禅"字就慢慢渗透到了中国文化的各个方面。"在中国文艺理论史上，如果没有援禅入诗的活动，中国诗歌的创作和理论，将会是另一种样子。”（季羡林《作诗与参禅》）事实上不独文学如此，建筑、雕塑、书法、绘画，甚至人们的生活方式，都可以说是如此。这样，就可以说，随着禅的渗透，中国文化充满了禅的气味和芳香。

首先，“悟”成了古典美学的一个重要命题。“悟”本是禅宗的重要概念，本义是心解神领。文艺理论家借用“悟”来说明、诠释文艺创作活动的一些现象后，“悟”便进入了审美领域。严羽《沧浪诗话》：“大抵禅道唯在妙悟，诗道亦在妙悟。”戴复古《论诗十绝》：“欲参诗律似参禅，妙趣不由文字传。个里稍关心有悟，发为言句自超然。”

其次，因为追求“悟”，文艺作品中的“言外之象、韵外之致、味外之旨”就成了人们津津乐道的妙境。影响所及，“只可意会，不可言传”就成了中国人审美情趣中的一个显著特征。这不仅体现在文艺创作和审美中，还体现在平常生活中。我们每个人可能都有这样的经验，与朋友交谈最得意或曰最痛快时，就是在那“此中有真意，欲辩已忘言”之时。

再次，中国文化中固有的老庄思想与禅（chán）一拍即合，使亲近自然、妙造自然，诗情画意、借景成趣，含蓄微妙、空灵隽永，舒心适意、悠闲恬淡等成了人们生活中更加自觉的追求旨向。这一点在中国园林建筑中体现得最为充分。

八

『吉』『忧』之间

人类在发展壮大过程中，经历了无数劫难，经历了无数天灾人祸，而人祸中又以战争最为残酷，所以，人们从战争的偃旗息鼓引出了『吉』的概念，并造出了『吉』字以指代这一概念——把兵器放在箱子里收藏起来，没有战争，没有灾祸，没有凶事，吉祥、吉利。

『忧』字从心，尤声，本义是心动。儒家倡导的『忧』是居安思危的理性精神，所谓安而不忘危，存而不忘亡，治而不忘乱，得而不忘丧。这种不忘危、亡、乱、丧的理性精神，用一个比喻说就是『如临深渊，如履薄冰』。这种『忧』是深知自己肩上的责任后，力求克服种种困难，力求实现既定目标的精神动力，所以孟子说：『君子有终身之忧。』

77. "吉"是把兵器放在箱子里收藏起来

"吉"是一个会意字,甲骨文作"[illegible]",上部像兵器,下部像箱、柜、筐等方形容器,表示把兵器放在箱子里收藏起来,没有战争,没有危险,没有灾祸,没有凶事,吉祥、吉利。从字义的演变角度看,在无以计数的汉字中,"吉"字是一个非常特殊的字——从诞生到现在,几千年间它的意义并没有发生什么变化。可以说,先民们造"吉"字时表示什么意思,现在还是什么意思。这种特殊性给了我们一种什么启示?

人类对"吉"的忠诚护卫。人类在发展壮大过程中,经历了无数劫难,经历了无数天灾人祸,而人祸中又以战争最为残酷,所以,人们从战争的偃旗息鼓引出了吉的概念,并造出了"吉"字以指代这一概念。看《周书·武顺》的解释:"礼义顺祥曰吉。"这里的"吉"字就是善、利的意思。由战争再扩展到生活的方方面面,"吉"字就得到了人们全方位的关注,也留在了人们的视野所能及的地方。人们仿佛要在每一个地方都留住渴望中的吉祥。

黄道吉日,是人们关注最多的一点。虽然今天的人们已不很注重这一点了,但古人对此却有着特别的兴趣。人们考虑行事是否顺利,黄道吉日是其中一个重要的因素。甲骨文记载最多的就是人们用占卜的方式选择黄道吉日——占卜学的重要内容就是如何选择黄道吉日。可以说,人们对吉日的挑选,在很大程度上促进了占卜学的诞生。如果这种说法成立的话,那么我们就可以说,很大程度上是"吉"字在支配着人们的行动朝着最有希望、最美的地方行进。"吉日庚午,既差我马。"(《诗经·小雅·吉日》）“令月吉日，始加元服。”（《仪礼·士冠礼》）是否吉日确实是古人行事首先考虑的一个重要内容。今天，人们在选择大喜庆典的日子时虽不像古人那样考究，但也要讲个二六八九之类的。

吉星高照，万事大吉，是人们最大的心愿。《易经·系辞上》：“吉，无不利。”一切顺利，一切如意，一切美善；即使有什么不利因素也能化害为利，即使有什么危难也能转危为安，即使有什么天灾人祸也能逢凶化吉。对大吉大利的渴求，既体现了人们对自身行事的美好祝愿，更反映了人们征服世界的信心和信念。

吉人天相、吉祥止止，是人们的又一心愿。古人称善人、贤人为吉人，以为吉人自有上苍保佑，一切自然大吉，如元方回诗所言：“释怒恩须报，天终相吉人。”《庄子·人间世》有“虚室生白，吉祥止止”句，晋郭象注：“夫吉祥之所集者，至虚至静也。”庄子所说的不断出现的喜庆好事当与一般人所言不同，但心愿却是相同的。确实，吉庆好事不断出现的殷殷诱惑是谁也不可抗拒的，即使逍遥如庄子也不例外。

78. 幸“福”在哪里

福星、禄星、寿星，是中国人普遍崇尚的三星；福星高照，是中国人人人所企盼的。不仅如此，中国人对多数由“福”字构成的词汇也情有独钟。幸福、享福、造福、求福、福地、福分、福将、福气、福相、福音、福如东海、福至心灵、福寿康宁、福寿双全……这些词语常常出现在人们的口头或书面语中，有些还是专门的祝福用语（而祝福又是中国人祝贺时最常见的也是最不可缺少的内容）。这表明中国人一种重要的生活态度——人生的目的很大程度上是求得幸福，从而也表明了以福为美、以福事为美事是中国人的一种普遍心理。当然，因时代不同，人们对幸福的理解也有所不同，“福”字蕴含的美意识自然就有所区别。

“福”字的甲骨文字形是“[illegible]”。罗振玉说：“‘[illegible]’，像两手奉尊于示前。”（《增订殷墟书契考释》）其本义是用酒肉祭神求福。从“福”字的取象及本义中我们可以感到，在先民们的心中，福来自神的赐予，对福的美感就是对酒与神的美感。它反映了先民们的事神意识，表明了当时（神话时代）人类对酒与神的崇拜。

有人认为“福”字的右边是“一、口、田”，表示一个人有一块田就可获得幸福。这种理解虽然不符合“福”字的实际构造，属望文生义，但它代表了土地时代的一种观念——有田就有福，有土地就有福。确实，从西周的分封制开始，土地对人似乎就有了生杀予夺的力量。一个人有了土地，就有了一切；失去了土地，就失去了一切。这样，人们把“福”同田土联系起来就很自然了。这时,人们对“福”字的美感实际上就是对田土的美感。

也有人认为“福”字右边的一口田是“人皆有其田”,这其实是人们把自己的“均田制”思想或者说是“天下大同”思想强加给了“福”字,它体现的是人们的一种美好愿望。当然,封建时代人们对“福”字的感受也还有其他的内容。比如“五福”说,以“寿、富、康宁、好德、善终”为福。再比如说:“有功夫读书谓之福,有学问著述谓之福,无是非到耳谓之福,有多闻直谅之友谓之福。”(张潮《幽梦影》)但这又似乎都要有田土作为生存的基础。

进入现代,人们对“福”字的感受就很复杂了,恐怕凡有思想的人都会有自己的幸福观。或许还有传统的神赐福思想存在,但肯定绝大多数人不会把神与福等同起来了。人们更相信自我,相信自己的双手,相信自己的劳动。工人用双手生产产品,农民用双手播种粮食,园丁用双手培育幼苗,画家用双手描绘人生……女人说得到一个男人的爱就是幸福,男人说能娶一个称心如意的妻子就是幸福;孩子说有妈的孩子幸福享不了,老人说得到孩子的孝敬最幸福……或许用《幸福在哪里》的一句歌词大概能说明相当一部分人的幸福观——“幸福在劳动中。”但进入知识经济时代,人们的幸福观又有了进一步的发展。没有知识是没有出息的,掌握知识成了人们获取幸福的一个重要前提。因此,人们更相信自己的头脑,相信知识的价值。这对以前片面强调勤劳就能获得幸福的说法是一个挑战,或者说是一种修正。

79. "和"是?"和"非?

对"和"字本义的理解主要有两种说法:一说"和"字从口禾声,本义是答应、附和、声音相应;一说"和"字从口禾声,但这里的"口"并非人之口,而是代表酒器,即调酒、温酒的酒器,"和"字的本义是指和酒的酒器,借用于和谐之和。和谐之"和"本作"龢"。"龢"字本是指排箫之类的乐器,因这类乐器的音需要调和,所以"龢"字又有了调和、和谐的意义。和酒之器用于调和酒,所以也引申为调和。这样就"和""龢"相通,因"龢"字书写繁难,"和"字就慢慢代替了"龢"字。比较两种说法,后一种说法更合理,因从种种情况看,"和"字的答应、附和义是较晚的引申义。

当然,无论对"和"字的本义作何种理解,都不会影响人们对"和为美"的感受。无论是应和还是调和,都是一种和谐。而以中和、和谐为美是中国传统美学的核心内容。《书经·虞书·舜典》中的"八音克谐,无相夺伦,神人以和"可能是关于"和为美"的最早记述。西周末期史伯提出"和实生物,同则不继"的命题,进一步发展了"和为美"的思想。他在阐述"和实生物"时提出"声一无听,物一无文",认为美是多样之"和"的结果。(见《国语·郑语》)春秋时齐国人晏婴在论述"和为美"时,特别对音乐美进行了探讨,提出了关于音乐美的十对范畴:清浊、大小、短长、疾徐、哀乐、刚柔、迟速、高下、出入、周疏,以为只有处理好这些矛盾,做到"济其不及,以泄其过","以相济也",即协调平和,才能创作出美的音乐。至孔子时,关于"和为美"的思想走向成熟。孔子说:"中庸之为德也,其至矣乎!"(《论语·雍也》)有子说:“礼之用,和为贵。先王之道斯为美,小大由之。”(《论语·学而》)(意思是说:礼的应用,贵在用得恰到好处。以前的圣明君主治理国家,在这一点上就做得很好,无论大事小事都做得很恰当。)“尧说:‘咨!尔舜!天之历数在尔躬。允执其中。’”(《论语·尧曰》)(大意是:尧禅位给舜时说:“啧!舜呀!按照上天的意志,帝位该由你来继承了。你要诚实地执守中正之道。”)孔子说:“过犹不及。”(《论语·先进》)从个人道德修养,到礼的贯彻,到天下的治理,都讲一个“和”字,讲一个“中”字,因为“过犹不及”。孔子虽未直接论及中和,但他在评《诗经·关雎》时说:“乐而不淫,哀而不伤。”显然,这是中和原则的体现。言下之意,《关雎》美就美在中和。这就是中国诗教温柔敦厚的滥觞。

这种“和为美”的美学思想对中国人的影响是极大的。它最初从人与世界的关系出发,强调人与世界的和谐。如《国语·周语》所说:“气无滞阴,亦无散阳。阴阳序次,风雨时至,嘉生繁祉,人民和利,物备而乐成……于是乎道之以中德,咏之以中音,德音不愆,以合神人,神以是宁,民是以听。”再如《国语·楚语上》所说:“夫美也者,上下、内外、小大、远近皆无害焉,故曰美。”后来儒家强调人与礼、与宗法社会的和谐,道家强调人与天、与宇宙自然的和谐。二者都强调人去顺应环境,在顺应中感受人生之美。作为文学艺术,理当也在这样的人生感受中发生。所以,在强调和谐的美学原则下,失去主体的人创作了失去主体的文学艺术,失去了主体的文学艺术又反过来影响着失去了主体的人。这样,人在文学艺术中追求“无我之境”,文学艺术又反过来使人更加沉静下去,沉静下去的人又创作出具有更纯净的“无我之境”的作品来。如此循环往复,永不停息。这样,中国人就在“和”字之中不断沉溺下去,“和”字也就渗入中国人的每一个细胞中,侵入到了中国人的骨髓中。这应该是我们珍爱“和”字,常讲“以和为贵”的最深层的原因。这样,中国人文精神中的忧乐圆融的特点非常突出也就毫不为怪了,源远流长、光华灿烂的中国文学艺术却没有真正意义上的崇高与悲剧特质的原因也就非常明了了。“和为美”,是耶?非耶?

其实,在中国传统思想中,是有“和而不同”之说的。晏子就曾指出:“君所谓可,而有否焉,臣献其否,以成其可;君所谓否,而有可焉,臣献其可,以去其否。”晏子认为真正的好臣子会对君主的意见进行分析,然后敢献其“否”与“可”,使其得到完善。臣子敢于坚持自己的原则,表达自己的意见,君主不拒绝不同意见并勇于采纳有益的建议,这才叫作“和”,否则只能叫作“同”。孔子也曾说:“君子和而不同,小人同而不和。”可惜,后来朝着“同而不和”的方向走了,于是“和为美”逐步演变为“同为美”了,于是我们少了个性,甚至失去了个性。

80. “打”遍天下

汉字中表示动作的字,恐怕“打”字是用得最广泛的一个了。表示真枪实棒动拳头动脚的时候自不必说,许多未必“打”的时候却也毫不含糊地“打”了起来——不说“玩”而说“打”:如打牌、打麻将、打篮球、打排球;不说“制作”而说“打”:如打桌子、打椅子、打沙发、打锄头、打镰刀……家具、农具都可以说“打”;不说“挖”而说“打”:如打井、打洞、打孔;不说“买”而说“打”:如打酱油、打醋、打饭、打菜;不说“招”而说“打”:如“打的”;还有许多与手没有直接关系的动作或活动也叫“打”:打躬、打听、打探、打量、打赌、打盹、打颤、打哆嗦、打瞌睡、打喷嚏、打饱嗝、打哈哈、打官司、打秋风、打招呼、打折扣、打小算盘、打马虎眼、打心眼里高兴……甚至情趣也可以“打”:如打趣、打情骂俏、打是亲骂是爱;还有那些不好翻译的外来词也干脆叫“打”:如打字机、打字员、打电话、打电报、打电脑、打手机等。

“打”字因其使用范围极广,频率极高,早已被人称之为“万能动词”;又因为什么都可以“打”,有人不满意它的语意含混,便称之为“混蛋字”。不管说“打”字万能,还是说“打”字混蛋,都说明人们爱用“打”字,几乎到了无所不用的地步。人们为何如此这般喜爱“打”字?

“打”字的本义是“拷击”,如打钟、打鼓等词用的即是这一本义,后来慢慢引申出“殴打”这一常用义。由“殴打”再发展下去就无所不用了。分析“打”字的义项,除却“殴打”一项,其他义项似乎都可以找出更准确、更明晰的替代字或词。人们不愿使用替代字或词,是因为用“打”字痛快。

中华自古号称礼仪之邦。特别是在儒家思想成了主流思想后,以"克己复礼"为总纲,要求百姓"非礼勿视,非礼勿听,非礼勿言,非礼勿动"(《论语·颜渊》),一切都循规蹈矩。在这种以使人丢失自我为代价的礼法制度下,百姓身处被控制的地位,一般都不能明目张胆地有所不满、有所为。于是百姓就把心中的怨愤发泄到所能发泄的地方,如编童谣、民歌即是。笔者以为"打"字的广泛使用,正是反映了百姓的手脚被捆绑住后的那种"打遍天下无敌手"的心理满足,正像现实生活中的人都爱品读《水浒传》中鲁智深三拳打死镇关西一类的精彩而虚幻的描写一样,图的就是那种痛快淋漓的心理满足。所以说:"打"字尽管常常用来表示不友好的行动,它的整体义项却体现了人们对"打"字的美感态度。人们正是通过无所不用的"打"字来表达那种现实中永不可实现的美梦——大打出手,打遍天下。当然,人们在使用"打"字时未必能意识到这一些,特别是"打"字的义项约定俗成以后。这也正说明了"打"字蕴含的美意识已高度浓缩和非常隐蔽,是一种集体无意识。

81. “修”炼

说到“修”与美，人们可能会想起女性修长身材的婀娜多姿，想起茂林修竹的宁静幽远，想起“路曼曼其修远”的不舍追求。除了这些，还能想起什么呢？

修身美。应该说这是“修”字蕴含的最初的美意识。先民造“修”字，以洗礼涤罪的巫术仪式为象，写成“[古文字]”（与“攸”字同形），左边是侧立的人形，中间表示水从人背上往下流，右边是手拿枝条击打的形状。三者会意，表示洗涤人体，消除不祥，使其新生，这就是“修”字的本义。王羲之《兰亭集序》中有“暮春之初，会于会稽山阴之兰亭，修禊事也”之句，其中“修禊”的“修”使用的即是本义。从这一本义引申下来，“修”字很快获得了凭自己的修省消除身上非人性的东西而达到真正人的境界的意思。此时，“修”字所传递的信息是对人内在美的不懈追求。这在很多经典中都有体现——“修己以安人”，“修己以敬”（《论语·宪问》），“修身也，尊贤也”，“修身则道立”（《礼记·中庸》），“修身践言，谓之善行。行修言道，礼之质也”（《礼记·曲礼上》），“修其身而天下平”（《孟子·尽心下》），“修道之谓教”（《礼记·中庸》），“纷吾既有此内美兮，又重之以修能”（屈原《离骚》）……这些句子从“修己”“修身”“修道”“修能”“修名”等多方面表明人们寄予了“修”字种种美意识。

修饰美。当人们在“攸”字的右边下部加上“彡”（羽毛）后，“攸”字就变成了“修”字。“攸”“修”变成了异构字，“攸”字一般不再具有表示“修”

字义项的功能,“修”字就多了一重“修饰”的义项。《说文》:“修,饰也。”(许慎的解释并不错,但不是“修”字的本义。)用“彡”(羽毛)来修饰、装饰衣物,打扮自己,“修”的行动就是追求美的行动。楚辞有“美要眇兮宜修”(《九歌·湘君》),“今修饰而窥镜兮,后尚可以窜藏”(《九辩》),“退将修吾初服”(《离骚》)等诗句,都非常真诚地表达了诗人对美的追求。《后汉书·顺帝纪》:“起西苑,修饰宫殿。”《梁书·武帝纪下》:“修饰国学,增广生员。”这些句子记述的“修”的行动,也表明了施事者想使事物臻于完美或更加美观的意图。

修辞美。为使语言更加恰当地表达说话或写作意图,人们不断地创造、使用各种方法,把语言不断地推向完美境界,是为修辞。很难设想,如果没有各种修辞手段,今天我们读到的文学作品会是什么样子。可以毫不夸张地说,没有修辞,就没有语言艺术。没有语言艺术,哪来文学作品。自古论述修辞意义者甚多,至元代王构撰《修辞鉴衡》,对修辞的意义做了一次全面总结。近人黄侃在《文心雕龙札记》中说:“文有饰词,可以传难言之意;文有饰词,可以省不急之文;文有饰词,可以摹难传之状;文有饰词,可以得言外之情。”黄侃的话尽管是针对夸张而言,却也适合一切修辞。不用说,修辞在写作者或辩论家那里是无比美妙的。

因为“修”字表达的是人们对美的追求,所以在一些地方也可直接训为美或善。张衡《思玄赋》有“伊中情之信修兮”之句,李善引旧注:“修,善也。”屈原《离骚》有“老冉冉其将至兮,恐修名之不立”之句,其中“修名”即“盛美的名声”。

所有的动词中,恐怕只有“修”具有这种功能:其表现的每一次行动都在向完美靠近。

82. 养“育”

“育”字的甲骨文是个会意字(与“毓”字属同一字),写作“[illegible]”,上部是“女”字,指称生育的母亲;下部是“子”字的倒文,指称刚出生的孩子,上下合起来表示生育。小篆“育”字大概是因简化的需要变成了形声字,上部是“子”字的倒文,表意;下部是“肉”字,表声。“育”字楷化后,上部的“子”字倒文讹变成现在所见的样子。应该说,几千年间“育”字的字形变化并没有多大(当然,相对于“人”“大”“天”等基本的汉字来说,还是有一些变化的),即使是今天,我们依然能从“育”字的字形上看出它的基本义来。从“育”字的取象(母亲生育图)、基本义(生育)以及它的结构流变,我们可以感到,先民们对人类的生育、繁衍是非常重视,甚至可以说是非常崇拜的。

毋需多论,一幅母亲生育图就足以让人们感动。由此我们可以说,“育”字蕴含的第一感受当是对母亲生育的礼赞。确实,人类对母亲生育是充满万分感激与崇敬的。不要说母系氏族时期女性享有崇高地位与绝对权威了,即使在女性地位最低的封建时代,在人们的心目中,母亲的形象也从来是高大的。一个最重要的原因就是母亲生育了人类。俗语“娘生爹养”正说明了这样一个既浅显又深刻的道理。

母亲生育了人类,同时也抚育了人类,于是“育”字又多了一重意义——抚养,如说养育、哺育、培育等。这样,“育”字蕴含的美意识也就随之丰富了——对母亲辛勤养育的感激与歌唱。《诗经·小雅·蓼莪》:“拊我畜我,长我育我。”又《大雅·生民》:“载生载育,时维后稷。”表达的正是这一心情。“慈母手中线，游子身上衣。临行密密缝，意恐迟迟归。谁言寸草心，报得三春晖。”孟郊的《游子吟》最好地表达了人类想报答母亲养育之恩又无法报答母亲之爱于万一的心声。

由母亲生育、养育儿女，引申为指称培养新生一代准备从事社会生活的一切活动，或用道理说服人使其照着规则、要求等去做的行为，“育”字又有了一个非常宽泛且最为常用的含义——教育，今天所说的德育、智育、体育、美育等都有这一层面的意义。这样，“育”字就又蕴含了一重人类竭尽全力爱护、关怀、培育下一代的无私奉献的美。孟子的人生“三乐”很有名，其中第三乐就是“得天下英才而教育之”，这正是古人对“育”字蕴含的这一重美意识的典型体认。今天，人们把教师誉为“太阳底下最光辉的职业”，把教育的兴盛看成国家的兴盛，也是这一道理。

由育人再引申为养育、培育一切生命、一切于人有用的事物，“育”字的使用范围就更广泛了，其蕴含的美意识也更丰富了。人们说“天地化育万物”是对天地之德的歌唱，说“钟灵毓秀”是对地母之德的歌唱，说“十年树木”是对园丁之德的歌唱，说“君子以果行育德”是对高尚之人自我完善的歌唱……

83. 讨说“法”

今天我们从“法”字获取的美感多从法则、法度、标准、方法、法术等方面而来。比如面对四时之更迭、草木之枯荣、万物之消长，人们无不慨叹自然法则的伟大；比如面对人类自己的种种杰作，无论是艺术品还是非艺术品，人们总会为其深中法度而显得巧妙无比而发出不断的赞叹；比如面对一套天衣无缝的标准体系，面对一套科学实用的操作方法，人们的喜悦之情就会油然而生；比如面对一位法术无边的神异之人，谁不露出几分向往与敬畏？

但人们似乎从“法”字最重要的含义之一——法律方面，却很难获取美感。提到法，人们就想起刑，甚至想起那些让人畏惧的种种酷刑。而事实上，“法”字在法律方面的含义最初是与德、善联系在一起的。据人类学家研究，原始的道德律就是古代人最初的法观念。中国古代法观念就是沿着这条路子走下来的，所以形成了中国特殊的法——礼法。它“不仅是古人所说的礼仪法度，还是可以禁乱止争的礼防；此外又不仅是礼防，还是道德化的法律，法律化的道德，是法律与道德合而为一的混合物”。（梁治平《礼法文化》）这样，中国古代法律的实质就成了赏善惩恶的依据。这从“法”字的取象也可得到印证。金文出现了“法”字，写作“灋”，简化后省略了“廌”。《说文》：“灋，刑也，平之如水，从水；廌，所以觸不直者；去之，从去。法，今文省。”“法”字省去的“廌”，是传说中的独角兽。《论衡·是应篇》：“皋陶治狱，其罪疑者令羊触之，有罪则触，无罪则不触。盖天生一角圣兽,助狱为验。"这种神判法的治狱方式,正说明了"法"字取象于"廌"的意义——法就是直、正直,去恶留善。"法"字的这一基本义与"德"字的基本义相同。"德"字的甲骨文写作"[illegible]",从彳,从直,即走正道的意思。(今天我们说有德行者是"走正道",应该说是保留了"德"字的最初意义。)古代中国社会的礼法,其根本目的就是通过赏善惩恶,而促使每一个人都"走正道",即达到"德"的境界。这样,礼法合一,礼德合一,法德合一,法德礼三位一体,法便与礼、德一样,具有了厚民俗、变民风的重要作用,具有了使每一个人都遵从围绕道德伦常建立起来的一套道德秩序的作用。换言之,法的实质问题,即人们建立美好社会的问题。"法"字所蕴含的人们的深层意识中,建立理想化的社会——大同世界,是其重要的也是其最初的内容。

但阶级社会是不可能消灭"私"字的,这就注定了中国古代法理想是不可能真正实现的,所以中国古代法慢慢走向另一面——刑,用刑来灭人私欲。《释名·释曲艺》:"法,逼也。人莫不欲从其志,逼正使有所喜也。"《管子·心术》:"杀戮禁诛谓之法。"《盐铁论·诏圣》:"法者,刑罚也,所以禁强暴也。"这样,"法"字就变成了一个让人人闻之而生畏的字眼。时至今日,我们许多人不是还以"法"为惧吗?

其实,如前所述,"法"字蕴含的人们的深层意识,最初的一个最重要的内容就是建立理想化的社会——大同世界。同样,现代法概念也是让人非常激动的,它至少包含有这几层意思:权利、义务、公平、正义。一个人人享有自己应有的权利、人人尽到自己应尽的义务,公平合理、充满正义的现代法制社会,不正是我们全力建设的理想社会吗?值得庆幸的是,现代中国人已有不少人敢于、善于使用"法"字了,并在"法"字中品尝到了甜美的味道,开始感受到了"法"字的美。可以说,哪一天全体中国人都乐于说"法"

且善于说“法”时，一个真正的现代法制社会就在中国诞生了。若从这个意义上分析，今天常用的“说法”这个词的意义是可以更加丰富的，它不仅可用来指一种措辞、一种解释、一种观点、一种意见，更可以用来指人们敢于用法、善于用法。现在的“讨说法”正在向这个意义靠近，但还没有突破。我们期待这一天的早日到来。

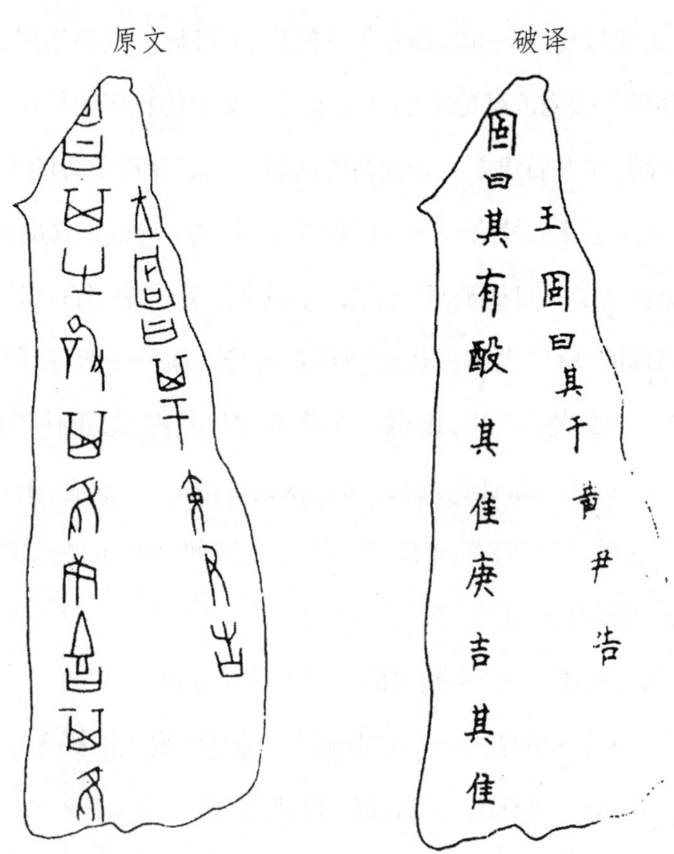

84. "忧"者不惧

我们经常用"无忧无虑"来夸赞某人快乐与幸福,活得自在得意。确实,人生总有许多烦恼与忧愁,能"无忧无虑"当然是值得羡慕的。但也有相对的说法:"人无远虑,必有近忧。""人生不满百,常怀千岁忧。""生于忧患,死于安乐。"可见,忧虑也不全是坏事情,从某种意义上说,它甚至比"无忧无虑"更有价值,所以"忧"字自古就受到人们的重视,特别是受到了儒家的重视。儒家从"忧"字中看到了人生必具的重要一面,又从这重要的一面中看到了人格、精神或曰人格美、精神美。

"忧"字从心,尤声,本义是心动。为何心动? 遇到愁苦、忧虑。今天的人们都会遇到愁苦、忧虑,因而不会有人对"忧"字感到陌生。但儒家讲的"忧"是一种非常强烈的自觉意识,是一种思考现实并企图改变现实的理性精神。大概在夏商之际,"忧"的概念已经产生。《商书 · 盘庚》记述盘庚决定迁都时对百姓的训辞中使用了"忧"字:"汝不忧朕心之攸困,乃咸大不宣乃心。"(意思是说,你们不以我内心所困为忧虑,不能息息相通,休戚相关。)但"忧"作为一种普遍的忧患意识的产生,还是在孔子及孔子之后。不过这种意识一旦产生,其意义就非同小可了。可以说,儒家所谓的人格美很大一部分就是从"忧"中产生的。

儒家将忧分为两类:一是因困难挫折而致的忧,一是欲实现理想而生的忧。前者是常人心中的忧。对待这种忧,儒家称许"乐以忘忧"的态度和精神。"贤哉,回也! 一箪食,一瓢饮,在陋巷。人不堪其忧,回也不改其乐。贤哉,回也!”(《论语·雍也》)在儒家看来,身居困难处境时,乐天知命,持达观态度,临危不惧,履险如夷,才是真正的“仁者”“君子”。所以儒家说,“仁者不忧”,“君子不忧不惧”。

儒家真正倡导的“忧”是居安思危的理性精神,所谓安而不忘危,存而不忘亡,治而不忘乱,得而不忘丧。这种不忘危亡乱丧的理性精神,用一个比喻说就是“如临深渊,如履薄冰”。这种忧是深知自己肩上的责任后,力求克服种种困难,实现既定目标的精神动力,所以孟子说:“君子有终身之忧。”

在这种忧患意识的熏陶下,中国历代的知识精英有不少都具有一种悲天悯人的情怀,他们总是殷殷如也、切切如也、钦钦如也、慑慑如也,长年如临深渊、如履薄冰,每日三省,不敢有丝毫懈怠。至宋代的范仲淹,就唱出了“居庙堂之高,则忧其民;处江湖之远,则忧其君”,“先天下之忧而忧”的雄迈激越的歌声。这一歌声既是儒家“以天下为己任”的仁德精神的重要体现和总括,也是中国知识精英崇高的人格美的体现和总结。

九

『雅』『韵』之间

享受清静
从容雅致
气韵生动
性洁静以端理
含至德之和平
仍人生之真境界

85. 三“清”

在一般情况下,可称为“清”的也就是美的。由于汉语中以“清”字为基本语素的词语太多,这里选取三对有代表性的词择要而述之,概括为“三‘清’”。

先看与“浊”相对的“清”,这是“清”字的本义,即水清澈、清纯。“溱与洧,浏其清矣。”(《诗经·郑风·秦洧》)“沧浪之水清兮,可以濯我缨;沧浪之水浊兮,可以濯我足。”(《孟子·离娄上》)这些句子中的“清”字使用的就是本义。没有杂质,纯净不混,“去浊远秽,色如青也”(《释名·释言语》),所以美。这大概是古人造“清”字的第一感受。这种感受由水扩展到其他事物以及人身上时,便有了清辉、清德、清白、清廉等词语。这使人明白,那些自身不被任何东西所遮蔽、影响,其纯粹性不被污染、玷污,焕发着本真光辉的事物,为什么能长久地让人怀想与渴望、永远地受到人们的称颂与赞美了。

再看与“动”相对的“清”,即清静。清静的同义词是安静,但清静又远不是安静所能比的。当人们仅仅是厌倦闹市的嘈杂时,寻找一个安静的地方也许就够了;当人们厌倦人世的嘈杂时,他就必然要全力寻找一个清静的地方了。静只是一种耳的感觉,清静才是一种心的感觉。静不一定带给人美感,而“焕发着本真光辉”的清洁之静却一定是美的。所以,人类进入喧闹阶段后,清静就成了许多人的一种自觉追求。“五色令人目盲,五音令人耳聋,五味令人口爽。驰骋畋猎,令人心发狂。难得之货,令人行妨。是以圣人为腹不为目,故去彼取此。”(《老子·章十二》)老子大概就是第一个“去彼取此”——自觉摒弃喧闹、寻求清静的哲人。此后不久,又一位哲人——庄子,寻着“去彼取此”之路对清静做了更加充分的阐扬与发挥:“至乐活身,唯无为几存。请尝试言之。天无为以之清,地无为以之宁,故两无为相合,万物皆化。……故曰天地无为也而无不为也,人也孰能得无为哉?”(《庄子·至乐》)这样,人们追求清静、“无为”美,就不仅在事实上有了榜样,而且在精神上有了皈依。这或许就是几千年来那么多人以清静为美的根本缘由?就是许多老人参悟生活后自觉皈依清静的最终原因?

再看看与“模糊”相对的“清”,即清楚、清晰。“清”字的这一意义展示的是人们对那些未被蒙蔽的事物呈现出的真本光辉的肯定和赞许,也是对人的视觉能力的肯定与赞许。从某种意义上说,这是“清”字最有活力的义项,因为人的视觉往往是最真实的,不容欺骗的,所谓“眼见为实”是也。所以,人们无论做什么事,总得弄个清楚、明白。当然,人们在说是否弄清楚的时候,往往又不仅仅是一种视觉现象,而是各种感觉的综合感受现象。当人们处在一种全部感觉都很清楚明白、没有被遮蔽的境界时,就会觉得自己很纯粹、很高洁。可见,清楚于人的重要性。这也就是许多人一辈子都要活个清楚明白的原因。而许多人喜欢“难得糊涂”的名言,正说明清楚的不易与难能可贵,说明清楚的不可企及,说明清楚的高远与美丽。“清楚音谐律,精微思入玄。”白居易的诗虽是写音乐,却也可作扩展理解:人无论做什么,要进入“精微思入玄”的美妙境界,不清楚行吗?要进入清静恬淡的生命至境,不清楚行吗?

86. "精"神

"精"字也是一个总能带给人美好感受的字。

先民造"精"字,其本意是表示好米,所以以米为意符,以青为声符兼表意(青为声符时,大都具有表意功能,并且所表意都为美的,如在清、情、晴、睛、菁、倩、婧等字中。这主要是因为"青"字本身所代表的那种"去污远秽"的颜色就是纯洁、美好的象征)。想在那农业生产远远没有今天发达的上古时期,在那农业文明初始时期,好米对人们的诱惑一定是相当大的,人们对好米的感受一定是非常激动的。即使在今天,提起上等好米人们也依然是满口余香。因此可以说,"精"字所蕴含的第一美感是人们对好米的美感,或者说是食欲美感。因此,圣人如孔子,一方面虽闻韶而"三月不知肉味",一方面也要"食不厌精,脍不厌细"。

由于好米是米中的精华,"精"字便有最优、最好、最纯、最完美……的意义。这样,"精"字蕴含的美意识就得到了极大的丰富——

"吾欲取天地之精,以佐五谷,以养民人。"(《庄子·在宥》)指称生成万物的灵气。

"唯精唯一,允执厥中。"(《尚书·大禹谟》)"形不正者德不来,中不精者心不治。"(《管子·心术下》)意谓精粹纯一。

"虏阵横北荒,胡星耀精芒。"(李白《出自蓟北门行》)指光芒。

"燕赵之收藏,韩魏之经营,齐楚之精英,几世几年,剽掠其人,倚叠如山。"(杜牧《阿房宫赋》)指精华。

“城郭室屋门户之润泽,次至车服畜产精华。”(《史记·天官书》)“荣辱者,赏罚之精华也。”(《后汉书·荀悦申览》)指事物最精粹的部分。

……

今天人们感受到的“精”之美也大都在这一层面上。精英、精华、精致、精密、精通、精美、精彩纷呈、精妙绝伦、精益求精、精雕细刻……无不给人展示着一种“精”之美。因为凡“精”的都是美的,并且“精”之美有时还笼罩着一层神秘面纱,比如“精灵之美”“精气之美”,所以“精”字就又被人们用来指称人的心神、神志。这样,“精”字就又多了一重精神之美、精诚之美、精忠之美。“精交接以来往兮,心凯康以乐欢。”“晡夕之后,精神恍惚,若有所喜。”(宋玉《神女赋》)“定心在中,耳目聪明,四枝坚固,可以为精舍。”(《管子·内业》)“真者,精诚之至也,不精不诚,不能动人。”(《庄子·渔父》)“是以比干匪躬而剖心于精忠,田丰见微而夷戮于言直。”(《抱朴子·博喻》)从这些句子中,我们确实可感受到“精”与“神”“心”“志”联结在一起的种种美来。今天,我们说精神文明、精神焕发,讲“精诚所至,金石为开”、精诚团结、精忠报国,实际上也是在颂扬精神美、赞美精神美。

87. 高“雅”

能用“雅”字形容、限制的，无论人、事、物，都是令人神往的。

雅乐——“恶郑声之乱雅乐也。”(《论语·阳货》)指祭祀天地、祖先及朝贺、宴享等大典所用乐舞。儒家认为它的音乐中正平和、歌词典雅纯正，所以称之为雅乐。《诗经》中的《雅》即为此。

雅士——“少秉高节，玄静澹泊，言少理多，真雅士也。”(《三国志》)指正派之人。

雅言——“子所雅言，诗、书、执礼，皆雅言也。”(《论语·述而》)“陛下亦宜自谋，以咨诹善道，察纳雅言。”(诸葛亮《出师表》)前者指标准语，后者指忠正之言。

雅音——“兰肴御兮玉俎陈，雅音奏兮文虞罗。”(曹植《九咏》)“魏文侯虽好古，然犹昏睡于古乐，于是淫声炽而雅乐废矣。”(《宋书·乐志》)指高雅的音乐。

……

有时候，“雅”还能直接训为美，如“雅观”“雅望”“雅致”“文雅”“高雅”等词语中的“雅”。而“雅”字佳形牙声，本指乌鸦，与“鸦”同义。为何指乌鸦的“雅”变成了引人神往的，甚至可直接训为美的“雅”呢？

章太炎《国学讲演录》：“雅即雅乌。孔子曰：‘乌盱，呼也。’李斯《谏逐客书》：‘击翁叩缶，弹筝搏髀，而歌呼呜呜快耳者，真为秦声也。’杨恽《报孙会宗书》：‘家本秦地，能为秦声’，‘仰天抚缶而呼呜呜’。秦本周地，故大小雅皆以雅名。”“鸦”“乌”古同声，乌乌是秦调的特殊声音，所以称周首都的乐调为“雅”。又因为雅乐是首都的音乐，具有正统的地位，所以被认为是中原正声，所以《诗大序》说：“雅，正也。”即是章太炎在《国学讲演录》中所言：“盖以雅为正调，故释之曰正耳。”这样，“雅”字就与“鸦”字有了明显的分工，“雅”字因了大小雅的“正”，而继续向前发展，慢慢又有了“高尚”“文明”“美好”等义。

以上分析不无道理，但也有疑惑——乌被视为不祥之物，以称乌之雅来给代表中原正声的音乐命名，似乎于情不合。这里就还有一个问题——乌崇拜需要交待。鸟崇拜是世界各地居民都曾有过的。我们的祖先也有过不逊于其他任何民族的鸟崇拜。句芒、禺强、朱雀、三足乌等曾是先民们心中的神祇。人们通常视乌鸦为不吉之物，一旦突然遭逢乌鸦鸣叫，常会连连骂乌鸦的。而在先民们心中，乌鸦却不是不吉之物，而是太阳的象征。《玄中记》：“每夜至子时则天鸡鸣，而日中阳乌应之；阳乌鸣，则天下之鸡皆鸣。”《论衡·说日篇》：“儒者曰：‘日中有三足乌，月中有兔蟾蜍。’”《淮南子·精神训》：“日中有踆乌。”阳乌、三足乌、踆乌，名称有异，实质相同：乌被古人视为太阳的象征，亦即成为日精。日崇拜是古人的重要崇拜之一。乌成为古人心中的日精，乌理所当然就在古人心中有着非常尊贵的地位。这样，以具有尊贵地位的日精“乌”来名中原正声——首都乐调，就非常自然了。

88. "韵"字背后隐藏着无数美的秘密

凡有韵的都是美的：音韵、诗韵、气韵、风韵、神韵、逸韵，无不给人以美的感受，给人以美的启迪。

韵最初写作"韻"，音形员声，它的本义是指和谐的声音。"繁弦既抑，雅韵乃扬。"（蔡邕《琴赋》）"赴曲之音，洪细入韵。"（陆机《演连珠》）这些句子中的"韵"字使用的即是这一本义。后来出现了"韵"字，音形匀声。应该说，用匀作声旁比用员作声旁更科学，因为匀本身就有和谐的意思。所以，匀可以说既是声符也是意符。这也许是后来人们多用"韵"而少用"韻"字的根本缘故。新中国成立后，国家干脆废除了"韻"字而用"韵"字。

和谐的声音为韵，所以古人论声音的最美形式——音乐时，以"和"为本："声音和比，感人之最深者也。……心动于和声，情感于苦言，嗟叹未绝，而泣涕流涟矣。夫哀心藏于苦心内，遇和声而后发。"（嵇康《声无哀乐论》）"性洁静以端理，含至德之和平。……总中和以统物，咸日用而不失。其感人动物，益亦弘矣。"（嵇康《琴赋》）

最美的声音为乐，乐的本质是和，而和谐为韵。可见"韵"字的本义包含着人类关于声音的最高评价和最高赞誉。

随着语言的发展，"韵"字由指声音的和谐扩展到指一切事物的和谐，它便有了更加广泛的意蕴。在众多的以"韵"为语素的词语中，可能"气韵生动"一词最有代表性。最早提出这一让我们长久地享受事物的"韵"美的人是一位出色的语言学家。他是南朝时齐朝的画论家谢赫。他撰写了中国第一部画论专著《古画品录》,并第一个提出了绘画的第一法则——气韵生动。纵观中国画的历史,可以说谢赫提出的这一法则几乎影响到了此后的中国古代绘画史和绘画理论史。随后的许多画家都对此进行了阐释,宋代邓椿的阐释最为公认:“画之为用大矣。盈天地之间万物,悉皆含毫运思,曲尽其态。而所以能曲尽者,止一法耳。一者何也?曰传神而已矣。世徒知人之有神,而不知物之有神。此若虚深鄙众工,谓虽曰画而非画者,盖止能传其形,不能传其神也。故画法以气韵生动为第一。”何为“气韵生动”?结合古人的一些论述,“气韵”大概可理解为生气、风度,《世说新语》谓之“风气韵度”。它情态皆俱,既可悦目,亦可怡情。之后缀上“生动”二字,其意蕴就更丰富了。“生动”本身表现的即是生命力的活动,当它与画的气韵联系在一起时,就赋予了静态的画以动态的美了。古人提倡“气韵生动”就是提倡生机盎然的美,提倡风韵飞扬的美。由此我们就可以清楚地看到,“气韵生动”是被古人作为绘画中的一个重要的美学命题来探讨的。

当我们再把眼光从中国画转移到其他事物上面的时候,我们还会发现,“韵”字展示的美还有许多让我们惊叹的地方:青春的韵律是一种怎样的美?古老文明的流风余韵是一种怎样的美?一首诗、一支歌、一段曲……那种只可意会不可言传的特别韵味是一种怎样的美?淡雅的韵致是一种怎样的美?清逸的韵致是一种怎样的美?“乜文篚缛,托韵笙簧”(南齐王僧虔《书赋》)的书法是一种怎样的美?“总其妙在神韵矣”(王士祯《池北偶谈》)的诗文是一种怎样的美?……当我们想到这些之后，我们或许还会说，“韵”字是一个浑身流动着美的韵致、最有韵味的汉字之一，“韵”字的背后隐藏着人类无限丰富的关于美的秘密。

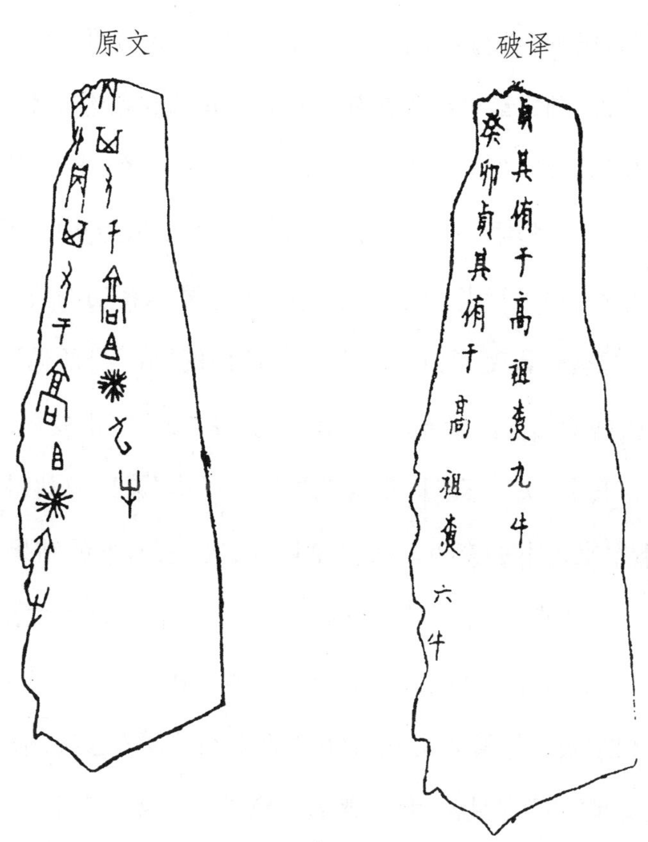

89. “真”理

苏轼在《石氏画苑记》中说:“所贵于画者,为其似也;似犹可贵,况其真者。”也就是说,画之最可贵者在其“真”。(苏轼的画论基本上代表了古人的画论。“得其理”“写其神”“夺其真”是古人对画的最高赞语。这里的“理”“神”“真”往往是同一个意思。)画是人类美意识最集中、最直观的表现者,“真”是画之最可贵者,可见“真”与美有着多么密切的关系。

《说文》:“真,仙人变形而登天也。”许慎说的“真”是所谓“真人”。后人对许说多持怀疑态度。康殷认为“真”字是由“贞”字讹变而来的。康说当可信。甲骨文中“贞”“真”同形同为“贞”,写作“[illegible]”,像鼎,是在鼎上用火炙卜骨、卜甲来占卜的意思。大概是用这种方法所卜的结果比较灵验,多符合事情真相,“贞”便有了“真”的意义。后来表示真实意义的“贞”字讹作“真”字,“真”字就诞生了。“真”字蕴含的第一美感应该是占卜结果符合事情真相给人的惊喜。由此可知,“真”字的本义是与“假”相对的真实。这一意义是“真”字最常用、最普通的意义。围绕它产生一批表现人们崇真恶假、以真为美的词语——“真诚”“真情”“真率”“天真”“真挚”“真切”……这也是以真为美的最一般的意义。

面对占卜的真相,人们在为自己能准确地测知、预知事情的结果而喜悦的同时,有时也因事情的捉摸不定、大出意料而为冥冥宇宙中那种无处不在的左右世界的强大力量所威慑。在多次威慑之后,人们逐渐认识到了这种力量的不可抗拒、无可比衡。正如荀子所说:“天行有常,不为尧存,不为桀亡。"(《天论》)于是,"真"的又一重意义——事物的本源、本性——就产生了,人们把那种不为人的意志所动的宇宙万物、宇宙万物的本源称为"真"。人们崇尚这种真,敬畏这种真,真之美的高一级意义也随之产生,正是庄子所说:"天地有大美而不言,四时有明法而不议,万物有成理而不说。""明法""成理"即天地万物之真、天地万物之美。古人论绘画之真,今天我们讲艺术真实,都是这一意义上的真。无论是绘画艺术,还是其他文学艺术,其最高境界就是以艺术的笔触揭示出所表现对象的生存(存在)本源(真),以此来显示所表现对象的独特性(个性),从而确立其独特的艺术品位(价值)。比如画一只虾,画家若仅用线或线和色彩画出虾的形似,那还不能说画出了虾的真,最多只能说逼真;只有进一步通过虾的形貌、姿态表现出使虾生成、实在的生命本源,形似的虾活了起来,才能说画出了虾之真。齐白石笔下的虾美就美在这一生命之真上。扩而言之,艺术家笔下的形象美就美在所表现对象的生命之真上。

今天我们常将真、善、美并提。从一般意义上看,真的不一定是美的,但美的必定是真的;从艺术或哲学的角度看,真和美却是等同的。艺术的真实是艺术美,真理、真谛、真知灼见、真金烈火则是哲学美。当一个人悟到了人生的真谛、真理,进入一种物我两忘的"真"境界后,就可扫净尘累,获得人生的大美。

90. “境”界

“审美就是在可闻、可见的现象界里体验到某种不可闻、不可见的神情意味，从而进入一个既是现象界又超现象界的世界，亦即由某种神情意味与现象界的结合而升华出来的新世界。”（成复旺《中国古代的人学与美学》）关于审美的定义很多，我以为用这一定义来形容对“境”的感受与审美是非常恰当的。

“境”字从土竟声，本义是疆界、边界。《商君书·垦令》：“五民者不生于境内，则草必垦矣。”《荀子·强国》：“入境观其风俗。”这里使用的即是“境”字的本义。

“境”字本义所指是地理的范畴。随着语言的发展，“境”字的含义又慢慢地扩展到了与地理密切相关的人及人的心理等方面。陶渊明的名句“结庐在人境，而无车马喧”中的“人境”，很明显地把“境”字的意义拓展到了人的生活环境。它已不仅仅是平面的、纯物质意义上的“境”了，而是立体的、物质兼精神意义上的“境”了。《世说新语·排调》记载：“顾长康啖甘蔗，先食尾。问所以，云：渐至佳境。”这里的“境”就更已拓展到了人的心理层面，它表达的是人吃甘蔗时由生理而心理的感受。应该说，这种感受就是人们对“境”字的审美感受的开始。当然，“境”字真正地进入人的审美领域，人们自觉地把“境”作为一种审美对象，已是此后几百年的唐代的事了。

唐中叶，禅学开始广泛流行。禅学打破佛学“五境”（色、声、香、臭、触，五官感受的对象)与“法境”(佛法、佛理,只有“妙智”才能感知)的对立,认为不可见、不可闻的法境就在可见、可闻的五境之中,参禅者一经妙悟,即可由五境跃入法境,即由此岸世界进入彼岸世界。这样,禅学就把佛学的物质世界与精神世界统一了起来,从而也就大大深化了“境”的含义——由物质世界进入精神世界,参禅者所见已是一个全新的境界。正是“老僧三十年前来参禅时,见山是山,见水是水;及至后来亲见知识,有个入处,见山不是山,见水不是水;而今得个休歇处,依然见山是山,见水是水”(《青源惟信禅师语录》)。联系前文所述的有关审美的定义,我们不难看出,禅学的境界说实际上已通向了审美。因此,随着禅学的广为流传,特别是一些僧人进入文学创作领域并卓有成效(皎然被后人称为诗僧),“境”便很自然地成了美学中的一个新的重要的命题。

确实,自唐以降,凡从事文化艺术方面活动的人,几乎没有谁能对“境”字视而不见,相反,许多大家都从美学的角度对“境”字做出了自己的诠释。正是他们卓有成效的实践与卓有见地的诠释,使“境”字呈现出了无比丰富的多姿多彩的美态。王昌龄有“三境”说(“诗有三境,一曰物境,二曰情境,三曰意境”);皎然有“取境”说(“夫不入虎穴,焉得虎子?取境之时,须至难、至险,始见奇句”);刘禹锡说“境生于象外,故精而寡和”;方回说“心即境也,治其境而不于其心,则迹与人境远而心未尝不近,治其心而不于其境,则迹与人境近而心未尝不远”;叶燮说“妙悟天开,从至理事实中领悟,乃得此境界也”。在众多的美态中,王国维给人们描述的美态别具一格,别具风韵,最叫人心动。“有有我之境,有无我之境。……有我之境,以我观物,故物皆著我之色彩。无我之境,以物观物,故不知何者为我,何者为物。古人为词,写有我之境者多,然未始不能写无我之境。此在豪杰之士能自树立耳。”(《人间词话》)王国维尽管只是就“为词”而言,但他的这一“境界”说早已超出了“为词”的范围。试想,一切人、事、物不都有个“有我之境”和“无我之境”的分别吗?当我们真正走进了“无我之境”的时候,我们就进入了大无大有的真境界。这也正是人生的大境界、美境界。

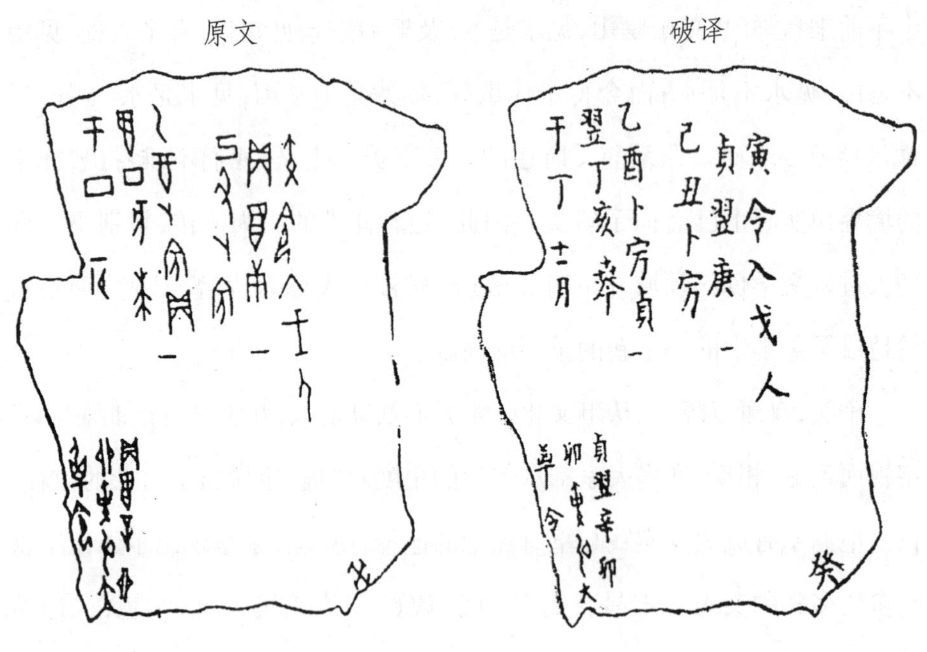

『美』『梦』之间

行人道
具仁德
穿行在『美』『梦』之间
何其惬意

91. 羊大为“美”

“美”字本身有多美？“美”字甲骨文写作“”，小篆写作“”。因对“美”字字形的理解有种种不同，对其感受也就有种种不同。这里举出两种主要观点。

一种观点认为“羊”“大”为“美”。这又有两个侧重点。

（1）侧重味觉感受。《说文》：“美，甘也。”“甘，美也。”许慎将“甘”“美”互训，即是说，“美”字的本义是指“硕大之羊其肉味甘甜”。也就是说，“美”字最初表达的是人们对“甘”这一味觉经验的审美感受。许慎的解释代表了对“美”字本义最一般的解释。

（2）侧重视觉感受。形象丰硕、羊毛浓厚、膘肥体壮，给人一种旺盛的生命力感。同时，“羊身上有些形式特征，如角的对称、毛的卷曲都富有装饰趣味。甲骨文的‘羊’，洗练地表现了羊的外部特征，特别是头部特征，从羊角上表现了一种对称的美，不少甲骨文中的‘羊’字就是一些图案化的美丽的羊头”。（杨辛、甘霖、刘荣凯《美学原理纲要》）

一种观点认为“美”字像装饰美丽的人。这又有两种说法。

（1）认为“美”字的整个字形像一个人修饰打扮成羊首的形状，用来表示美丽、美好的意思。为什么装饰成羊首的形状就美丽？因为羊特别是羊首，给人一种视觉美的感受。

（2）认为“美”字与羊没有关系。“美”字的上部是装饰用的羽毛，下部是人，合起来是“装饰羽毛的人”，表示饰羽毛的美丽的舞女。

比较几种说法，季羡林先生认为，“‘美’的原义是指羊肉的肥美，来源于五官中的舌头”。（《美学的根本转型》）叶秀山先生认为，“把‘美’的联想从‘羊’转为‘人’，似乎更易受到欢迎，而‘美’‘丽’皆为‘阴性’，虽有‘美男子’‘美髯公’之称，但‘美人’‘丽人’却一定是女性，这似乎也保存了远古造字的意义。不仅如此，在理论上，把‘美’释为‘羽饰舞女’还突出了‘装饰’的意思，不像‘羊大为美’未免功利”。（《美的哲学》）

笔者认为，叶秀山先生的看法不是很恰当。一是自相矛盾。前说“‘美’‘丽’皆为‘阴性’”，是说“美”所指一定不包括“阳性”（男性）；后说“虽有‘美男子’‘美髯公’之称，但‘美人’‘丽人’却一定是女性”，显然又承认“美”所指有时也包括“阳性”（男性）。二是认为“‘羊大为美’未免功利”的说法没有实际意义。文化史研究表明，处在初民时代的人类是相当功利的，他们最先要解决的是吃的问题，而不是其他问题，更不是是否功利的审美问题。

把“美”字的本义理解为“硕大之羊其肉甘甜”，是符合初民们的造字实际的。人类在早期生存非常困难的情况下，有什么比吃到肥而甘的羊肉更美的事情呢？“羊”“大”而且“其肉甘甜”体现出来的审美感受，是与人的生存密切相关的感受，或者说是人类最初的生命体验。我们今天不也经常有这种体验吗？当你饥肠辘辘时，你最先想到的是要怎么“美美”地吃一顿。当你品尝到珍稀佳肴时，你会情不自禁地赞叹“美极了”。今天，也许只有“美食家”一词中的“美”字最能体现出“美”字的本义来了。

随着人类的进步，人类的美意识日益丰富起来，人们对“羊”“大”的感受就不仅仅是“其肉甘甜”的味觉美，而是慢慢地扩展到视觉悦目、触觉赏心等方面，以至最后把“羊”视为吉祥、幸福的象征；同样，人们感受美的对象也就不仅仅局限于硕大之羊了,而是扩展到一切能引起人们愉悦、快乐、幸福感觉的人、事、物上,所以就有了诸如"美人""美事""美景"等说法了。

当然,"美"是主客观的统一,所以有一种现象值得注意:"偏爱"。因为人的审"美"观常常与人的趣味相连,因此常常会出现妍媸异说,"以美为丑"或"以丑为美"的说法也就产生了,这可视之为"偏爱"。"情人眼里出西施""趣味无争辩"即指此。

92. “善”良

在汉语中，“善”字表示的意义总是可以用“好”来评价的，凡是善的都是好的。这实际上就表明：凡是善的都是美的。古代典籍中，训善为美或以善为美的例子很多，下面略举几例。《说文》：“善，吉也……与美同意。”徐锴《说文系传》：“善，吉也，美也，缮也。”《国语·楚语上》：“夫美也者，上下、内外、小大、远近皆无害焉，故曰美。”这里所说的“皆无害”即是善。《淮南子·修务训》：“君子修美，虽未有利，福将在后至。”高诱注：“美，善也。”《墨子·非儒上》：“务善则美。”

善何以为美？

“善”字金文作“[金文字形]”，“羊”“言”会意，上面一个“羊”字，下面一个“言”字。对“善”字本义的理解各家不一。杨树达认为“善”是“膳”的本字，本义表示美食。此说可信。“羊”“大”为“美”，先民们以大而肥的羊为美，最初是从味觉的愉悦方面感受美的。“羊”“言”为“善”，就是“言”“羊”为“善”，说羊为美好的肉食，扩而大之，就是表示所有美好的食物，这也是从味觉的愉悦方面感受美。由此可知，美与善最初表示的都是先民们从味觉的愉悦上感受到的羊之美。因此也可以说，“善”字一开始所表达的意义就与美意识有着密切的联系。

随着人类的美意识仅从单纯的官能性感受中产生到超越生理的官能性局限，向着具有广泛社会意义和伦理意义的各方面扩展，“善”就几乎成了美的代名。这时，“善”字表示美食的最初意义已推给了“膳”字承当，自己则承当了形容一切能给人的精神和物质生活方面带来美感的对象，诸如山川溪谷、草木禽兽，高官厚禄、仁义礼智信，文人贤士、英雄豪侠……这些于人的精神和物质生活有用的对象，几乎都可以说是善的、美的。时至今天，人们的审美意识中一般都还是以善为美的成分居多。

当然，毕竟善与美是两个不同的概念。古人也很早就认识到了这一点。《论语·八佾》："子谓韶，尽美矣，又尽善也；谓武，尽美矣，未尽善也。"在孔子眼中，美和善是有明显区别的，有些"尽美"的东西未必"尽善"。但孔子又说"里仁为美"，"先王之道斯为美"。可见，孔子尽管明白善和美是不同的概念，但还是把善看作是美，并且是最根本的美，他强调的是尽善尽美，美善统一。对孔子的这一审美观，宋代的朱熹做了这样的评价："美者，声容之盛；善者，美之实也。"（《四书集注》）即是说，美以善为其基本内容，而又有自己的独立性。

孔子的思想全方位地影响着中国人的思想、文化、哲学等诸方面，也包括审美观。今天我们所持的审美观基本上与孔子一致。虽然孔子之后，人们对美有诸多不同的观点出现，特别是进入20世纪以后，受现代西方审美观的影响，很多人把美仅当作美来看待，但大多数人还是愿意说"尽善尽美"，喜欢"尽善尽美"。大概是生活在现实中的人们必须以善为前提吧。试想，没有物质的功利意义，连肚子都吃不饱，何谈生活之美呢？从这一意义上说，我们把"善良"这一词拆开，就能揭示出"善"的本质：善者，良也。

93. 吃“香”

看到“香”字,我们就可能产生许多关于“香”的美好回忆。比如最让你难忘的一顿香喷喷的美餐,比如最让你难忘的充满甜蜜幽香的一次约会,比如最让你难忘的香气四溢的一趟春游,比如最让你难忘的享受香甜美梦的一觉酣睡……

《说文》:“香,芳也,从黍,从甘。”“芳,香草也。”段玉裁注:“香草当人草香。”许慎以“香”“芳”互训,即告诉我们,“香”的本义是指人的一种嗅觉体验,并且是从一种由“黍”之“甘”的味觉体验中获得的一种嗅觉快感。这里值得注意的是,“香”作为会意字,“从黍从甘”,而“甘”的本义即“美”,因此“香”就可以理解为一种美的嗅觉体验了。正如韩非子所说:“夫香美脆味,厚酒脆肉,甘口而疾形。”(《韩非子·扬榷》)由“香”字的本义我们可以明白,古人明显地把嗅觉感受的愉悦同味觉感受的愉悦一样视为美。问题在于,“黍”之“甘”本来是味觉体验,怎么被许慎用来解释“香”这种嗅觉体验呢?这是因为在生理方面、感觉方面,味觉和嗅觉有着极为密切的关系,有时甚至密不可分。荀子说:“故人之情,口好味,而臭味莫美焉。”(《荀子·王霸》)我们今天常把“香”和“甜”相提并论,即是这个道理,比如说“香甜可口”“又香又脆”“香味醇厚”等。

毫无疑问,“香”字首先传达的是人的美好的嗅觉体验。由此而生发开,许多能给人美好享受的事物也都可用“香”字来传达,便有了“正怜香

雪披千片，忽讶残霞覆一丛”（唐·韩偓《和吴子华侍郎令狐昭化舍人叹白菊衰谢之绝次》），“细葛含风软，香罗叠雪轻”（唐·杜甫《端午日赐衣》）等美丽的诗句了。所以，今天我们说某个人在某一方面或某个地方很受人重视也可以说很“吃香”。

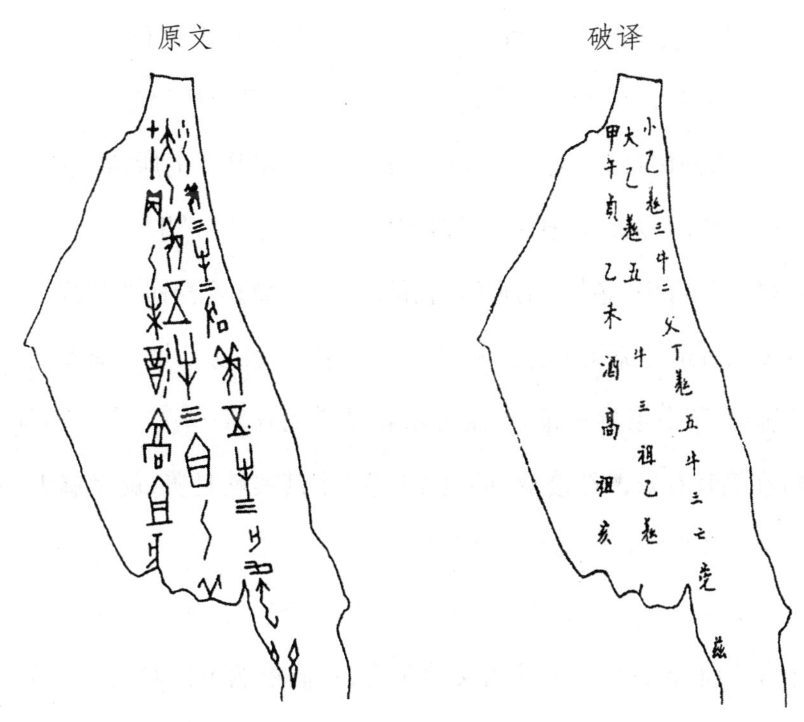

94. “色”字了得

读《红楼梦》的人，一般都忘不了书中的那个“色”字。在曹雪芹笔下，“色”不仅是女色，还包括生活的五光十色、世界的形形色色。所以，黛玉、宝钗、晴雯、芳官，宝黛爱情，年轻人的吟诗行令，“花柳繁华地，温柔宝贵乡”，“天上人间诸景备”的大观园……都成了作家笔下的所谓“色”。正因为此，有红学家不无惊异地说：《红楼梦》一个“色”字了得！

对《红楼梦》中“色”字的理解，就像对《红楼梦》本身命意的理解一样，同样可以用鲁迅的那句名言来说明：“经学家看见《易》，道学家看见淫，才子看见缠绵，革命家看见排满，流言家看见宫闱秘事……”（《〈绛洞花主〉小引》）在笔者看来，《红楼梦》的这个“色”字其实就是美，就是魅力，所以一代一代读者为之吸引，为之赞叹。

从小说的角度看，《红楼梦》对“色”字的演绎当然是异常生动的，阐释也是非常全面、精辟的。但从语义的角度，我们依然可以对“色”字做更具体的训释。

“色”字的本义众说不一，比较典型的说法有两种：段玉裁认为，“色”为心达于气，气达于眉间，即颜容之气色（《说文解字注》）；马叙伦认为，“色”表示人在人上，即男女之交媾（《说文解字六书疏证》）。其实，若从男权社会和视觉与美意识的关系看，把“色”字的本义解释为“女子的‘颜容之气色’带给人的美好的视觉感受”更符合汉民族的客观实际，即所谓“佳人不同体，美人不同面，而皆说于目”（《淮南子·说林训》）。这从汉字中大量的表现女性容貌、表情、姿态或者行动等美好的一类字中也可得到印证:"妩""媚""姝""姣""婉""婀""娜""妍""娇""姿""婷""娉""姗""婕""媛""嬉"……这些字从不同的角度全方位地表现了美女之"色"。由此而生发开去,随着人类美意识的日益丰富,"色"被进一步引申为五彩之名,成为一切能带给人们美好视觉感受,从而进一步带来心灵愉悦的美。

娱人的女色为美,娱人的景色亦为美;物质生活的有声有色为美,精神生活的色彩斑斓更为美。因此,在今天看来,"色"之美至少可包括以下由浅入深的三个层次的内容:一是官能性愉悦的"色"之美——视觉美感;二是全部身心愉悦的"色"之美——生活美感;三是精神性愉悦的"色"之美——心灵美感。三位一体的感受,应看作"色"之审美感受的最高境界。进入此一境界,才能真正理解"食色,性也"(《孟子·告子上》),才能真正进入《红楼梦》满篇皆"色"的境界。一如海德格尔所言:"——与魅惑共同使人恍惚的,是美的本质。"(《赫尔德林诗的解释》)

95. “有”是手中持肉

我们今天使用的楷体“有”字是从金文“[illegible]”演化而来的，它由“又”“月”会意而成，“又”是手，“月”是肉，合起来表示手中有肉，“手中持有肉”是它的基本义。“有”字的这一基本义引人遐思。

西周时期，狩猎对于统治阶级来说仅仅是一种娱乐，而对于农奴来说则依然有一定的经济意义。农奴狩猎，一是补充自己的生活资料，一是向统治阶级交纳猎获物。但总体上说来，狩猎在这时已不再和先前一样重要了，因为家庭饲养业比以前发达了。所以，周人手中所持之肉应该多为家畜之肉。

而无论是渔猎时代，还是农业文明时代，人们并非能经常“手中持有肉”，相反，有时很长时间也难以吃上肉（即使社会发展到今天，依然有不少人是如此），因为狩猎不易，家养也不易，遇上天灾人祸则更难。所以，“手中持有肉”就成了人们的一种愿望，若这一愿望能变成事实，则是一桩令人非常高兴的美事。这样看来，“有”字传达的第一美感是“手中持有肉”的满足感——物质与精神同时得到满足的快感。

顺着“手中持有肉”的满足感，人们慢慢又把其他“有”的满足感赋予了“有”字，“有”字就可在更宽广的领域里传达出人们的美感心理了。如古人把丰收年称为“有年”，把大丰收年称为“大有年”，这里的“有”字传达的是人们企盼丰收并得到满足后的兴奋与喜悦。再如我们常常所说的“有幸”“有益”“有成”“有方”……这些词语中，“有”字都传达出人们因满足而感到非常舒心的幸福感。从深层分析,“有”字传达的这种美感心理,实质上是人们占有欲的满足心理。当一个人说自己有什么的时候,多数情况下总是带着一种自鸣得意的神态;当一个人说自己没有什么的时候,一般总是流露出一副失望、甚至绝望的神态。俏皮话“什么都要有,千万不能有病;什么都可以没有,千万不能没钱”,也从某种程度上体现了人们的占有欲,而这种占有欲正是通过“有”与“没有”的对立表达出来的。

由表达取得、占有再扩展到表达具有、存在、发生,“有”字传达的美感经验得到了极大的丰富。试想,什么美事不可用“有”字来表达呢?怎样美好的心情不能用“有”字来传达呢?当不懈的追求终于有了报答时,此时的拥“有”传达的是一种什么心情?当苦苦企盼的事情终于有了结果时,此时的拥“有”传达的又是一种怎样的心情?拥有了“有”,就拥有了一切,就拥有了美好的心情。

但“有”也是一种诱惑,倘若被她无穷地诱惑,不能有所选择、有所抗拒、有所抵御,人就会成为“有”的奴隶。苏轼看到了这一点,所以他说:“吾与物俱不得已而受形于天地之间,其孰能有之?”“居士与物均为不能有,其孰能置得丧于其间?”(《书六一居士传后》)

96. “无”在有中

“无”与“有”相对。“有”好理解,“无”却是历代思想者谈论不休的一个哲学命题。

对“无”的重视始于道家始祖老聃。老聃尚“无”,主张“无为而治”。他说:“天下万物生于有,有生于无。”(《老子》第四十一章)老聃的哲学从某种程度上说,就是关于“无”的哲学。老聃以后,历代都有思想家对“无”进行探讨。汉代刘安认为五声、五色产生于无声、无色,而最高的美和美感就是“无”。他说:“视之不见其形,听之不闻其声,循之不得其身;无形而有形生焉,无声而五音鸣焉,无味而五味形焉,无色而五色成焉。”(《淮南子·原道训》)至魏晋,玄学产生,其代表人物何晏、王弼“崇无”“贵无”。他们说:“有之为有,待无以生;事而为事,由无以成。”(何晏《道论》)“四象无形而物无所主焉,则大象畅矣;五音无声而心无所适焉,则大音至矣。”“无状无象,无声无响,故能无所不通,无所不往。”(王弼《老子指归略例》)南北朝时期,佛教开始盛行。佛学本“无”,谓世间一切事物忽生忽灭,迁流不居,是为无常。宋代理学兴起。理学家认为宇宙的根源是太极,而太极又被形容为无声无形,无始无终,故又叫无极。

在思想家看来,“无”有很深的内蕴,“无”充满哲理美,因此他们津津乐道于“无”。那么让我们从文字的角度看看,“无”字到底具有怎样的内涵?《说文》记录当时人们的议论:“通于元者,虚无道也。王育说,天屈西北为无。”第一句说“无”字是由“元”字的一撇上通而造成的。元是开始,由开始往前，至未始有始之时，便是无。第二句说“天”字的西北一笔弯曲起来就是“无”字，就是说无仅次于天。这些说法似乎没有讲明“无”字到底何以为无。我们细究一下，作为有的否定，“无”字应包含下面几层意思：一是本来有的，现在没有了；二是可能有的，限于目前的认识，现在还未发现；三是压根儿就没有或不曾有过，现在没有，将来也不可能有，即绝对的无。（参见庞朴《一分为三》）

表示第一层意思的“无”，最早是用“亡”字表示的。“亡”字从字形上看，它是甲骨文“有”的右半（“有”字甲骨文写作“㞢”，“无”字甲骨文写作“𠃊”或写作“ㄐ”，后固定为“𠃊”），即有的缺失（现在湘、赣、粤等方言中还有类似的表示法：用“冇”表示“无”）。这时人们（殷人）心中“无”的概念是相对于“有”而言的，是很具体的“无”。

表示第二层意思的“无”，开始是用“無”字表示的。“无”字的甲骨文像人两手曳牛尾或茅草而舞。舞蹈是原始人生活的一个重要组成部分。它的重要表现在它不仅是娱乐的需要，而且是狩猎、采集和战斗的需要。人们舞蹈，是与看不见的、不知住在哪里的有关神灵沟通，以博得它们的好感，以保证自己行动的成功。慢慢地，这种行为与方式固定成一种思想观念——“无”。这个“无”不等于“亡”，它不是有的缺失，不等于没有，只是无形无象，看不见，摸不着。这个“无”，最早体现的当是人们对那些看不见、摸不着的神灵的畏惧、敬意与探求。

表示第三层意思的“无”，则是最晚出现的“无”字。现存的材料中，甲骨文、金文、秦简都不曾见“无”字。《说文》把“无”字视为奇字，这也难怪。这个奇异的“无”字代表着人们对“无”认识的第三阶段，即绝对的无。而要认识到这一点，在许慎时代是不容易的。表示绝对的“无”的出现，表明人们的认识进入到了一个新阶段，也说明人们对世界的体验进入了一个新阶段——不待“有”而存在的状态，物我皆无的状态，即生命的原生态。

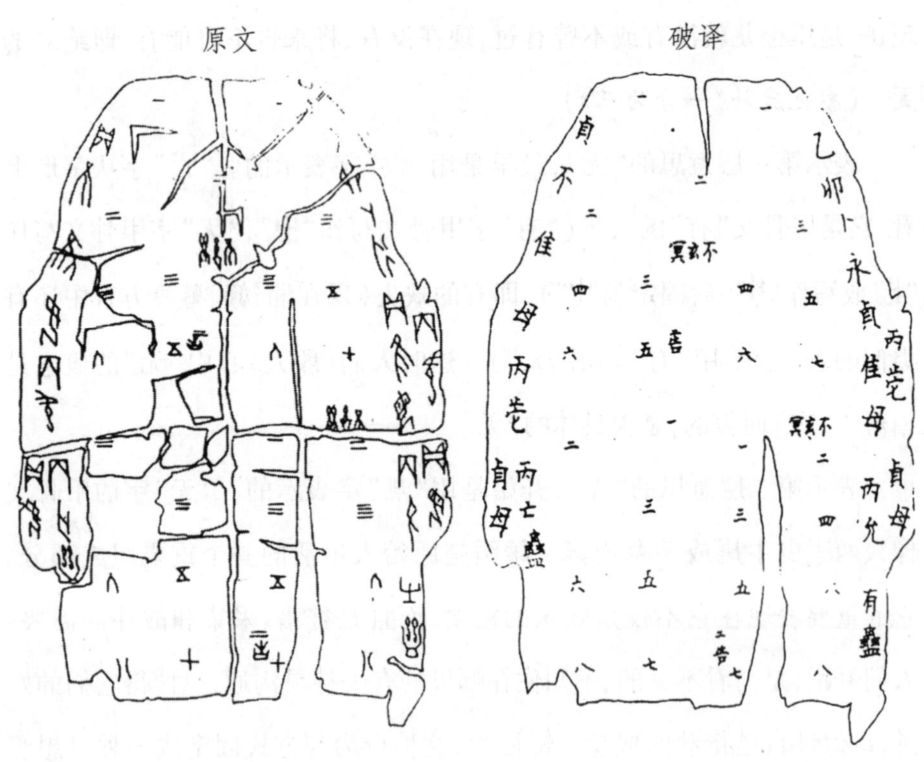

97. 以人为"大"

记得小时候有个很大的困难挡住了去路,无法前进。父亲走过来,两手伸展与地面平行,两腿大大地张开,头高高地昂起,对我说:"这是什么字?这就是'大'字。什么是'大'?人就是'大'。人有一头两手两腿。头仰可以观天,俯可以察地,手可以创造万物,腿可以跋高山涉险滩。困难再大还能大过人吗?"父亲的话让我激动不已。不用说,我战胜了人生旅途中的第一个大困难。

"什么是'大'?人就是'大'。"后来,每当我翻开《说文》等工具书时,我都要再一次惊叹父亲对"大"字的理解——几近于文盲的父亲竟能对"大"字做出比许慎等更为精彩的说解。《说文》:"大,天大,地大,人亦大。故大象人形。"许慎的解释固然不错,但并未把注意力全放在人身上。父亲的说解精彩之处,就在于赋予了"大"字以人的精神、人的气概、人的力量。这或许也就是先民造"大"字的初衷?要不,先民们何以以正面人的形象作为"大"字的取象呢?以人为大,正是对人的力量的赞美,也正是以人为美的美意识的体现。

但人毕竟要面对现实,面对威力无穷的现实世界。当人们面对那些宽、阔、高、厚的物体时,当人们惊叹自然的无比威力时,他们又赋予了"大"字以新的内容,"大"字所蕴含的美意识也就不断丰富起来了。《庄子·天地》:"夫天地者,古之所大也,而黄帝尧舜之所共美也。"《吕氏春秋·侈乐》:"大鼓、钟磬、管箫之音,以巨为美。"《淮南子·本经训》:"大钟鼎,美重器。”《淮南子·诠言训》：“福莫大于无祸，利莫美于不丧。”《尔雅·释诂》：“弘、廓、宏、溥、介、纯、夏……大也。”孔子说：“大哉，尧之为君也！巍巍乎！唯天为大，唯尧则之。”（《论语·泰伯》）孟子说：“充实之谓美，充实而有光辉之谓大。”（《孟子·尽心上》）这些例子中的“大”字多可以用现代汉语的“伟大”来替换。从这些例子中，我们可以看出，以大为美是人们审美的一个重要特征。

以人为美，以大为美，所以汉语中“大”字的使用频率很高。一是被用来赞美那些给人的思想以强烈刺激、积极影响的人、事、物，如说“大诗人”“大学者”“大思想家”“大手笔”“大山”“大海”“大河”“大义凛然”“大气磅礴”“大显身手”等，简直不可胜数。再者是被用作有关事物的敬辞，如说“大书”“大作”“大函”“大名”等。当然，人们也喜欢用“大”来称颂自己，一般人多表现在心里（总觉得自己比别人本事大、贡献大），而有些人则表现在外在的言行上，如常以“大”字来修饰自己企业的名称，如“大酒店”“大厦”；常以“大”字来标榜自己的企业或产品，如“最大企业”“最大销量”“最大出口量”，等等。这些表明，今人的好大心理已远远超过了古人，恐怕仅从以大为美的角度是不能完全解释清楚的。

98. "小"之美

"小"与"大"相对。"大"为美,"小"也美吗?

先民们造"小"字取细沙为象——" ＊ ",用几粒细小的沙子表示体积小的物体,以这样的符号来表示"小"的概念。从"小"字取象及本义看,"小"字好像没有明显地表现出造字者的感情好恶,但仔细琢磨还是能给人一种不足挂齿、微乎其微、让人瞧不起的联想。今天我们的话语中,许多带"小"字的词语都体现了这一点,如"小聪明""小道消息""鸡肠小肚""小家子气"等等。

但毕竟大千世界缺不了"小"。人们在生活中逐渐发现,"小"不仅是"大"的补充,更是与"大"相对立的必然存在。因为"小"有小的意义,有"大"不可替代的意义。所以,人们从这一角度又发现了"小"之美——大河奔腾美,小桥流水亦美;大雁展翅美,小鸟飞翔亦美;"大风起兮云飞扬"美,微风拂面杨柳依依亦美……从这些"小"美中,人们又发现"小"美美在巧,于是"小巧"便成了"小"美的典型。这尤其在文学艺术中得到了充分的表现。

文学有小小说、小品文、绝句、小令等,音乐有小调、小曲、小品,美术、书法、摄影等都有小品。这些小巧的文学艺术作品从来就受到人们的欢迎。特别是小品文,自宋玉以降,历代作家都有精品流传后世。至于读者,则因为小品文常行于所当行、止于所当止,所记、所叙、所论不仅言简意赅,而且见情见性,有味有趣,所以无不爱读。

艺术的“小”美——以小见大、以简驭繁、以少胜多,古人就曾有过精辟的论述。李贽《杂述·杂说》:“举一毛端建宝王刹,坐微尘里转大法轮。”刘知己《史通·叙事》:“省字约文,事溢于句外……举重明轻,一言而巨细咸该,片语而洪纤靡漏。”黄钺《壹斋集》:“厚不因多,薄不因少……喻妙于微,游物之表。”现代人在这方面更有发挥。周振甫《诗词例话》专辟《即小见大》章,该章开头引王夫之《姜斋讲话》“有大景,有小景,有大景中小景。‘柳叶开时任好风’,‘花复千官淑景移’,及‘风正一帆悬’,‘青霭入看无’,皆以小景传大景之神。若‘江流天地外,山色有无中’,‘江山如有待,花柳更无私’,张皇使大,反令落拓不亲”之后,说:“写景怎样写得亲切有味,这里提出即小见大,写小的景物来显示大的景象。因为景物小,可以写得具体;通过具体的小景物来显示大的景象,耐人寻味。”

生活中暖人心扉的也多是那细微处、细腻处传达的“小”情,一个问候,一个眼神,一个微笑,都会令人长留心间。

99. "巨"无霸

汉语中,好像没有什么字词能修饰"巨"字了。这是因为"巨"字大而无比?是因为"巨"字是大的"最高级"?

确实,"巨"字是汉语中"最大"的字,在汉字中没有可与之匹敌的字。人们感到事物大得不可比拟时,便使用"巨"字来指称、形容、限制,比如说"巨变""巨著""巨擘""巨额""巨响""巨匠""巨流""巨轮""巨人""巨头""巨子""巨制""巨星""巨眼"……从这些词语中我们可以感到,"巨"字表现的是人们对那些大的人、事、物的惊叹、惊喜、崇敬和不可企及的心情。在具体语言环境中,我们就能更清楚地看到,人们用"巨"字修饰某个事物时,总是对某个事物充满由衷的赞叹和崇高的敬意。比如我们说某部著作为"巨著"时,就是对这部著作的极大褒扬;说哪里发生了"巨变"时,就是对这种变化的极大称颂;说某个人物为"巨匠"时,就是对在某一领域取得极大成就的人物的极大赞美……"巨"字在多数情况下带给人们的感受是一种崇高美。就"巨"字所修饰的人、事、物而言,这种崇高美在"巨人""巨变""巨形"三者身上又体现得最为集中。

美的最高体现者是人,人之美的最集中表现者是"巨人"。这里所说的"巨人"当然不是指身材高大异于常人的人,也不是指童话里那些比一般人高大而往往有神力的人物,而是指那些对人类社会有巨大影响和贡献的人物。人类社会发展到今天,产生过无数这样的巨人。世界上的每个民族,都产生过这样的巨人。从某种角度说,是这些巨人推动着历史的车轮不断向前,使人类社会日益美好起来。这些巨人以其大智大勇,以其不屈的斗争精神,以其追求真理的勇气,以其为实现理想而忘我奋斗的行动,把人之美表现得光彩夺目。人类正是在这光彩夺目的巨人之美的照耀下,一天天完美起来。

巨人的产生往往促使整个社会或社会的某一领域发生巨变。“封建的中世纪的终结和现代资本主义纪元的开端,是以一位大人物为标志的。这位人物就是意大利人但丁,他是中世纪的最后一位诗人,同时又是新时代的最初一位诗人。”(恩格斯《共产党宣言》)恩格斯评价但丁的名言正好能说明这个问题——巨人促使巨变,巨变带来新生。但丁及但丁时代的巨变是这样,其他任何巨人及其时代也是这样。变就是生动,何况巨变呢?巨变使社会全方位生动起来。

巨人、巨变,给人的感受就其形而言都是巨大的。或者说,人们感受巨人、巨变是从巨形开始的。人们往往是先感受到巨人、巨变的整体,然后才慢慢地从局部去认识巨人、巨变。其实,巨形是人们认识“巨”字的第一步。“巨”字的金文是大工会意,写作“[金文]”,像人手持矩,表示木工用的工字尺,画直角或方形的工具,是“矩”的本字。“矩”字产生后,“巨”字的基本义就是“大”“很大”了。“巨”字的含义由“工字尺”到“大”“很大”,正好说明人们认识巨大的事物是从测量事物的形开始的。由小到大,最后大至无法测量就干脆说是“巨”了。“巨”的概念就这样走进了汉语世界,汉语世界的崇高美于是又多了一重新的含义,也是一道最壮丽的风景。

100. 美“梦”成真

雪莱曾不无叹息地说:“流传世间的最灿烂的诗恐怕也不过是诗人原来构想的一个微弱的影子而已。”(《谈诗》)其实,早雪莱1 300多年的中国诗人兼诗评家钟嵘就曾感叹:诗“如有真迹,如不可知”,诗如“超超神明,返返冥无”。(《诗品》)那么,“最灿烂的诗”的“真迹”到哪里去了呢?很多诗人异口同声地回答:在梦中。诗人们的回答确实有点浪漫,但也不是不可解:一方面,它体现了诗人们的自谦——梦寐以求的好诗还没有写出来;一方面,它在一定程度上体现了诗歌创作的真实——“最灿烂的诗”在梦中如闪电一闪而过,醒来时只感到好诗的灿烂之光曾照亮了自己的诗心,却无法把它的“真迹”记录下来,即使记录下来了,那也只是“真迹”的“微弱影子而已”。梦中的诗,在诗人看来永远是一种可望而不可即的甜美而忧伤的诱惑。

诗是人类最美的精神追求的结晶,而这最美的精神追求结晶的最灿烂的华章,却遗留在梦中。“梦”,是一种怎样的美?

现在的简化字已很难从字面上看出“梦”字的本义了。有老师在给学生释义时曾望文生义:梦,从林,从夕,即指一个人晚上在树林中做了一个美梦。这当然可以增强学生的记忆,但并不符合古人造字的原意。甲骨文“梦”字写作“[illegible]”,表现的是一个人躺在床上,睁大眼睛,虽睡而有所见。为什么睡了还能有所见?古人以为梦是魂行神遇,是心动,即味觉、听觉、视觉、触觉以外的心觉。睡而心动,是梦的第一特征,梦之美也由此而生。

睡而心动，心可以“恢万里而无阂，通亿载而为津”（刘勰《文心雕龙》），如天马行空，任意驰骋。它是一种无拘无束、自由自在的美。很多醒时无法想、无法做的事，在睡梦中却开怀畅想了，甚至一无顾忌地做了，醒来后还让人长久地回味。所以，人们有时期望自己能好梦长久，也祝愿他人常做好梦。“打起黄莺儿，莫叫枝上啼。啼时惊妾梦，不得到辽西。”（金昌绪《春怨》）“忆昔西行万里军，长亭夜夜梦归吴。”（陆游《秋晚思梁旧游》）古典诗词中，这类表现思绪自由驰骋的种种美梦不胜枚举。

睡而心动，心可以想入非非，可以异想天开，可以想落天外。色彩瑰丽的想象展示的是一种梦幻美。庄周“梦蝶”、李白“梦笔生花”、谢灵运“梦生池塘”、唐玄宗“游仙喜梦”、卢生“黄粱一梦”、淳于棼“南柯一梦”……都展示了一种让人怦然心动的幻觉美。

睡而心动，心可以继续人醒时的所思，即所谓“日有所思，夜有所梦”。人们在梦中充分表现自己的美好渴望与追求，即所谓“梦想”。这种“梦想”因与现实联系比较紧密，所以往往能通过努力而变成现实，即所谓“美梦成真”。对于我们现实中的人来说，还有比“美梦成真”更美的事情吗？

主要参考书目

1. 许慎:《说文解字》,中华书局 1963 年版。

2. 段玉裁:《说文解字注》,上海古籍出版社 1988 年版。

3. 徐朝华:《尔雅今注》,南开大学出版社 1987 年版。

4. 裘锡圭:《文字学概要》,商务印书馆 1988 年版。

5. 臧克和:《说文解字的文化说解》,湖北人民出版社 1994 年版。

6. 康殷:《文字源流浅说》,荣宝斋 1979 年版。

7. 李泽厚:《美的历程》,安徽文艺出版社 1994 年版。

8. 今道友信:《东方的美学》,三联书店 1991 年版。

9. 笠原仲二:《古代中国人的美意识》,三联书店 1988 年版。

10. 成复旺:《中国古代的人学与美学》,中国人民大学出版社 1992 年版。

11. 王宇信等:《甲骨文精粹选读》,语文出版社 1989 年版。

后　记

林语堂是现代最出色的双语作家。他的英文写作在英语世界有很高的声誉,作品《京华烟云》曾由国际笔会推荐,竞争1975年度诺贝尔文学奖。他的中文写作在汉语世界更有极高的地位,不少人将其散文与鲁迅、周作人等并论。但林语堂绝少自己将中、英两种作品互译,也劝别人“勿轻易翻译”。为什么?学者赵毅衡在《对岸的诱惑》一书中做过这样的比较——

请看林的英文名著,至今英美人还读得津津有味的《生活的艺术》,如此开场:

> 在下面的文章里,我不过是表现中国人的观点。我只想表现一种中国最优越、最聪明的哲人们所见到,而在他们的文字中发挥过的人生观和事物观。我知道这是一种闲适哲学,实在异于现代的闲适生活中所产生。

此种“中文”,用手指按着一截一截读,依然云里雾里意义不清。再看一眼林语堂用中文写的“小品文”,例如《脸与法治》:

> 中国人的脸,不但可以洗,可以刮,并且可以丢,可以赏,可以争,可以留。有的好像争脸是人生第一要义,甚至倾家荡产为之,也不为

过。在好的方面讲,这就是中国人的平等主义,无论何人总须替对方留一点脸面。

两段中文,相去何以道里计!我不相信任何人——哪怕林语堂——有本领把第二段中文译成英语。应当说,林的中文好到无法翻成英文,他的英文也好到无法翻成中文。两者都已是炉火纯青:"缺少可译性",是文之至美。林语堂的中文散文,绝对不会写成《生活的艺术》文字的延绵环连;他的英文传记、小说,也不可能与《脸与法治》文字的简约并置。

赵毅衡讲得很清楚,林语堂中、英两种文字不能互译是中文简约,英文延绵环连。

为什么"延绵环连"与"简约"就不能互译?"延绵环连"是准确、严密、清晰的路子,"简约"是生动、模糊、诗意的路子。"延绵环连"更适合阐释,可达细妙精微;"简约"更适合表现,能显神采风韵。用"简约"的中文翻译"延绵环连"的英文,就有可能令人不知所云;用"延绵环连"的英文翻译"简约"的中文,更会使文章了无趣味。

林语堂自己宣称"两脚踏东西文化,一心评宇宙文章"。他用英文写作是穿行在英语文化中,用中文写作是穿行在汉字文化中。他深谙其中三味,两种写作将两种语言的特征都发挥到了极致。所以,他的中、英文是不能互译的。但他用英文翻译过《老子》《庄子》,这又怎样理解?他自己的话讲得很到位:"我最大的本事是对外国人说中国的东西。"一个"说"字道破了"玄机"。"说"是解释、阐释。原来,他是用英语世界的方式向英语世界的人阐释中国的东西。这就与通常所说的翻译大异其趣。

说了半天林语堂的事,与《穿行在汉字中》这本册子有什么关系?

这本册子的一些文章最初是受了林语堂文章的触发形成的。

读了林语堂的散文总是想：他为何写得这样有味？后来在他的《小品文之遗绪》中找到了答案："如在风雨之夕围炉谈天，善拉扯，带情感，亦庄亦谐，深入浅出，如与高僧谈禅，如与名士谈心，似连贯而未尝有痕，似散漫而未尝无伏线，欲罢不能，欲删不得，读其文如闻其声，听其语如见其人。此是吾所谓理想散文。"他为何又能写出这般"理想散文"？一幅联语又提供了答案："道理参透是幽默，性灵解脱有文章。"原来林语堂是"参透"了文字背后的"道理"，然后用真性情"拉扯"出来，似断实续，若暗又明，若明又暗，难以言传，却可意会，不仅有趣，且妙趣横生。这样的表达真得汉语文化的精髓——简约的艺术。

汉语文化的哲学，对模糊真理有较强的包容倾向，讲直觉忽知性甚至反知性，表现在语言上就是简约而富有弹性，信息丰富多元，解读空间呈开放状。这就决定了汉语言的朦胧的诗性特征：话中话，潜台词，言外不尽之意。金克木曾在《中国人最重潜台词》中说："中国人历来大多讲求不明白，或说含糊，说话常闹边界纠纷，往往把明白讲成不明白……所谓'妙不可言'。""'此在'（欧洲），'刹那生灭'（印度），'方生方死，方死方生'（中国），三句台词仿佛可以相通，但潜台词恐怕大不一样：一个肯定，一个否定，一个不定。"这"不定"就是朦胧。

中国哲学的基调之一是"天人合一"，把无生物、植物、动物、人类和灵魂统统视为宇宙巨流中息息相关乃至相互交融的实物。这样，作为文化地质层的语言就处处构成天人之间的暗喻关系。暗喻作为一种手段，或是借一事物把本来可以说明白的说得含蓄些，或是借一事物把本来说不明白的说得明白点。这种手段变成一种背景光源，就给语言以色彩和活力，促使它们更接近大自然，并且从具象的形体中透出象外之旨、弦外之音。这样的语言现象无论是诗文中还是生活中，几乎是随处可见。汉语浓厚的暗喻色彩就使得它获得了诗的禀性。林语堂谈“脸”那一段话的味道，就来自“浓厚的暗喻色彩”而产生的诗意。

于是，想到了学生作文，想到了语文教学。学生文章的表达难以到位，很多时候读起来不知所云，常如翻译过来的林语堂的那段《生活的艺术》。如果教学中能让学生更多地“参透”文字背后的“道理”，他们的表达不也会更到位吗？于是，就想到了“汉字文化”。于是，就将有关“汉字文化”的讲稿穿插进课堂。没想到，学生对这样的知识讲解反映很热烈。这就是这本册子写作的最初原因。

尝到了甜头，就继续往前赶。最终选取了最常用且自认为学生最应该多一些理解的100个汉字，从民族美意识产生的角度分别成文，就成了这本册子现在的样子。

从1997年第一篇《羊大为“美”》的写作开始，到2004年定稿，这些文字前后经历了8个年头。其中部分文字在刊物上发表过，大半在课堂上使用过。在这样一个为课堂写作、在课堂实践、再根据实践对所写文字进行修改的过程中，对汉字有了一种全新的认识：

汉字对我们的影响，超过了任何别的力量。为什么？一个汉字自甲骨文到今天，走过了几千年。这是一个什么概念？它告诉我们，我们的文明史也不过这几千年！每个走过几千年的汉字都有着深厚的文化沉淀，一个汉字就是一个广博精深的文化单元，就是一个意趣醇厚的审美单元。一个汉字的历史，就是一部“文明发展史”。我们每个以汉语为母语的人,就生活在这样的汉字文化中。我们的言行,我们的生存方式,我们一切,都注释着汉字;也可以反过来说,汉字在注释着我们的一切。我们,穿行在走过了几千年的汉字中;汉字,几千年穿行在我们的生活中。汉字是如来佛的掌心,谁都无法逃脱。林语堂是这样(用汉语进行创作,却只能用英文向西方世界"说""中国的东西"),所有的中国人都是这样。汉字是我们的命根!

作为一个中学语文教师,这种写作非常艰难。一篇短文,往往是在翻阅大量资料之后才动笔,写完后再细致核对资料引用是否准确。尽管花了许多工夫,但因根基甚浅,汉字文化又博大精深,文中浅陋之处甚至谬误之处一定不少,敬请方家指正。这里要特别说明的是,本书的《中国"人"》一文受成复旺先生《中国古代的人学与美学》的启发甚多,在此对成先生表示感谢。

最后,我要特别感谢中国文字研究与应用中心主任臧克和教授、北京大学钱理群教授。两位教授不仅在写作上给了我认真的指导,更在精神上给了我极大的鼓励。要特别感谢复旦附中的领导,是他们使这些搁置了多年的文字有了出版的机会,让更多的人与我分享对汉字的感受。

2004 年 10 月初稿,2008 年 7 月改定

图书在版编目(CIP)数据
穿行在汉字中 / 黄荣华著. —上海：上海教育出版社，2017.5
ISBN 978-7-5444-7524-2

Ⅰ. ①穿… Ⅱ. ①黄… Ⅲ. ①汉字—通俗读物 Ⅳ. ①H12-49

中国版本图书馆CIP数据核字(2017)第081242号

责任编辑 顾 翊 兰 蕊
封面设计 陆 弦

穿行在汉字中
黄荣华 著

出 版 上海世纪出版股份有限公司
上海教育出版社
官 网 www.seph.com.cn
易文网 www.ewen.co
地 址 上海市永福路123号
邮 编 200031
发 行 上海世纪出版股份有限公司发行中心
印 刷 上海展强印刷有限公司
开 本 700×1000 1/16 印张 19
版 次 2017年5月第1版
印 次 2017年5月第1次印刷
书 号 ISBN 978-7-5444-7524-2/G·6190
定 价 40.00元

(如发现质量问题，读者可向工厂调换)